La naissance
en Occident

Paul Cesbron
Yvonne Knibiehler

La naissance en Occident

Albin Michel

Collection « La Cause des bébés »

Sommaire

POURQUOI LA NAISSANCE ? 9

I. LES HÉRITAGES : LE TEMPS DU SACRÉ 17

- 1. L'héritage antique 25
- 2. L'héritage chrétien 47
- 3. L'héritage moderne 83

II. LA MÉDICALISATION : LE TEMPS DE LA SCIENCE 117

- 4. La sécurité des naissances 125
- 5. Le contrôle des naissances 161
- 6. Naissances artificielles 197

III. PERSPECTIVES : LE TEMPS DES QUESTIONS 251

- 7. La naissance : affaire privée 255
- 8. Les naissances : affaire publique 281
- 9. Perspectives 305

NOTES 343

Pourquoi la naissance ?

Ce livre est en forme de dialogue. Les coauteurs ont travaillé en collaboration. Mais, constatant leurs différences, parfois leurs divergences, ils ont choisi de les rendre visibles : manière de conserver toute leur liberté d'expression. Manière aussi de réfléchir sur les relations entre médecine et société.

Les points de vue proposés sont ceux d'une historienne des femmes et d'un médecin obstétricien. S'ils ont choisi la naissance comme objet commun de réflexion, c'est parce que la naissance est le théâtre par excellence de l'hominisation et de l'humanisation. Instant d'éternité, elle est chargée d'une très riche signification symbolique. Pour les individus, c'est un seuil originel : les sciences psychologiques ont mis en valeur l'importance de ce qui se joue ou se rejoue au moment de ce passage. Pour les collectivités, c'est une promesse de survie et de renouvellement, non seulement biologique mais aussi culturel. Depuis les temps néolithiques (ou même avant), toutes les sociétés humaines ont inventé des gestes, des rites, des croyances qui exprimaient leurs attentes et conjuraient leurs angoisses face à ce commencement primordial : l'apparition d'un petit humain.

Or, au cours du XXe siècle, une médicalisation galopante a tout submergé. Animés par l'espoir de vaincre la mort néonatale et la mort maternelle, soutenus par l'approbation unanime des populations, les médecins ont peu à peu, involontairement sans doute, réduit la naissance à sa seule dimension biologique. Les progrès accomplis dans ce domaine sont certes enthousiasmants, mais ils s'accompagnent d'un résultat imprévu : à savoir une révolution culturelle dans le domaine de la procréation, d'aucuns disent même une mutation anthropologique. À présent, l'ambivalence de la médicalisation devient perceptible, et suscite des angoisses inédites.

Si la première partie du livre évoque les anciennes symbolisations, ce n'est nullement dans l'intention de les restaurer ; mais, à notre avis, elles ne peuvent être jetées au rebut comme de vieilles défroques. Sachons voir, au contraire, qu'elles constituent pour nous, gens du XXIe siècle, une généalogie, une filiation, une matrice identitaire.

La deuxième partie rappelle les principales démarches de la médicalisation, avec l'espoir de mieux comprendre les transformations qu'elle a opérées dans nos pratiques et nos représentations.

La troisième propose quelques perspectives qui pourraient peut-être nous aider à repenser l'heureux événement, et à lui rendre toute sa mesure de moment fondateur.

La réponse de l'historienne : Yvonne Knibiehler

Je m'intéresse à la naissance à la fois comme historienne et comme mère.

Je crois en effet que l'histoire assume au service des collectivités une fonction comparable à celle qu'assume la psychanalyse au service de l'individu : elle élucide la mémoire. La mémoire est une pièce maîtresse de l'identité : celui qui perd la sienne ne sait plus qui il est, il ne peut pas penser son présent ni construire son avenir. Pour les groupes c'est pareil. Après les progrès, si rapides et si bouleversants, de la médicalisation, nous avons tous besoin d'élucider notre mémoire collective à propos de la naissance.

Si, depuis trente ans, j'ai privilégié la maternité comme objet de ma recherche, ce n'est pas par hasard : c'est pour construire des passerelles entre mon travail professionnel d'historienne universitaire et mes propres enfantements. Car j'ai aussi une expérience directe et personnelle de la naissance. J'ai appris, empiriquement, affectivement, que le nouveau-né transforme son entourage, en particulier sa mère et son père ; il reconstruit, en quelque sorte, ses deux parents, dans leurs relations et même dans leur identité. J'ai éprouvé aussi la différence entre maternité et paternité : au-delà du biologique, l'enfantement fait basculer le rapport entre l'homme et la femme vers une discrimination sociale productrice d'inégalités. C'est vrai en tous temps et en tous lieux. Les anthropologues (Françoise Héritier) proposent une interprétation de cette « valence différentielle des sexes » : les hommes, surpris et inquiets de voir que les femmes mettent au monde les enfants des deux sexes, s'efforcent de compenser leur frustration en établissant leur domination sur les génitrices et sur la progéniture.

Quoi qu'il en soit, ce livre est né d'une subjectivité féminine délibérément assumée. La première partie met en évidence le poids de la « puissance paternelle » au moment de la naissance ; la deuxième partie montre la substitution du « pouvoir médical » à la puissance paternelle ; la troisième partie examine dans quelle mesure la naissance est encore affaire de femmes. D'aucuns liront là des traces de féminisme. Oui. Le féminisme en effet s'affirme de mieux en mieux comme l'autre face, trop longtemps cachée, de l'humanisme, un humanisme enfin sexué, qui saura prendre en compte les deux « genres » et promouvoir leur égalité.

La réponse du médecin : Paul Cesbron

Médecin, c'est sans doute à ma mère que je dois ce choix. Soignante non professionnelle, elle n'en a ni la formation ni la fonction. Elle connaît la biographie sanitaire de tous ses proches et de beaucoup d'autres. Au-delà, c'est bien à leur histoire qu'elle s'intéresse et tout particulièrement à leur filiation.

Cependant il serait naïf de dissimuler les raisons qui accompagnent ce projet professionnel. Tout d'abord, et comme pour chacun d'entre nous, la tentative d'exorciser le malheur à travers une ambition sociale somme toute peu originale mais revêtue de la parure plus présentable à mes yeux de l'altruisme.

Si c'est derrière le masque du gynécologue accoucheur que je termine ma formation, c'est bien sans doute pour pousser l'interrogation jusqu'à nos origines. Et puis cette curieuse spécialité n'a-t-elle pas aussi pour particularité de n'être pas seulement de l'ordre du soin, mais aussi du côté de l'invraisemblance du triomphe de la vie, face à la mort. La mise au monde, si elle peut être marquée par la souffrance et la douloureuse rupture, est surtout quoi qu'il en coûte, du côté de l'espoir plus que de l'incertitude. Ça n'est pas tout ! Le gynécologue obstétricien est historiquement et culturellement un homme, compagnon – sans préjuger de la nature de ce compagnonnage – d'une autre professionnelle de la naissance, la sage-femme, son aînée et peut-être son maître, femme, complice secrète et proclamée des femmes, et cette autre rencontre est unique.

Pour tout dire, fascinés par la naissance et l'exorbitant pouvoir des femmes de nous donner la vie, les accoucheurs, et je le suis, n'ont-ils pas plus que tout autre ce désir de retour dans le sein maternel ? Ne sont-ils pas dans cette recherche impossible du paradis perdu, de la source première, mais aussi du côté de l'aspiration à vivre notre premier cri ? Bref, l'aventure est exaltante puisque cette première et sans doute fondatrice étape de notre vie est parfois si périlleuse qu'elle justifie une mobilisation très forte, tant individuelle que sociale, pour en assurer le succès.

Phénomène d'autant plus troublant, stimulant à la fois la conscience et l'affectivité, que ce défi est la conséquence même de notre humanité. En effet la bipédie surgie voilà quelques petits millions d'années, dans des conditions toujours discutées, n'a justement permis le développement de nouvelles et considérables compétences, nous distinguant fortement des autres mammifères, qu'au prix d'une plus grande difficulté à naître. Physiologiquement possible dans la grande majorité des circonstances, l'accouchement humain peut être dangereux, parfois même impossible, avec une fréquence suffisante pour marquer profondément la conscience humaine.

À l'aube du XXIe siècle de notre ère, la communauté humaine a résolu la presque totalité des problèmes « médicaux » posés par sa reproduction. Mais de nouvelles questions apparaissent. Notre triomphalisme ne dissimule-t-il pas de vraies impasses à la poursuite de notre histoire ? C'est à cette place que, professionnel de la naissance, je me situe avec d'autres. Modestement, mais avec la ferme volonté d'éclairer ces questions, nous avons entrepris ce travail d'échanges entre historiens et observateurs de la naissance à des titres divers. Étant parvenue à une vraie mobilisation de la parole et de la réflexion, à propos de la curieuse aventure de « l'accouchement sans douleur », la Société d'histoire de la naissance créée en mai 2000 poursuit cet objectif.

Quant à cet ouvrage, c'est d'abord l'œuvre d'une des historiennes françaises de la maternité les plus connues des sages-femmes et des accoucheurs, mais aussi très largement du grand public. Ma participation, sollicitée mais heureuse, prétend n'être pas seulement technique. Elle tente d'apporter quelques réflexions d'ordre médical, là où le professionnel de la pathologie est interrogé par la souffrance et la mort. Là aussi où la naissance révèle paradoxalement un des aspects les mieux dissimulés de nos sociétés « de progrès », la condition, sans cesse renouvelée et combattue, de subordination des femmes. Statut inacceptable, mais fécond par le conflit qu'il entretient entre la volonté de toute puissance individuelle et sociale et l'aspiration vitale à l'émancipation personnelle.

Deux grandes orientations obstétricales méritent d'être interrogées. La première est liée à l'organisation moderne de la naissance hospitalière dite aussi « industrielle ». Au principe de précaution a fait place « naturellement » celui de sécurisation absolue et d'obligation de résultat. De telles conditions génèrent nécessairement une fuite en avant illusoire et plus encore menaçante. Illusoire car les moyens techniques massivement mobilisés pour résoudre ces questions envahissent et polluent tous les aspects de la vie relationnelle et de l'intersubjectivité. Présentés et défendus comme facteurs de libération, ces objectifs se retournent contre la personne, en secrétant l'aliénation la plus insidieuse : la dépossession de sa propre histoire et son isolement social. L'invasion technologique multipotente, en pénétrant jusque dans l'intimité de chacun et en s'imposant comme inéluctable, n'est pas facteur de progrès humain, mais menace d'asservissement. La naissance d'un enfant, c'est avant tout la rencontre et la découverte de l'autre à travers les arcanes secrets de la relation. Ce petit et la femme qui le met au monde ne doivent pas souffrir indéfiniment des difficultés parfois « naturellement » insurmontables de la grossesse et de l'accouchement, et c'est notre légitime fonction d'y remédier. Mais cette vie nouvelle et singulière, cet énigmatique projet qu'elle sous-tend, cette histoire qu'elle éclaire et poursuit ne doivent sous aucun prétexte être appauvris, bâillonnés, aveuglés, assourdis, disons « normalisés » par nos instruments et leurs servants, nos institutions et leurs concepteurs.

Une autre évolution des conditions d'accueil du nouveau-né est aussi préoccupante. Elle a trait à notre capacité à intervenir directement sur ce que le philosophe Jürgen Habermas nomme « l'avenir de la nature humaine ». Un « eugénisme libéral » serait-il à l'œuvre à travers le diagnostic prénatal, l'utilisation des embryons humains à des fins considérées comme thérapeutiques et les manipulations génétiques envisagées dans le cadre de la prévention et du traitement de certaines affections[1] ? Si nous n'avons pas à « diaboliser » l'assistance médicale à la procréation[2], on ne peut toutefois faire l'économie d'un regard critique sur une technique qui désexualise la transmission de la vie. Ce qui n'est pas rien ! Et par ailleurs, nous pouvons d'autant moins y échapper qu'elle donne désormais accès à la sélection génétique des embryons par le diagnostic pré-implantatoire (DPI).

Ainsi, de l'obsession sécuritaire qui rend le médecin suspect au patient et inversement, on en arrive à déstabiliser gravement la confiance indispensable au rapport thérapeutique. Plus dangereusement encore, une telle attitude met en cause la reconnaissance de l'autre comme individu singulier et différent. Nous assistons déjà à cette tragédie du refus de toute différence, intériorisée comme danger et non comme richesse. L'utilisation systématique et non discutée de moyens d'accès à la connaissance de l'embryon et du fœtus risque de fragiliser et suspendre la relation créatrice qui lie la femme et son futur enfant. Elle peut introduire une faille dans cette complexe et énigmatique élaboration affective. Ainsi l'objectivation des structures embryo-fœtales peut-elle menacer l'intersubjectivité humanisante à l'œuvre. Ce petit futur peut-il devenir un bel objet, « enfant parfait » dit-on souvent ? Si chaque parent rêve d'un enfant plus beau et plus talentueux que lui-même, il sait fort bien qu'il ne s'agit que d'un possible, somme toute aléatoire. Au-delà de l'aide qu'on lui apportera pour vivre, mille conditions bien peu maîtrisables interviendront dans ce destin. En définitive, le rôle modeste mais essentiel de chaque mère et de chaque père est bien d'apporter toute l'affection qu'ils peuvent, afin de permettre à cet enfant de vivre au mieux son rapport aux autres et donc à lui-même.

Tout cela s'effondre face à l'objet embryo-fœtal mesuré, sondé, prélevé, réduit à ses matériaux constitutifs aussi merveilleux soient-ils. On est alors en « droit » d'exiger l'excellente qualité du produit ! Plus destructeur encore : l'humanité même de ce petit est malmenée par l'appropriation dont tout objet est nécessairement l'enjeu.

Ces réflexions sont au centre des préoccupations de la Société d'histoire de la naissance. Elles sont au cœur de cet ouvrage et n'ont de rapport avec la réalité qu'au regard de l'Histoire, de notre capacité à l'écouter et à interroger notre propre mémoire.

PREMIÈRE PARTIE

LES HÉRITAGES

Le temps du sacré

Depuis le début des temps historiques jusqu'au XXe siècle, les Occidentaux ont expérimenté trois formes de civilisation : la cité antique, la chrétienté d'Ancien Régime, la modernité des Lumières. De l'une à l'autre, la naissance change de signification, et les manifestations qui l'accompagnent se modifient. Toutefois certains éléments perdurent ; on peut en repérer quatre :

— Le plus caractéristique c'est la mise en place de la puissance paternelle : la suprématie symbolique du père, affirmée par des lois et des dogmes, se manifeste dès la naissance, parfois même avant.

— L'imposante institution du mariage fait apparaître une inégalité fondamentale entre les nouveau-nés : il y a des légitimes et des illégitimes, qui viennent au monde dans des conditions bien différentes.

— L'heureux événement fait l'objet d'une célébration religieuse. Cela tient sans doute aux craintes qu'il inspire, aux menaces qu'il comporte : la parturiente et le nouveau-né, si fragiles l'un et l'autre, ont besoin d'une protection surnaturelle, d'une bénédiction divine. Mais il y a plus : la sacralisation s'explique aussi par le caractère mystérieux et fascinant de la procréation. La fécondité de la femme se confond avec celle de la Terre, mère éternelle et universelle, qui mûrit en son sein tous les êtres destinés à vivre, et accueille tous les défunts. Imaginer un lien entre ceux qui sont morts et ceux qui vont naître, honorer la suite des générations, reconnaître des filiations : de telles élaborations mentales furent partout un signe majeur d'hominisation.

— Les souffrances et les périls de l'accouchement appellent autour de la mère et de l'enfant qui naît l'assistance de soignants expérimentés : sages-femmes, chirurgiens, médecins. Les naissances difficiles constituent pour eux un défi à relever, et leurs efforts préparent l'avènement de l'obstétrique.

Tels sont les fils rouges suivis tout au long des trois chapitres qui suivent. En passant de l'un à l'autre, on mesure le chemin parcouru, mais on constate aussi que les cultures se succèdent sans disparaître, au cours d'une évolution lente et complexe qui conserve autant qu'elle détruit. Les permanences nous marquent encore, même si nous croyons avoir rejeté le passé.

C'est en Grèce, au cœur du bassin méditerranéen, creuset des civilisations post-sumériennes, que s'élaborent les principes de la médecine occidentale. Fruit d'une longue maturation culturelle, elle se distingue en tous points de la médecine orientale qui naît dans d'autres conditions et gardera son autonomie conceptuelle malgré d'importants échanges entre la Grèce et l'Asie. De celle-ci il ne sera pas question. C'est aux principes hippocratiques qu'il sera exclusivement fait référence[1].

Les écoles de Cos et de Cnide, au Ve siècle avant l'ère chrétienne, jettent les bases d'une part d'une démarche savante, rationnelle, définissant l'approche clinique des pathologies à travers leurs manifestations objectives, les transformations du corps, les signes dont l'association constitue des ensembles « syndromiques », et d'autre part d'une véritable déontologie. Tout cela fait évidemment l'objet de multiples réexamens en perpétuelle évolution jusqu'à nos jours.

Observateur de la nature, tentant de la comprendre et à ce titre philosophe parmi d'autres, le médecin se distingue avec Hippocrate des autres penseurs. Dans la Grèce riche et dynamique de Périclès, la forte volonté prométhéenne d'intervenir sur le cours des choses, tout particulièrement sur le sort des humains, inspire Hippocrate et son école. Il accumule une somme considérable de connaissances sémiologiques et pronostiques principalement, qu'il organise dans un cadre conceptuel peu fondé mais cohérent qui ne sera remis en cause que très lentement et difficilement, mais définitivement cette fois avec Harvey vingt siècles plus tard.

Mais, plus encore, l'école de Cos définit les règles de la déontologie médicale à travers de nombreux écrits dont le plus connu et le plus significatif reste le « serment ». Bien que bouleversées, les conditions d'exercice de la médecine n'en restent pas moins attachées à l'éthique hippocratique, au moins théoriquement.

Au devoir de transmission du savoir est associée l'obligation de soins : soulager toujours, guérir parfois. Au respect du patient, de l'intimité de son histoire, du secret de sa condition, s'ajoute la condamnation de toute pratique médicale nuisible. Et ce « Primum non nocere » est bien plus que le très ambigu principe de précaution contemporain. C'est l'exigence du respect de l'autre et son corollaire, la modestie scientifique, antithèse de la toute-puissance et de la suffisance. Une telle sagesse pratique fera de l'éthique hippocratique, pour Platon puis Aristote, un modèle de gestion des affaires des hommes. Elle a pour fonction de procurer un avantage non à celui qui exerce l'art, mais à celui à qui l'art s'applique[2]. Un tel principe anticipe également la formulation de l'impératif d'Emmanuel Kant (1724-1804) concernant l'autonomie de la personne et du respect qui en découle : « Agis comme si tu traitais l'humanité, que ce soit dans ta propre personne ou dans celle d'un autre, toujours comme une fin et jamais seulement comme un moyen[3]. »

Aussi savante soit-elle, ou plutôt parce que savante, l'école de Cos, contemporaine de Socrate, savait qu'en définitive elle ne savait que bien peu de choses. De très nombreux « traitements » n'avaient guère d'efficacité, quand ils n'étaient pas justement nuisibles. Thucydide, chez qui la volonté d'objectivité est considérée, à l'égal d'Hippocrate pour la médecine, comme fondatrice de l'historiographie, constate l'impuissance totale des médecins face à l'épidémie de « peste » (sans doute le typhus exanthématique) qui sévit à Athènes au début de la guerre du Péloponnèse (428 avant J.-C.)[4]*. Sa théorie des quatre humeurs (sang, flegme, bile noire et bile jaune), aussi cohérente soit-elle, génère des conceptions de la reproduction humaine, de la fécondation à l'accouchement, non seulement sans intérêt pratique, c'est-à-dire médical, pour les femmes, mais le plus souvent illusoires et même dangereuses. Du diagnostic de la stérilité par le constat de l'imperméabilité de la femme aux odeurs, au traitement de la dystocie par la succussion qui non seulement « secoue » la femme en travail, mais la projette ligotée sur des fagots, en passant par le percement d'une outre remplie et soutenant le fœtus ou l'enfant pour assurer la délivrance du placenta, il n'y a que de pauvres tentatives dont l'empirisme n'a sans doute pas atteint le niveau des pratiques populaires de l'époque. Ignorant presque tout de l'anatomie viscérale, le concept d'organe n'étant d'ailleurs pas défini, Hippocrate, suivi d'Aristote à quelques détails près, consacre de nombreux écrits aux maladies des femmes, à la stérilité et à la reproduction sans grand rapport avec la physiologie génitale. Il s'agit beaucoup plus, à ce propos, de constructions imaginaires illustrant la conception très largement dominante du statut d'infériorité des femmes dans les sociétés de l'époque.*

Pour vaincre les obstacles aux progrès de la connaissance qui s'imposaient à Hippocrate, il faudra transgresser les interdits concernant le respect dû au corps après la mort. C'est hors de

Grèce, à Alexandrie, qu'Hérophile et Érasistrate vont accomplir cette rupture culturelle aux IVe et IIIe siècles avant J.-C. et livrer à la connaissance des hommes les secrets de l'intimité de leur corps. Aristote ayant affirmé la différence de nature du vivant et du mort, il fallait donc accéder au mystère de la vie par la vivisection sur l'animal, mais aussi sur l'homme. Ce fut fait par cette école, et une connaissance toujours plus précise du corps et de son fonctionnement vont permettre d'obtenir quelques réels progrès en gynécologie et en obstétrique[5].

Aux Ier et IIème siècles de notre ère, c'est à Rome que les successeurs des élèves des écoles grecque et alexandrine vont s'établir. D'Alexandre de Philalèthe à Soranos d'Éphèse, naît une véritable école de gynécologie et d'obstétrique. Soranos nous livre un savoir théorique mais surtout de vraies réponses thérapeutiques aux pathologies de l'accouchement. Un tel savoir va se perdre en grande partie dans l'effondrement de l'Empire romain.

La Renaissance réintroduit les textes gréco-romains en particulier médicaux et met à nouveau lentement sur la route de la découverte les anatomistes, physiologistes et thérapeutes. Ambroise Paré est l'une de ces figures prestigieuses. Suivent alors deux voies complémentaires et rivales, celle ininterrompue des sages-femmes, accompagnatrices expérimentées de toujours, empiristes par nécessité, exclues par « nature », et réservées sinon hostiles, non au savoir fût-il l'apanage des hommes, mais à une pratique masculine perçue comme menaçante parce que « virile » ; celle de l'époque des Lumières, de l'humanisme révolutionnaire et de l'émergence du positivisme qui crée les conditions de la dégradation professionnelle des sages-femmes, au profit des accoucheurs, corps médical obtenant sa reconnaissance le 31 mai 1895. Cette deuxième voie savante et masculine, attachée à l'ordre social et consciente de la dimension politique de ses objectifs, va s'imposer et mettre en place le dispositif sanitaire du contrôle hospitalier des naissances.

I

L'héritage antique

L'accouchement le plus représenté dans l'iconographie grecque, c'est celui de Zeus : sa fille Athéna sort de son crâne tout armée. En faisant sa fille seul, et dans sa tête, le roi des dieux prend une revanche sur les ténèbres de la matrice, il affirme aussi sa capacité de produire un enfant de l'autre sexe. Ces images illustrent le propos de Françoise Héritier selon lequel les hommes souhaitent dominer la naissance, à défaut de mettre eux-mêmes les enfants au monde.

À Rome, le droit et les mœurs confirment ces intentions. L'homme qui devient père acquiert un pouvoir quasi absolu sur la progéniture ; la femme est, en tant que mère, totalement instrumentalisée ; les soignants restent au service des familles.

LA PUISSANCE PATERNELLE

La *patria potestas* du citoyen romain illustre parfaitement le propos de Françoise Héritier. Institution juridique très élaborée, elle assure à l'homme le contrôle de la naissance et de la procréation.

Elle est manifestée par le geste fondateur du *paterfamilias* : s'il accepte le petit que son épouse a mis au monde, il le saisit et « l'élève » symboliquement. Pour une fille, il peut se borner à dire : « Nourrissez-la ». Cet agrément solennel est indispensable pour que le petit soit intégré dans la maison et la famille de son père. La paternité est une adoption, le père n'est père que selon sa volonté. Faute de quoi, le nouveau-né sera « exposé », c'est-à-dire « posé hors » de la maison, abandonné à tous les risques.

Cette exclusion possible n'a rien d'arbitraire. La paternité est à la fois un sacerdoce et une magistrature. D'abord un sacerdoce, car le *paterfamilias* est le prêtre de la religion domestique. Ni l'enfant ni son père n'ont de valeur en soi : ils sont les maillons d'une chaîne, les éléments d'une lignée, dont l'honneur et la prospérité doivent être préservés à tout prix. Le sort des vivants procède des mérites de leurs ancêtres ; l'action des vivants détermine le sort de leurs descendants. La lignée porte l'individu et le dépasse. Un homme *doit* se marier pour procréer. Se marier selon les règles et les rites établis dans la cité, c'est-à-dire épouser en cérémonie la fille d'un citoyen, et seuls les enfants nés de cette femme seront ses héritiers légitimes. Procréer, moins pour sa satisfaction personnelle que par obligation religieuse, pour perpétuer sa famille et pour assurer le culte de ses ancêtres. En effet, en ces temps, la mort n'est pas une dissolution de l'être, mais plutôt un changement de vie, les rites de sépulture visant à préserver le « repos » des défunts : on les vénère, on les honore pour mériter leur bienveillance. L'importance accordée à la filiation s'exprime aussi par l'entretien du feu sacré sur l'autel domestique : un feu qui ne doit jamais s'éteindre. En célébrant scrupuleusement le culte domestique, le *paterfamilias* mérite le respect de ses proches et de ses pairs ; il espère être honoré, lui aussi, après sa mort, et rester ainsi associé au destin de ses descendants.

Nous ignorons presque totalement les rites d'intégration du nouveau-né accepté par son père. La religion domestique, propre à chaque famille, reste si étroitement privée qu'elle n'a jamais été décrite. On sait seulement que l'enfant reçoit son nom lors de la fête du *Dies lustricus* qui a lieu huit jours après la naissance pour une fille, neuf jours pour le garçon : ce prénom a entre autres fonctions celle de préciser le sexe ; on place une « bulle » (petite boule d'or) autour du cou du petit patricien ; la fête comprend une cérémonie de purification et un banquet familial.

Pourquoi un père élimine-t-il certains de ses enfants nouveau-nés ? Parce qu'il doit donner à sa famille et à la cité de futurs citoyens de bonne qualité. Il écarte donc les difformes et les chétifs. Comme la mortalité infantile est élevée, la prudence l'invite à faire naître plusieurs garçons pour garder au moins un héritier, et diverses recettes médico-magiques lui indiquent des moyens d'engendrer un garçon. S'il procrée trop de filles, il les refuse : leur entretien constituerait une charge inutile. Le souci de conserver à chacun de ses fils un héritage substantiel l'invite aussi à ne pas surpeupler aveuglément son foyer. Ses devoirs civiques jouent dans le même sens.

Les lois de la cité permettent à tout homme de choisir ses enfants : c'est sans doute le meilleur moyen de le transformer en père. Puisque la nature ne révèle pas clairement la paternité *(pater semper incertus)*, il appartient au citoyen de s'engager à élever dignement les enfants qu'il reconnaît comme siens. La sécurité et la prospérité de la cité antique reposent sur de telles conventions.

Quand le *paterfamilias* refuse un nouveau-né, doit-on conclure qu'il a « droit de vie et de mort » sur sa progéniture ? Ce serait confondre l'abandon avec l'infanticide. Il est rare qu'on tue l'enfant. L'angoisse qu'inspire souvent une naissance conduit à consulter des devins, des aruspices, des vendeurs d'horoscopes, toujours nombreux dans le cité. En « exposant » le petit, on pense lui laisser des chances, ou du moins on fait comme si. L'exposition des nouveau-nés est fortement ancrée dans le mythe, et par là légitimée. Paris-Alexandre, fils de Priam, roi de Troie, Œdipe, fils de

Laïos, roi de Thèbes, ont été exposés à la naissance en raison de fâcheux présages ; ils ont connu un destin héroïque, sinon heureux. À Rome, le fondateur de la cité, Romulus, a été lui aussi exposé. Sa mère, victime d'un viol, avait mis au monde des jumeaux, signe de malédiction ; les bébés ont été allaités par une louve... Ces histoires, que chacun connaît, confèrent aux enfants exposés une sorte d'aura mystérieuse et sacrée. Nul ne peut prévoir leur destin, confié à la protection des dieux, et ce destin sera peut-être brillant. Dans la réalité, les chances de l'enfant abandonné restent minces. La sage-femme qui l'emporte peut le laisser dans un terrain vague, livré aux bêtes sauvages ; si elle a soin de le déposer dans un lieu prévu à cet effet (à Rome : au pied de l'Aventin, ou de la colonne Lactaria), le petit pourra être recueilli[1].

Même si l'ordre et la morale lui recommandent la fidélité conjugale, le *paterfamilias* ne s'interdit pas toujours de procréer avec d'autres femmes que son épouse : avec une concubine de prédilection, avec des esclaves, prostituées ou non. La naissance de ces petits ne peut donner lieu à aucune célébration : ils ne sont pas associés au culte familial, et n'héritent pas de leur père. Celui-ci les traite éventuellement avec affection, mais jamais sur le même plan que ses enfants légitimes. Les lois et les mœurs ont toujours consacré l'inégalité des enfants, dès leur naissance.

L'AFFAIRE DES FEMMES

Le mot *maternitas* n'a existé ni en grec ni en latin : aucune symbolisation du côté féminin. Celle qui met un enfant au monde reste du côté de la nature, de l'animalité ; elle est d'abord une femelle reproductrice au service d'une lignée masculine. Ce rôle, d'importance majeure, lui assure respect et protection. À Rome comme en Grèce, dans les couches dominantes de la population, on marie les filles très jeunes, souvent dès la puberté, parfois plus tôt, pour que la virginité soit intacte. Tant qu'elle n'a pas enfanté, la jeune mariée n'est pas considérée comme complètement adulte. Son passage de l'état d'épouse à celui de mère marque un accomplissement qui intéresse la collectivité : c'est un rite de passage.

L'accouchement

Les souffrances et les périls que l'accouchement impose aux femmes sont représentés dans l'Antiquité comme équivalents à ceux que les hommes affrontent à la guerre.

Pour une toute jeune femme, le premier enfantement est une terrible épreuve, celle de la douleur et de la peur. Elle donne la vie en risquant la sienne ; la mort est toujours proche, la mère et l'enfant sont alors particulièrement vulnérables[2].

Certes les femmes ont eu depuis des temps immémoriaux une expérience directe et précise des dangers mortels de l'accouchement. Mais elles ont aussi l'expérience de son habituelle simplicité. Et pourtant elles ont peur et elles ont mal. Sans doute est-ce là une des caractéristiques de l'espèce humaine. Les difficultés de l'accouchement humain ne sont pas seulement liées à la forme du bassin maternel et aux dimensions du crâne fœtal, mais surtout à l'importance qu'a prise le cerveau, lieu d'intégration de toutes les sensations qui lui parviennent du monde extérieur.

Il n'en reste pas moins vrai qu'en l'absence de soins codifiés et efficaces l'accouchement reste un moment angoissant puisqu'il peut aboutir à la mort de l'enfant et de la mère dans des conditions violentes, y compris dans la riche et savante Rome antique. Lors-

que pour différentes raisons anatomiques l'enfant ne peut passer au travers du bassin maternel, l'extrême intensité des contractions entraîne une lutte à mort entre la nécessité d'engager le fœtus puis d'assurer son expulsion et l'obstacle osseux non modifiable qui s'y oppose.

Aussi la femme en « travail » n'est-elle jamais laissée seule. Plusieurs divinités s'empressent autour d'elle. Ilithye (Eileithyia) est, à Athènes, la déesse sage-femme, celle qui aide avant, pendant et après les couches ; son culte est largement diffusé parmi les femmes, alors que les hommes l'ignorent. À Rome, Lucine protège les femmes en travail, sous le regard de Junon, épouse de Jupiter... La parturiente porte parfois une amulette, taillée dans de l'hématite ou « pierre de sang », pour se protéger des hémorragies[3]. Quatre femmes, au moins, l'assistent. Trois la soutiennent, une derrière, une de chaque côté. Dans les milieux aisés, elle s'assied sur un fauteuil spécial. La sage-femme s'accroupit par terre, en face. Toutes parlent à la patiente pour l'inviter à ne pas crier mais plutôt à gémir, en refoulant son souffle dans ses flancs, pour mieux pousser. On soutient son périnée pour éviter une déchirure, mais il ne faut pas trop la regarder pour ménager sa pudeur. L'enfant est supposé se délivrer lui-même, quand il se sent à l'étroit. Le traité hippocratique *De la nature de l'enfant* compare le processus à l'éclosion d'un poussin ; certaines images représentent l'utérus comme une pieuvre. Le petit est reçu sur des linges propres, et posé à côté de sa mère en attendant la sortie de l'arrière-faix. Certaines sages-femmes coupent le cordon avec un tesson de verre ou de faïence ; les médecins conseillent d'employer plutôt une lame métallique ; il faut ensuite le vider et le lier avec un brin de laine, moins tranchant que le lin.

Cette étape symbolique de séparation de la mère est particulièrement importante dans l'espèce humaine. Très curieusement, car il n'en fut pas toujours ainsi, nous sectionnons le cordon avant même l'arrêt circulatoire à l'intérieur de celui-ci. Au cours du XXe siècle, de nombreux débats ont eu lieu, purement stériles mais sources de travaux et de multiples communications, sur le temps à respecter avant cette section, sur le niveau auquel il fallait maintenir l'enfant, au-dessus ou en dessous de celui de sa mère lors de la section, etc. Or, il est possible de respecter cet arrêt physiologique de la circulation dans les vaisseaux du cordon ombilical. À partir de ce moment, la section n'est pas une urgence, elle peut suivre la délivrance et non la précéder. Si la section oblige au recours à divers outils qui ont suivi nos propres dents, comme chez les autres mammifères, la ligature n'est quant à elle plus nécessaire dans de telles conditions[4].

Les barbares, Germains et Scythes, ou même des femmes du peuple en Grèce et à Rome, plongent ensuite le nouveau-né dans de l'eau froide, ou du vin froid : celui qui a des spasmes ou qui pâlit ne sera pas élevé. Le plus souvent, on nettoie le petit corps avec du sel fin délayé dans de l'huile, ou dans une décoction d'orge ; ensuite, on le baigne dans de l'eau tiède. Dans certaines villes, on accroche une guirlande au seuil de la maison, à la fois pour protéger le nouveau-né et pour avertir les voisins. La guirlande indique le sexe : de l'olivier pour un garçon, un écheveau de laine pour une fille. Après un temps rituel de repos, l'accouchée va offrir la bande de toile qui a soutenu son ventre gravide à la déesse protectrice, Ilithye en Grèce, Lucine (ou Junon) à Rome.

Obstetrix, « celle qui se tient devant ». Ce mot désigne la femme qui aide l'enfant à naître. Pour exercer cette activité officiellement, il faut avoir enfanté soi-même, avoir atteint l'âge de la ménopause, et être reconnue par la communauté. La formation est tout empirique, les plus expérimentées instruisant les nouvelles, sur le lieu même du « travail ». Le médecin n'est appelé qu'en dernier recours. L'*obstétrix* assume d'importantes responsabilités : à elle d'examiner le nouveau-né, d'apprécier ses chances de survie, afin de guider la décision du père. On la consulte aussi à l'occasion du mariage, pour connaître l'état de santé et les chances de fécondité d'une future épouse.

L'allaitement

L'allaitement maternel ne va pas de soi : mieux que la grossesse et l'accouchement, il procède d'un choix proprement humain. Parmi les contraintes biologiques liées à la reproduction, il occupe une place à part, en ce qu'il peut être évité, éludé : il accuse le seuil entre nature et culture et c'est par là qu'il nous intéresse. Il ne dépend jamais du seul désir de la mère : celle-ci est soumise, en la matière, à des normes et à des codes qui varient selon les lieux, les milieux, les moments. L'allaitement maternel, fonction féminine réputée naturelle, relation spécifique qui s'engage entre la femme et le nouveau-né, se révèle donc aussi comme un remarquable analyseur des liens sociaux : rapports de « genre » entre le père et la mère, rapports de classe entre la mère et la nourrice, rapports de savoir entre la mère et le médecin.

Chez les Latins, dans les couches supérieures, la mère n'allaite presque jamais. Les moralistes accusent les grandes dames de vouloir garder leur liberté et préserver la beauté de leurs seins. Il est possible aussi que les plus sensibles aient redouté de s'attacher à un tout-petit dont la survie restait aléatoire. Mais on doit penser que si la *patria potestas* s'était mobilisée en faveur de l'allaitement maternel, les mères, même réticentes, auraient dû s'incliner. Or le père peut avoir ses raisons de préférer que son petit tète une autre femme que son épouse : il cherche à confirmer sa prépondérance. Tout le monde croit en effet que le lait, sang cuit, blanchi, transmet des caractères héréditaires. En outre, le père redoute l'intimité de l'allaitement : la force de ce lien charnel et affectif risque d'accroître l'influence de la mère ; c'est pourquoi, sans doute, le garçon surtout est écarté du sein maternel.

L'usage des nourrices ne signifie pas un manque d'intérêt pour le nouveau-né. Il est élevé dans la maison du père ; ses parents le voient souvent ; sa mère en particulier peut, si elle le souhaite, partager les soins avec la nourrice, donner le bain, bercer, chanter, jouer : ce que nos modernes psychologues appellent l'attachement n'est pas impossible, mais il n'est pas assuré. Aussi, dans tout le bassin méditerranéen, les Romaines passent-elles pour des mères froides, dures, dépourvues de tendresse.

Le choix d'allaiter ou non est vraisemblablement récent. Il n'apparaît que dans les sociétés relativement avancées du bassin méditerranéen[5] *et dans quelques autres peut-être. Il faut pour avoir recours aux nourrices de très fortes raisons pour rompre justement avec cette nécessité physiologique comprise dès les premiers âges de l'humanité. Ces raisons sont liées au statut des femmes. Dans les sociétés exclusivement dirigées par des hommes, où l'existence du nouveau-né procède de la seule volonté paternelle, la rupture d'avec la mère doit avoir lieu dès la naissance, et tout particulièrement dans les classes dominantes.*

*Par ailleurs, les laits de substitution d'origine animale ne conviennent pas bien à l'espèce humaine. Ils nécessitent des modifications qui n'ont été introduites et comprises assez correctement qu'au XX*e *siècle. Disponibilité et abondance du lait de vache répondent alors, certes imparfaitement, aux besoins du petit humain après sucrage et dilution appelée coupage. En l'absence de ces transformations, les laits animaux sont mal tolérés et entraînent rapidement et le plus souvent des troubles digestifs graves qui peuvent causer la mort.*

La seule substitution possible est alors le mercenariat. Qu'ensuite d'autres justifications idéologiques apparaissent : esthétique, « libertaire » et surtout sociale, n'y change sans doute rien. L'important étant de ne pas laisser jouer à la femme devenue mère un rôle structurant pour la conscience des futurs individus. En effet, la qualité de la relation affective, sûrement perçue dès nos origines, entre la mère et l'enfant au cours des premiers mois de sa vie et par le fait même de l'allaitement maternel, constitue une faille redoutable dans le dispositif de tutelle paternelle. Or le lait maternel constitue pour de simples raisons physiologiques, sinon une garantie de vie, du moins une des conditions qui lui sont les plus favorables, à l'opposé de toute substitution. Il intervient ainsi doublement dans l'attachement de la mère à son petit. Cette contradiction va persister jusque dans nos sociétés modernes. Quels qu'ils soient, les laits de substitution ont jusqu'à une date récente toujours été présentés, ouvertement ou non, comme libérateurs. À l'opposé de l'allaitement maternel désigné comme animal et procédant d'une contrainte naturelle dont il est possible de s'affranchir, alors même que les positions médicales officielles ont compris le caractère physiologique et difficilement remplaçable de l'allaitement maternel. Cela depuis fort longtemps, c'est-à-dire dès l'époque gréco-latine.

Le « désir de naissance »

Les femmes de l'Antiquité n'écrivent guère : nous ne savons rien de leurs sentiments profonds. Éprouvent-elles un grand « désir de naissance » ? On peut sans doute répondre oui, puisque la stérilité constitue un opprobre. Enfanter au service d'une lignée masculine, c'est la seule vocation reconnue pour toutes les femmes. Pour mieux assurer leur fécondité, elles essaient des recettes alimentaires ou médico-magiques : poudre de matrice de hase, testicules de coq, sang de lièvre. La sagesse populaire situe la période la plus favorable au moment de la pleine lune, et juste après les règles (erreur qui a pu causer bien des déceptions). Il semble que certaines aient visité des sanctuaires associés au culte de l'eau[6]. La jeune mariée qui tardait à être enceinte risquait la répudiation.

La malédiction qui frappe la stérilité est aussi, dans ce type de société, liée à la subordination sociale et culturelle des femmes. Leur « vocation » très précisément définie par les hommes est de faire des enfants. Ne pas en faire est intolérable et à ce titre intériorisé et vécu comme une véritable frustration.

La législation romaine confirme froidement l'instrumentalisation du corps féminin. Au VIIe siècle avant J.-C., la *lex Regia* exige que, si une femme meurt à la fin de sa grossesse, son ventre soit ouvert pour tenter de sauver son petit ; cette disposition est confirmée par la *lex Caesarea*, au temps où les empereurs déplorent le déclin des naissances ; Rome a besoin de tous ses citoyens. Si un citoyen meurt pendant la grossesse de son épouse (cas assez fréquent à Rome, ville guerrière et conquérante), le fœtus prend rang parmi ses héritiers : pour le protéger, les juges désignent des « curateurs au ventre », la mère étant réduite à ce ventre. À sa naissance, le rejeton entre dans la famille de son père défunt, la filiation étant, à Rome, purement agnatique. Sa mère n'est pas écartée, mais n'est pas considérée comme indispensable.

Le refus de naissance

Dans quelle mesure les femmes de l'Antiquité peuvent-elles refuser les naissances ? De quels moyens disposent-elles ? Tout dépend en fait de leur condition sociale.

Aristote (*La Vie des animaux*) déclare que bien des femmes répugnent à avoir plus de trois enfants. Cinq siècles plus tard, la législation d'Auguste donne une indication convergente : pour qu'un citoyen romain puisse recevoir un héritage, la loi exige qu'il ait au moins trois enfants légitimes. En conséquence, l'épouse, une fois son devoir accompli, et ses trois enfants mis au monde, peut demander à suspendre les relations conjugales : sa chasteté sera louée par les moralistes, et son mari ira voir ailleurs. La *materfamilias* n'a donc, en principe, aucune raison de recourir aux contraceptifs ou aux abortifs. Si elle le fait sans l'autorisation de son mari, elle porte atteinte à la puissance paternelle, elle est suspecte d'adultère, elle risque la répudiation. En pratique, bien sûr, il arrive que les deux époux soient d'accord à la fois pour poursuivre leur relation et pour limiter leur descendance. Les méthodes empiriques ou magiques ne manquent pas : la femme doit s'efforcer de se retirer au moment où l'homme émet sa semence, elle lave son vagin et boit de l'eau froide ; elle peut aussi placer un flocon de laine à l'entrée de sa matrice ou enduire son vagin de produits divers (la liste est longue).

À la différence des épouses, les esclaves et les prostituées ne méritent aucun égard. Par accord tacite l'homme qui les fréquente se désintéresse du résultat. Ces femmes sont souvent réduites à avorter, à leurs risques et périls. L'avortement provoqué ne pose alors aucun problème éthique tant que l'enfant n'a pas bougé. Il est vrai que le serment d'Hippocrate interdit au médecin de prêter son concours à l'avortement. Mais ici encore, il ne s'agit nullement de protéger le fœtus, il s'agit de respecter les droits du géniteur. Le fœtus, considéré comme un fragment du corps de la mère, peut être éliminé au gré de celle-ci (si elle n'est pas en pouvoir de mari). Des recettes sont transmises de femme à femme, depuis des temps immémoriaux : les listes sont d'autant plus longues et variées qu'on distingue mal les contraceptifs des abortifs.

La loi, les juges ignorent l'avortement quand il se passe bien. Il n'est punissable que s'il provoque la mort de la patiente : il est alors assimilé à un crime (l'empoisonnement), et puni comme tel, le châtiment pouvant aller jusqu'à la peine capitale pour celle ou celui qui a procuré les drogues à la victime. Nul ne se soucie du fœtus. Dans de telles conditions, peut-on parler de « droit à l'avortement » ?

LA PART DES MÉDECINS

Du fond des âges, l'expérience douloureuse de la bipédie est apparue, même si sa compréhension n'est que très récente[7]*, comme paradoxalement dangereuse pour la reproduction humaine et à ce titre pour la préservation de l'espèce. Ce crâne fœtal qui n'a cessé d'envahir toujours plus le ventre maternel en est arrivé à de telles dimensions qu'il ne peut franchir l'étroit bassin maternel qu'au prix d'une forte flexion et d'exigences mécaniques plus rigoureuses que dans toute autre espèce de mammifères, y compris les plus proches. Malgré tout, ce petit peut passer, et bien passer le plus souvent, dans ce périlleux défilé. Mais mal fléchi, mal orienté, trop volumineux, dans un bassin insuffisant ou déformé par de nombreuses pathologies, il va devenir pour celle qui doit le mettre au monde cause de souffrances qui peuvent l'entraîner dans la mort. Et puis, parfois, sa sortie du corps maternel entraînera des lésions anatomiques désastreuses et souvent définitives. Hémorragies et complications infectieuses sont également suffisamment fréquentes pour contribuer à donner à cet événement une dimension tragique, à la fois universelle et individuelle, proclamée et secrète.*

Or, et cet aspect est sans doute le plus remarquable, malgré l'intérêt considérable accordé à la reproduction humaine, l'impuissance médicale à s'opposer à ces drames apparaît manifeste durant une très longue période historique. Dans les traités hippocratiques, aucun soin proposé par l'école de Cos ne vient réellement porter secours à la parturiente ; on considère d'ailleurs que seule la présentation du sommet est compatible avec un accouchement physiologique. Succussion, sternutation et autres fumigations n'ont évidemment aucun effet et sont le plus souvent source de souffrances ajoutées au malheur.

Aux yeux des médecins de l'Antiquité, les femmes n'ont pas d'autre raison d'être que de reproduire l'espèce et de perpétuer la cité. Elles n'ont pas le choix, dit Hippocrate, pas plus que les citoyens n'ont le choix de porter les armes et de défendre la cité. L'attention qu'ils accordent à la naissance s'explique d'abord par là. Ils se sentent concernés par les aléas de la parturition, et par la détresse éventuelle de la mère et de l'enfant. Ils sont angoissés par la naissance d'enfants mal formés, « monstrueux », qui semblent menacer l'avenir collectif. Leurs inquiétudes, leurs observations, les connaissances qu'ils acquièrent déterminent non seulement des progrès dans l'art des accouchements, mais aussi des élaborations philosophiques sur la génération, et sur la différence des sexes. La médecine grecque a inspiré un immense désir de comprendre l'origine de la vie, mystère des mystères.

Médecins et philosophes

L'expérience clinique des médecins reste pourtant limitée. En effet, les cultures méditerranéennes antiques sont, on l'a dit, « patriarcales » : une femme mariée ne peut être vue ni touchée par un autre homme que son mari ; le médecin se contente de guider, par ses questions, un examen réalisé par la patiente elle-même, ou par la sage-femme ; appelé *in extremis* pour un accouchement impossible, son rôle se borne parfois à pratiquer l'embryotomie, pour soulager la parturiente. Les esclaves, les prostituées sont-elles plus accessibles ? On n'en sait rien. En tout cas, le dialogue entre médecins et sages-femmes a longtemps été le moyen essentiel d'une information réciproque.

Tota mulier in utero : c'est là le message essentiel du corpus hippocratique (une soixantaine de traités rédigés au ve siècle et au début du IVe avant J.-C.). Les disciples d'Hippocrate sont persuadés que toutes les maladies féminines trouvent là leur origine, la stérilité étant le mal absolu, et l'enfantement la meilleure preuve de santé. L'utérus gouverne l'économie des fluides, bien plus abondants chez la femme que chez l'homme : sang menstruel, écoulements liés au coït, puis à l'accouchement, production du lait. La femme est donc humide, molle, froide, alors que l'homme est sec, chaud et dur. Telle est l'origine de l'infériorité féminine, laquelle constitue un dogme, jamais remis en question durant l'Antiquité. Les plus grands philosophes le confirment. Selon Platon *(Timée)*, une hiérarchie organise le corps et l'âme de l'être humain. Or l'utérus, organe féminin par excellence, est situé dans le ventre, loin de l'âme rationnelle et des nobles pensées, c'est « un vivant possédé du désir de faire des enfants » qui assujettit la femelle. Aristote, fils de médecin, savant universel, décrit le mâle et la femelle comme des êtres complémentaires fournissant des prestations de natures différentes. Pour autant, ils ne sont pas égaux, car la sécrétion de la femelle pendant le coït n'est pas une semence ; le mâle seul fournit la forme et le principe de la vie.

L'anatomiste grec qui a le plus influencé les médecins d'Occident, c'est Galien (IIe siècle après J.-C.). Il définit la femme comme « un homme à l'envers ». Les organes sexuels que l'homme porte à l'extérieur du corps existent aussi chez elle, mais à l'intérieur : les ovaires sont assimilables aux testicules et le col de la matrice au pénis.

Le succès de Galien s'explique surtout par son finalisme : il présente le corps humain comme un système où peut se lire une intention divine. Ainsi la matrice est à l'intérieur du ventre féminin pour que le fœtus soit mieux protégé ; les mamelles sont placées sur la poitrine pour que le nourrisson soit tenu dans les bras de sa mère, etc. À la date où il exerce et enseigne, le christianisme progresse, et les religions qui promettent le salut rencontrent une faveur croissante. Son message a conquis d'abord l'Empire byzantin ; ensuite il a séduit les savants arabes, et par eux il est parvenu aux clercs médecins du Moyen Âge occidental, qui l'ont reçu avec enthousiasme.

Les savoirs élaborés par Hippocrate, Aristote et Galien révèlent combien la science, en particulier la science médicale, est sous l'empire de la culture dominante, prisonnière des croyances et des préjugés les plus répandus.

L'art de soigner

Les médecins antiques ne sont pas armés pour combattre certaines erreurs populaires : au contraire, ils les cautionnent. Par exemple, ils définissent les menstrues comme une dépuration, un nettoyage de l'utérus : c'est donc, disent-ils, juste après les règles que la fécondation a les meilleures chances de succès. Ils confirment aussi des préjugés qui ont dû coûter la vie à de nombreux nouveau-nés : la grossesse qui dure sept mois ou neuf mois donne un enfant viable, alors que l'enfant né à huit mois n'est pas viable. Ou encore : il faut attendre au moins deux jours après la naissance pour mettre l'enfant au sein.

Si les médecins ne s'opposent pas aux erreurs d'origine populaire, n'est-ce pas parce qu'ils en sont la source le plus souvent ? Et parce qu'elles s'inscrivent dans leur conception du monde ? L'expérience empirique des différentes couches populaires, et des femmes en particulier, engendre en général plus de réalisme et d'objectivité et peut être en définitive source d'une véritable démarche scientifique. Mais elle bute et ne peut accéder à ce statut quand des obstacles culturels et sociaux lui sont imposés.

L'histoire de la viabilité néonatale à sept mois s'appuie sur des hypothèses sans fondement, d'origine hippocratique[8]*, et ne semble pas être liée à des constructions populaires, même lorsqu'elles deviennent des croyances. En tout cas ce préjugé quant à la viabilité des prématurés n'a en fait pas de conséquences dommageables jusqu'à récemment, puisqu'il n'existe vraisemblablement pas d'attitude d'abandon pour les prématurés à huit mois, ni bien sûr d'activité thérapeutique efficace pour les prématurés de sept mois.*

Cependant les ouvrages médicaux qui nous sont parvenus contiennent beaucoup d'observations justes et fines encore valables aujourd'hui ; les auteurs font preuve d'une sollicitude vigilante et lucide.

Le plus illustre, celui qui est considéré comme le premier en date des accoucheurs, et même comme le père de l'obstétrique, c'est Soranos d'Éphèse, médecin grec qui fit une brillante carrière à Rome au temps de Trajan et d'Hadrien. Son ouvrage intitulé *Gynaecia* est en son temps une véritable bible. Ce maître éminent a lu tous ses prédécesseurs ; il les commente à la lumière de sa propre expérience. Destiné aux sages-femmes, son livre vise à faire d'elles des spécialistes à part entière, connaissant les sciences fondamentales (anatomie, embryologie, gynécologie, obstétrique) et tous les moyens thérapeutiques, de la diététique à la chirurgie. Il fait un portrait détaillé de la sage-femme « parfaite », femme de savoir et d'expérience, douée de tact, de compassion, et de sang-froid pour affronter les moments difficiles.

Ce praticien renommé souhaite conquérir ou conserver la confiance d'une clientèle riche et puissante. Certains de ses propos s'expliquent par là. Il met en garde contre l'avortement, moins pour des raisons morales qu'en raison des dangers qu'il présente pour la femme. Bien qu'il connaisse et cite une série de drogues (blanc de céruse, alun liquide, substances tannantes), il conseille plutôt les mouvements violents et les saignées.

Il guide aussi les couples qui souhaitent procréer dans les meilleurs délais. Un homme fait bien de ne mettre sa semence que dans une femme en bonne santé. Le meilleur moment c'est celui du désir réciproque ou après la fin des règles ; si une femme prise de force devient enceinte, c'est qu'elle ressentait obscurément du désir. Suivent des conseils pour conserver la semence et bien conduire la grossesse (rester au lit, prendre des bains tièdes, éviter les rapports sexuels). Le docteur dément qu'on puisse déterminer ou même deviner le sexe de l'enfant à naître. « Envies » et nausées relèvent de régimes alimentaires appropriés : blancs de volaille, légumes cuits à la vapeur, fruits cuits ; pas de sauces ni d'assaisonnements. À partir du quatrième mois il faut soutenir le ventre avec un bandage et le masser avec du cérat d'huile d'olive et de myrte, pour éviter les vergetures ; les seins seront au contraire relâchés à mesure qu'ils grossissent. Les bains sont recommandés, ainsi que la nage en eau tiède, la promenade et les exercices vocaux qui stimulent la respiration.

À propos de l'accouchement, Soranos semble avoir été assez novateur. Il condamne certains usages d'origine hippocratique (onctions et fumigations) qui risquent de provoquer des inflammations. Il est partisan de ce que nous appellerions l'avortement thérapeutique dans les cas où la grossesse fait courir un risque à la mère. Et il est sans doute l'un des premiers à accorder une importance à la vie du fœtus : ainsi il propose d'utiliser la version podalique interne, pour sauver la vie du petit et non pas seulement pour extraire un fœtus mort. Cette technique consiste à retourner le fœtus *in utero* pour le sortir en le tirant par les pieds.

Ces propositions thérapeutiques sont de véritables progrès médicaux que Soranos décrit et codifie avec une grande clarté. À la grande extraction du siège, il faut ajouter : la protection du périnée, la position assise lors de l'accouchement et surtout la délivrance artificielle[9]*. Tout cela constitue une somme de connaissances et d'acquis considérables qui seront enrichis à partir du* XVIII*e* *siècle, dans l'Europe occidentale. Véritable maître de l'obstétrique moderne, Soranos ne change cependant guère le sort de l'immense majorité des femmes de son époque, qui ne bénéficient évidemment pas de la qualité de ses soins ni de la richesse de son enseignement. Que sait-on d'ailleurs de la réalité de sa pratique ? Peu de choses, si ce n'est celles que laissent imaginer la grande précision et la qualité générale de ses écrits. Quels que soient ses choix philosophiques, Soranos d'Éphèse s'inscrit dans une démarche obstétricale rationnelle, non dogmatique, qui vise à remédier aux difficultés parfois mortelles rencontrées lors de la mise au monde du petit humain.*

La sage-femme est sans conteste pour lui la principale, sinon la seule, professionnelle de la naissance. L'homme, et par conséquent le médecin, n'y a pas ou peu sa place. En revanche, il doit transmettre ses connaissances à celle-ci, éliminer des gestes empiriques mais nocifs, pour n'enseigner que les gestes salvateurs.

Les soins au nouveau-né décrits ensuite ont été adoptés dans tout l'Occident et respectés pour l'essentiel pendant seize siècles. Il s'agit de modeler le petit corps pour confirmer sa forme humaine, au moyen surtout de l'emmaillotage. La femme prend l'enfant sur ses genoux et l'enroule dans des bandelettes de laine propres, moelleuses, un peu usées. Les bras sont enveloppés en prenant soin que les mains soient bien ouvertes ; les jambes sont séparées pour éviter toute ulcération ; on serre un peu les articulations pour obtenir leur finesse. Pour la fille on serre le torse, mais on laisse les hanches s'épanouir. L'emmaillotage sera peu à peu modifié à partir du quarantième jour : on libère d'abord le bras droit pour éviter que l'enfant devienne gaucher, puis les autres membres. Trop de femmes se dispensent de ce travail par simple paresse.

La nourrice doit baigner l'enfant chaque jour, dans une pièce chaude et pas trop claire ; elle le démaillote, le frictionne à l'huile d'olive, puis le tient un moment dans l'eau tiède. Ensuite elle le prend par les chevilles, tête en bas, pour étirer la colonne vertébrale. Elle le masse en prenant soin de bien assouplir chaque membre, de façonner, s'il y a lieu, la forme du crâne et celle du nez, de vider par aspiration le nez et les oreilles. Pour le garçon, on tire chaque jour son prépuce et on cale ses bourses sur un peu de laine (les Romains, qui se montrent nus au gymnase, tiennent à la bonne apparence de leurs organes virils).

Comme tous les médecins, Soranos rappelle que le lait de la mère est le meilleur pour son enfant ; il met en garde contre les nourrices, femmes dépourvues d'éducation, souvent grossières et négligentes. Mais il se garde de réprouver leur emploi. Le jardinier, dit-il, fait des semis et ensuite des repiquages ; le nouveau-né se trouvera bien d'être porté par une femme et allaité par une autre. Comment choisir une nourrice et comment la traiter ? Les conseils de Soranos ont été transmis par les médecins d'Occident jusqu'au seuil du XIXe siècle.

Le sevrage sera progressif, à partir du sixième mois : on donnera à l'enfant des bouillies de céréales. Le docteur rappelle ensuite avec résignation que les petits enfants sont sujets à de très nombreuses maladies, contre lesquelles on ne peut rien.

Le *Gynaecia* de Soranos a traversé les siècles. Traduit, recopié, résumé sous forme de manuels, il a instruit non seulement d'innombrables sages-femmes, mais aussi des chirurgiens et des médecins, et même probablement des parents. C'est seulement au XVIIe siècle que ses enseignements sur la grossesse et l'accouchement sont devenus caducs ; c'est seulement l'âge des Lumières que ses préceptes concernant les soins aux tout-petits ont été remis en question.

On le voit, l'art de soigner n'est pas seulement l'art de soulager la souffrance, de guérir les maladies. Il exprime aussi un désir d'influence, une forme d'autorité. Le savoir, c'est aussi le pouvoir.

2

L'héritage chrétien

Le monothéisme déplace les valeurs et transforme les relations. Quand Dieu se révèle, il transcende tout : l'espèce humaine naît de la parole du Très-Haut, elle vit sous son regard. Le nouveau-né, créé par Dieu à son image, reçoit une étincelle de son esprit : sa personne est sacrée dès la conception. Le père reste un intermédiaire entre les puissances surnaturelles et la progéniture, mais il n'est plus le seul ; de nouveaux acteurs entrent en scène : les religieux. La mère est stigmatisée par la faute de la première femme, et il n'y a plus de déesse mère ; mais la mère du Sauveur incarne une forme nouvelle de maternité.

C'est chez les Hébreux qu'est né le monothéisme et ce sont eux qui lui ont donné ses caractères originaux. Plus tard les juifs, éparpillés par la diaspora, n'ont pas pu fonder de véritables institutions. Le christianisme a donc dominé la culture occidentale pendant tout l'Ancien Régime : les institutions, les disciplines, les créations qu'il a inspirées constituent l'essentiel de ce chapitre. Quant à l'islam, qui s'est répandu en Asie et en Afrique, il n'arrive en Europe, avec les immigrés, qu'à la fin du XXe siècle : nous le retrouverons dans la dernière partie de cet ouvrage.

LE PREMIER MONOTHÉISME

Dieu, Père tout-puissant, crée l'espèce humaine, et crée aussi tout enfant qui vient au monde.

La Genèse fait apparaître l'enfantement à la fois comme une sanction et comme une bénédiction. Au jardin d'Éden, Adam et Ève n'avaient pas d'enfant, et c'était le paradis. Le serpent qui vient tenter la femme a été assimilé à Satan. Mais dans plusieurs religions orientales, c'est un symbole phallique, attribut de certaines déesses de la fécondité. Et l'objet défendu est un fruit porté par l'« arbre de vie ». La femme accueille le serpent et désire le fruit : c'est bien dans sa fonction reproductrice qu'elle est vulnérable. D'ailleurs, après la faute, c'est à travers l'enfantement qu'elle subit la malédiction divine. Élohim lui dit : « Dans la peine tu enfanteras. À ton homme ira ta passion, et il te dominera. » Condamnation qui pèse encore sur les parturientes d'aujourd'hui. Adam, de son côté, se voit condamné à travailler pour nourrir ses petits « à la sueur de son front ». Le mythe de la Genèse exprime peut-être une prise de conscience inquiète face à la sexualité humaine, si difficile à gérer. Les femelles des autres mammifères connaissent un rut, après quoi tout se calme ; alors que, chez la femelle humaine, l'oestrus a disparu : elle est toujours disponible. Après la chute, la première femme reçoit son nom, Ève, qui signifie « mère des vivants ». Élohim invite le premier couple à transmettre la vie reçue : « Croissez et multipliez-vous et remplissez la terre. »

La concupiscence, c'est-à-dire la malédiction pesant sur la vie sexuelle, sera effectivement un des fondements contradictoires de la société chrétienne, qui oppose l'amour à l'arbre de la connaissance, autrement dit qui introduit le doute dans le rapport à l'autre – le prochain –, en l'occurrence le « différent sexuellement ». Alors que la Bible fait plutôt de la connaissance de l'autre, de l'homme et de la femme, le moteur de la connaissance de la vie et, de ce fait, d'une harmonie possible, du moins d'un accord, d'une compréhension des humains et de la nature.

À côté du couple originel, il faut rappeler la présence de Lilith, la malfaisante. Selon certains récits[1], l'homme et la femme avaient été d'abord façonnés ensemble, dans la même argile : Lilith se croyait donc l'égale d'Adam et prenait des libertés excessives. Rétive aux admonestations divines, elle rejoignit Satan et devint la reine des démons. Les légendes populaires l'accusent de faire périr les nouveau-nés. Ce mythe rend compte de l'effrayante mortalité des petits humains : il l'explique par des influences maléfiques, notamment en associant le féminin au diabolique. Lilith préfigure les sorcières. Dieu donne à Adam une nouvelle épouse, Ève, qui n'est pas créée de la même argile : elle est « la chair de sa chair », sa compagne indissociable ; entre eux le lien n'est pas égalitaire, mais charnel et affectif : l'amour est la joie et le ciment du couple. La Genèse idéalise, à sa manière, la relation entre l'homme et la femme ; mais la représentation qu'elle donne de la différence des sexes justifie la domination masculine : tout homme doit se marier pour contrôler la sexualité et la fécondité de son épouse. D'ailleurs, le dégoût et la crainte qu'éprouvent les hommes pour la physiologie féminine s'expriment à travers certains usages : marquée par une impureté originelle, la femme perd du sang tous les mois, elle en perd encore en accouchant ; elle doit alors rester à distance respectueuse de son époux, et se soumettre à différents rites de purification.

Les familles juives semblent avoir été toujours prolifiques. Chez les Hébreux de l'Antiquité, la polygamie était pratiquée au seul avantage de l'homme. Devenus monogames, les juifs marient leurs enfants très jeunes, dès le seuil de puberté, parfois même avant. Une épouse en bonne santé peut donc mettre au monde douze à quinze enfants, qu'elle allaite autant que possible. La mortalité opère une sélection naturelle : seuls survivent les plus robustes. L'avortement est absolument interdit et la contraception est blâmable (mais les textes n'en parlent guère, sauf à propos d'Onan). Il n'y a pas de célibataires, ni de vieilles filles, les veufs se remarient sans retard. L'adultère est rare en raison de la surveillance étroite exercée par la communauté ; il y a donc très peu de bâtards. Ce qui fait l'enfant juif, c'est le ventre de sa mère. C'est sans doute pour cette raison que le Talmud, bien qu'il interdise toute mutilation de cadavre, impose formellement l'opération césarienne : « Lorsqu'une femme meurt sur la chaise d'accouchement, même si c'est pendant le sabbat, on apportera un couteau et on incisera son ventre pour extraire l'enfant » (*Encyclopaedia judaica*).

La paternité ici comme ailleurs est reconnue incertaine. Ce qui n'empêche pas le chef de famille de se conduire en père tout-puissant ; personne ne discute ses ordres. Au moment des fêtes, c'est lui qui accomplit tous les rites domestiques ; en cas d'empêchement, son fils premier-né peut le représenter. Toutefois, le père ne pratique pas lui-même sur ses propres fils le principal rite d'intégration des nouveau-nés, la circoncision[2]. Ce rite a été institué par Abraham, qui fut le premier à briser les idoles et à célébrer le culte du Dieu unique. Pour signifier son alliance avec le Très-Haut, il s'est fait circoncire et a imposé la circoncision à tous les mâles de son entourage, adultes et enfants. Depuis, tous les nouveau-nés de mère juive sont circoncis au huitième jour qui suit leur naissance. La cérémonie a lieu au domicile des parents. Elle attire en général beaucoup de monde car elle marque à la fois l'accueil d'un nouveau vivant, et le renouvellement de l'alliance avec Dieu[3]. Le rite revêt sans doute une double signification.

D'une part, il inscrit dans la chair la participation à l'alliance d'Abraham, l'affiliation à la communauté : l'enfant circoncis sera initié à la loi, aux bonnes œuvres, à la fraternité ; il est passé de la nature à la culture. D'autre part, il exprime un désir de masculinité : le garçon est débarrassé de ce qui sur son sexe évoque le féminin, il devient apte au mariage, il peut fonder une famille.

La fille ne reçoit aucune marque d'alliance. Pourtant la Bible met en valeur le désir d'enfant des femmes. Sara mère d'Isaac, Rébecca mère de Jacob, Rachel mère de Joseph et Benjamin, Hannah mère de Samuel ont attendu longtemps avant d'être mères et leur longue stérilité les affligeait. Rachel, la toute-belle, très aimée de Jacob, supplie son mari : « Donne-moi des enfants ou je meurs. » Elle lui propose de féconder sa servante : « Qu'elle enfante sur mes genoux et que par elle j'aie des fils. »

LA PATERNITÉ DIVINE

Le christianisme installe dans le monothéisme la notion de paternité divine. Non seulement parce que Dieu est « créateur du ciel et de la terre, de toutes choses visibles et invisibles » ainsi que du petit enfant qui naît. Mais aussi parce que le Dieu des chrétiens s'est fait père : son fils unique, le sauveur, le Christ, est venu sur terre racheter les humains du péché originel. La paternité divine modifie la paternité humaine de manière ambivalente. Quand Dieu se fait père, chaque père devient image, reflet de Dieu : le prestige et l'autorité du chef de famille s'en trouvent renforcés. Sous l'Ancien Régime, la puissance paternelle reste un symbole fort : Dieu, le Roi, le Père, telle est la hiérarchie garante de l'ordre. Les pouvoirs publics ne connaissent que le père, ne s'adressent qu'à lui. Le sort d'un enfant dépend de qui est son père. En revanche les droits du père humain sont limités par la volonté divine. Toute vie est sacrée : l'infanticide est un crime (quel que soit l'état du nouveau-né), l'avortement aussi ; la contraception même constitue une atteinte grave au projet divin. Le premier devoir du père humain est d'élever tous ses enfants en vue du salut éternel.

À ce propos il est utile de préciser ici quelques différences entre le judaïsme et le christianisme. Dans la Bible, dans la Torah, l'acte sexuel est toujours louable dans le cadre du mariage. La notion de péché sexuel, si culpabilisante, est spécifiquement chrétienne. Les Pères de l'Église ont maudit la sexualité, la « concupiscence », qui détourne les humains de l'amour divin ; ils ont tenu le corps en suspicion comme trop proche de l'animalité, suspect dans tous ses appétits, capable d'obscurcir l'esprit, de compromettre l'élévation morale. Cette méfiance confère à la religion chrétienne un caractère particulier : elle accorde plus de valeur à la chasteté qu'à la fécondité, même pour les femmes. Celles (et ceux) qui renoncent au mariage, aux relations sexuelles et à la procréation « choisissent la meilleure part ». Les époux eux-mêmes doivent tenir leur désir en bride ; le calendrier liturgique leur indique de nombreux interdits[4] (souvent respectés, comme le révèle le calendrier annuel des naissances). Peut-être faut-il voir dans cette obsession de chasteté la première expression d'un souci éthique qui nous tourmente encore : dès lors que toute vie humaine, même embryonnaire, est perçue comme sacrée, en tant qu'œuvre divine, comment concilier le respect de cette vie avec la maîtrise de la procréation ?

« L'obsession de chasteté » est aussi, et sans doute principalement, une obsession de la maîtrise du corps comme élément du corps social. La culpabilité est un très fort instrument de soumis-

sion à « l'ordre », facilitant ainsi l'inscription dans les projets institutionnels de l'Église romaine.

La naissance de l'Enfant Jésus

Dans l'Antiquité païenne, les dieux procréaient sans mystère. Selon le christianisme, la paternité du Tout-Puissant s'exprime par l'Incarnation, mystère originel, qui a fondé la nouvelle religion. L'Incarnation traduit sans doute une aspiration universelle, le fantasme d'un être humain de qualité supérieure, engendré non par la seule chair, mais par l'Esprit uni à la chair. La très riche symbolique qui s'est développée autour de ce mystère a inspiré, inspire encore, une littérature et une iconographie luxuriantes ; elle change aussi le regard porté sur le nouveau-né et ceux qui l'entourent.

Les premiers théologiens chrétiens, pour barrer la route aux hérésies, ont affirmé la *double nature* du Messie, vrai Dieu et vrai homme (concile de Nicée, 325) ; son humanité impliquait qu'il ait été porté et mis au monde par une femme. Cet événement a donné lieu à des élaborations théologiques savantes, mais aussi à une efflorescence mythologique très populaire : ne les séparons pas.

L'ange Gabriel salue Marie, humble fille juive, et lui annonce que le Verbe divin s'est incarné dans ses entrailles. « Je suis la servante du Seigneur, qu'il en soit fait selon sa volonté », répond-elle, et ce « *fiat* », expression même de sa foi, est le point de départ de toute la théologie mariale. Cette scène reflète bien la passivité de la femme antique : mariée très jeune selon le gré de ses parents, épouse soumise à l'époux, elle subit la fécondation ; personne ne s'inquiète de savoir si elle éprouve un désir d'enfant, l'ange Gabriel pas davantage. Mais même hors de tout cadre historique la procréation suppose un temps de passivité : aucune femme, aucun homme, aucun couple ne peut en déterminer le moment avec certitude. L'Annonciation exprime-t-elle un désir obscur de lever cette incertitude, de soumettre la procréation à une décision immédiate et souveraine ? Gabriel est un ange, non pas un homme, mais il représente le principe de paternité, donc un désir masculin. L'affirmation très forte du principe de paternité prévient toute maternité sans loi, toute relation symbiotique où la mère posséderait son enfant comme un bien propre. L'Annonciation exprime aussi la méfiance des hommes de l'Antiquité à l'égard des femmes, de leurs désirs et de leurs souillures. Marie a été exonérée du péché originel : c'est le dogme de l'Immaculée Conception[5]. Son fils n'est pas né d'une concupiscence charnelle, et ce n'est pas elle qui l'a conçu. Elle était vierge au moment de la conception (et même impubère puisqu'elle n'a jamais été menstruée) ; elle restera vierge durant ses couches, et aussi après (selon le concile de Chalcédoine, 451). Dispensée des rapports sexuels, elle sera aussi exemptée des angoisses et des douleurs qui accompagnent la parturition. Selon les psychanalystes, ces croyances expriment aussi des fantasmes assez communs : le fils se plaît à imaginer sa mère vierge, préservée des copulations charnelles et des accouchements sanglants ; la fille rêve parfois d'engendrer seule, sans subir le poids du mâle.

Mais la paternité humaine ne sort pas indemne de l'Annonciation. Marie prononce son « *fiat* » sans consulter son époux. À sa manière, elle remet en question la société patriarcale méditerranéenne : pour elle, il existe une autorité supérieure à celle de l'époux, supérieure même à celle de tout être humain, c'est la volonté divine. Marie ne transmet pas seulement la vie, mais la foi. Joseph, informé de façon surnaturelle, s'incline aussi : le *pater-familias* change de visage, il ne compte que comme instrument du Créateur.

Le message de l'Annonciation introduit la transcendance : mettre au monde, ce n'est pas mettre bas. La naissance humaine n'est pas seulement naturelle, pas seulement consciente, elle est chargée de spiritualité. Dès avant sa naissance, le produit de la conception est inscrit dans un réseau symbolique.

Noël

Les évangélistes Luc et Matthieu ne donnent sur la naissance de Jésus que des indications succinctes. Il aurait vu le jour dans une étable, à Bethléem, au cours d'un déplacement de ses parents ; les pasteurs qui gardaient leurs troupeaux autour de l'étable ont été les premiers à le contempler. La manifestation de sa divinité n'a lieu que quelques jours plus tard quand des mages, conduits par une étoile, viennent lui présenter leurs offrandes. Mais le roi Hérode ayant ordonné le meurtre de tous les enfants de moins de deux ans, Joseph, Marie et l'Enfant fuient en Égypte.

Ces événements n'ont été commémorés officiellement qu'à partir du IVe siècle. Les théologiens ont insisté sur la leçon d'humilité qui en ressort : le roi des cieux a pris la forme d'un petit enfant, l'être le plus démuni et le plus insignifiant de la création ; sa première couche a été la paille d'une crèche, ses premiers adorateurs les plus humbles des paysans. Mais comment ne pas voir là l'expression d'une sensibilité nouvelle ? Certes ce nouveau-né est le Fils de Dieu, mais il est aussi *vrai homme*, né pauvre parmi les pauvres. Cette naissance a inspiré une symbolique exubérante, des célébrations festives, des figurations innombrables, qui ont fortement marqué la conscience occidentale.

Les célébrations tiennent compte des fêtes païennes, comme pour respecter la continuité du sacré. Personne ne sait quel jour ni à quelle heure Jésus est né. Au VIe siècle, l'anniversaire a été fixé au 25 décembre à minuit. Cette date correspondait à la période des antiques saturnales : elle a en quelque sorte converti et sanctifié une fête païenne très populaire. En outre, la nuit du solstice d'hiver est la plus longue de l'année ; le lendemain, la durée du jour recommence à croître : manière d'affirmer que Jésus est la « lumière du monde ». L'Épiphanie, célébrée le 6 janvier, manifeste la divinité cachée. L'étoile qui conduit les mages fait le lien avec l'astrologie babylonienne. Le « massacre des Innocents », voulu par Hérode, fait écho à l'épisode biblique de la naissance de Moïse ; il attire l'attention sur l'horreur de l'infanticide.

Il faudrait rappeler l'inépuisable fécondité symbolique de Noël. La dévotion à la crèche (qui se répand à partir du XVIe siècle) associe toute une population rustique à l'adoration de l'enfant Dieu : les *Noëls*, chants choraux, sont censés exprimer l'allégresse des bergers. Sous l'Ancien Régime, on mettait dans l'âtre la bûche de Noël assez grosse pour durer toute la veillée ; en attendant d'aller à la messe de minuit, l'aïeul racontait aux plus jeunes les épisodes marquants de l'histoire familiale, il évoquait les ancêtres, la suite des générations, reliant ainsi la mort à la naissance. Vers le milieu du XIXe siècle, l'arbre de Noël, supposé représenter le jardin d'Éden, est sorti d'Allemagne pour conquérir le monde occidental. Les cadeaux offerts aux enfants sont devenus si nombreux qu'au seuil du XXe siècle, père Noël a commencé à les transporter en traîneau. La société de consommation a superbement récupéré la Nativité.

L'accueil du petit enfant donne sens à l'existence de l'espèce. C'est un principe d'espérance.

Il éclaire, interroge, apprend, bouleverse, émerveille. L'extrême fragilité du petit s'oppose mystérieusement à ce qui nous apparaît chez lui comme de l'ordre de la perfection. En ce sens, l'enfant nous permet sans doute de réaliser ce vœu propre à la conscience humaine : donner vie à la vie ou plus précisément nous rendre absolument attentifs à celle-ci, attachés à sa poursuite et lui donner une infinie saveur.

Le baptême

Le baptême est pour les chrétiens la véritable naissance humaine : il marque le passage de la chair à l'esprit, de la nature à la culture. Les premiers baptisés sont des adultes, mais l'usage de baptiser les enfants s'impose dès le IIe siècle. Saint Augustin confirme que tout être humain naît souillé par le péché d'Adam. Le baptême efface la tache originelle, confère la grâce divine et ouvre la vie éternelle au disciple du Christ rédempteur. La cérémonie a lieu à l'église ; elle est publique, annoncée par le carillon des cloches qui appelle tous les paroissiens disponibles à y assister ; et c'est le prêtre qui officie. Le rite de la purification par l'eau, si fréquent dans toutes les religions (et auquel Jésus s'est soumis), est accompli « au nom du Père, du Fils et du Saint Esprit », après que le fidèle a déclaré sa foi et son engagement ; l'huile-sainte, appliquée sur le front, fait pénétrer l'Esprit Saint ; le « sel de la sagesse », déposé sur la langue, est signe de pureté.

Un trait essentiel du baptême chrétien est la dissociation qu'il accuse entre la parenté charnelle et la parenté spirituelle[6]. Si, aux premiers siècles, les parents présentaient eux-mêmes leurs petits, dès l'époque carolingienne l'Église exige des parrains et marraines auxquels elle confie d'importantes responsabilités. Pendant l'administration du sacrement, ils répondent aux questions de l'officiant et s'engagent au nom de l'enfant. Ils donnent un prénom à leur filleul ou filleule (le leur ou celui d'un aïeul, choisi par les parents naturels). Le prénom a une fonction pédagogique : il précise le sexe, et surtout il sert de médiateur entre les vertus d'un saint patron et les capacités d'imitation de l'enfant. Après la cérémonie, et durant toute l'enfance et l'adolescence du filleul, de la filleule, les parrains et marraines doivent veiller sur son éducation religieuse, être présents aux moments importants de sa vie. Ce doublement du couple parental offre à l'enfant un recours en cas de conflit avec ses géniteurs, ou en cas de malheur familial. Les fées, marraines des contes populaires, protègent les orphelines, tantôt contre un père tenté par l'inceste (*Peau d'âne*), tantôt contre une marâtre (*Cendrillon*) ou contre d'autres menaces. L'institution a aussi pour effet d'étendre les liens parentaux hors du cercle familial, d'ouvrir les relations sociales : les personnes « de qualité » ont à cœur de parrainer-marrainer des enfants de milieu modeste.

L'importance capitale accordée au baptême explique le comportement des familles. L'enfant est baptisé au plus tôt, dès le lendemain de sa naissance si possible, et donc la mère n'assiste pas à la cérémonie. Si le nouveau-né paraît fragile, en danger, la sage-femme peut l'ondoyer, mais ce palliatif ne rassure pas toujours. Le petit qui meurt sans baptême plonge sa famille dans l'affliction : pour lui, pas d'obsèques chrétiennes, pas de place au cimetière, pas de salut éternel. Il risque de revenir tourmenter les vivants sous forme de feu follet, d'oiseau criant la nuit au-dessus des marais. Diverses consolations existent pourtant. Dès le XIIIe siècle, Thomas d'Aquin a imaginé un refuge pour ces petits : les limbes ; ils y seront privés de la vision béatifique, mais ne subiront aucune peine, et même ils jouiront corps et âme d'un réel bonheur[7]... L'Église enseigne que les « innocents » baptisés vont tout droit au paradis et qu'ils peuvent intercéder pour leurs proches. Aussi a-t-elle mis au point, pour les funérailles des innocents, une cérémonie empreinte de sérénité, et même, par moment, d'allégresse ; elle blâme le deuil et l'affliction trop ostensibles.

La mortalité infantile était autrefois très élevée. La résignation des parents nous est aujourd'hui difficile à comprendre. Mais ils étaient entourés, accompagnés par toute la communauté chrétienne, et les croyances liées au baptême leur apportaient sans doute un véritable réconfort.

LA MATERNITÉ HUMAINE

Le mot *maternitas* apparaît au début du XIIe siècle, inventé par des clercs pour désigner la maternité de l'Église, épouse du Christ, mère des malheureux. Le concept est créé par des hommes, à leur usage : il s'agit d'une maternité toute symbolique. À la même époque, le culte de Notre-Dame connaît un brillant essor : la Vierge Mère représente une forme spirituelle de la maternité. Autant de signes d'une élaboration mentale tout à fait nouvelle. Mais cette *maternitas* ne saurait concerner les femmes ordinaires, prisonnières de la chair et du péché. C'est pourquoi, en chrétienté, la plupart des savoirs et des pratiques de l'Antiquité perdurent parmi les femmes, même si leurs significations et leurs intentions sont modifiées par la transcendance chrétienne.

Le lien mère-enfant

Ainsi la *fécondité* revêt une sorte d'ambivalence. Comme la chasteté est toujours préférable à la concupiscence, même dans le mariage, la grossesse stigmatise celle qui a cédé aux tentations de la chair ; il n'est pas convenable de s'en réjouir ostensiblement. D'ailleurs l'Église sait consoler les femmes stériles : si Dieu n'exauce pas leurs prières, c'est qu'il a d'autres desseins. La stérilité n'est plus un opprobre.

Mais en même temps les sociétés rurales d'Ancien Régime, où sévit une forte mortalité, ont besoin d'enfants pour perpétuer le groupe, relever la main-d'œuvre, soutenir les vieillards. Les rites et les pratiques qui stimulaient la fécondité ont été maintes fois décrits. Enceinte, la jeune femme sait que le moindre de ses actes agira sur son « fruit », elle se surveille et on la surveille, de crainte qu'elle ne perde l'enfant ou qu'elle ne mette au monde un être anormal, un « monstre », signe effrayant de malédiction ; on s'efforce de satisfaire ses « envies » pour que l'enfant n'en porte pas la marque. En revanche, elle n'est pas dispensée de travailler, on croit au contraire que l'activité laborieuse rend les couches plus aisées.

L'enfantement demeure périlleux jusqu'au XXe siècle. Donner des taux moyens de mortalité, maternelle et infantile, n'a pas grand sens, car ces taux varient considérablement selon les moments et les régions ; ils sont d'ailleurs mal connus avant l'ère statistique. L'ignorance des sages-femmes pèse sûrement moins que l'état des parturientes : femmes trop souvent mal nourries, accablées de travail, exposées aux intempéries, épuisées prématurément.

L'ignorance des sages-femmes, bien réelle à cette époque, n'est sans doute pas leur caractéristique principale. Quelles que soient les limites de leur savoir, il est dans ce contexte socioculturel une source d'inquiétude pour les tenants de tous les pouvoirs laïcs ou religieux. Maladroites bien sûr – comment ne le seraient-elles pas ? –, ces professionnelles, écartées de tout savoir scientifique, sont confrontées dans une extrême solitude aux situations les plus difficiles, celles qui mettent en jeu la vie d'une jeune femme et de son enfant. Tout au cours de leur histoire, elles vont tenter tant bien que mal de trouver une solution à ces drames, ou au moins et le plus souvent apporter soulagement, compréhension et attention. Nul besoin d'idéalisation – les sages-femmes ne sont ni parfaites, ni saintes, ni absolument savantes – pour souligner le rôle éminent qu'elles ont joué, souvent dans les pires circonstances[8].

Aussi les conditions générales de vie des femmes suffisent à expliquer en grande partie la mortalité et la morbidité tant maternelles que néonatales. C'est le cas de la malnutrition, en particulier dans les périodes de famine fréquentes jusqu'au XVIII*e* *siècle. C'est également le cas de la maltraitance, phénomène chronique très ancien et particulièrement répandu dans notre société, mais aussi, malgré les prescriptions d'abstinence, des grossesses successives, cause d'anémie associée à la pauvreté alimentaire. Grossesses souvent non désirées, multiples, imposées, elles sont source de désespérance, d'accablement, de perte de volonté de vivre, de ce dynamisme et de cette confiance en soi nécessaires lors de tout accouchement. Quant au rachitisme, il est principalement lié à la période récente d'urbanisation massive, à la sédentarisation, à l'enfermement, toutes conditions qui ne permettent pas la synthèse de la vitamine D, nécessitant un temps suffisant d'exposition au soleil, obtenu généralement dans les populations rurales.*

Les douleurs de l'accouchement confirment le châtiment infligé à Ève. Leur signification n'est pas négative : offertes à Dieu avec soumission, elles contribuent au rachat des péchés, et entrent ainsi dans l'économie du salut ; celle qui les subit trouve dans cette croyance la force de les mieux supporter. D'ailleurs, il n'a jamais été interdit de les alléger. Quand tout se passe bien, c'est la fête autour de l'accouchée et du nouveau-né. Tout un essaim de femmes parentes et voisines se rassemble pour féliciter, cajoler la jeune mère, admirer son poupon, apporter des cadeaux, évoquer des souvenirs, trinquer, grignoter, papoter. Ces réunions chaleureuses constituent des moments forts de la sociabilité féminine. La maternité, assumée collectivement, est alors le fondement de l'identité féminine, au plan social comme au plan individuel.

Le père est écarté : l'iconographie est redondante sur ce point à partir du XIIIe siècle. Elle exprime sans doute un vœu, un idéal plutôt qu'une réalité. Pourquoi veut-on écarter le père ? Est-ce pour ménager sa sensibilité au moment où il est assailli d'émotions violentes et contradictoires ? Toutefois il n'est pas exclu. Un passage célèbre du conte médiéval *Aucassin et Nicolette* mentionne la *couvade* : le père se met au lit et mime l'accouchement. En quelques lieux, il ôte sa chemise pour envelopper le nouveau-né, symbole très parlant : il réchauffe l'enfant comme pour le garder en vie, il lui donne un vêtement, première forme de socialisation, et sépare donc l'enfant de sa mère, en lui révélant l'odeur paternelle. C'est aussi le père qui se charge d'enterrer le cordon et le placenta pour éviter que des bêtes ne les mangent. Dans l'est de la France, il est souvent désigné sous le sobriquet de « godard », du latin *gaudere*, se réjouir.

Une coutume mérite attention : les relevailles. La coutume juive de purification de l'accouchée a été transmise au christianisme par Marie, mère du Christ : ce rite est célébré le 2 février, soit quarante jours après la naissance de Jésus. Attesté dès le XIIe siècle, c'est un passage initiatique, au cours duquel la mère et l'enfant accèdent à une vie nouvelle. L'accouchée, durant les quarante jours suivant les couches, est non seulement interdite de sortie, mais aussi écartée de tous les travaux domestiques, même des soins à ses autres enfants, et bien sûr des relations sexuelles. Elle peut vivre en symbiose avec son nouveau-né, ce qui favorise leur attachement initial et réciproque, ainsi que la mise en place de l'allaitement. Le jour venu, la jeune mère va à l'église avec la sage-femme, portant des offrandes (un cierge, des brioches) pour rendre grâces à Dieu. Le prêtre l'accueille et la bénit.

Les quarante jours ont peut-être aussi une explication physiologique. En effet le retour de couches spontané en l'absence d'allaitement est situé aux alentours de quarante-deux jours : environ six semaines. À l'opposé, une femme qui allaite voit son retour de couches repoussé parfois jusqu'à la fin de l'allaitement. Durant cette période, la fertilité est grandement diminuée, ce qui est un facteur traditionnel d'éloignement des naissances. Or, dans les sociétés gréco-latines, comme il a été dit, les femmes « libres » n'allaitent plus, leur retour de couches est donc bien situé aux alentours de ces quarante jours. Avant ce retour des règles, la séparation du couple doit vraisemblablement être maintenue en raison de la persistance de l'écoulement de lochies, de la réparation spontanée des plaies du périnée... La reprise de la vie sexuelle ne peut donc pas se faire avant cette période. La nécessité d'un repos plus ou moins complet est sans doute vécue d'autant plus impérieusement que les femmes appartiennent aux classes dominantes de la cité. Il est bien clair que, dans le reste de la population, devant travailler pour vivre, une femme qui a accouché simplement doit reprendre très vite, le jour même souvent, son activité.

Cette conception de l'accouchement, épreuve lourde à surmonter, justifiant un long repos, va bien sûr être théorisée médicalement. Or, nous le savons désormais, cet alitement prolongé est le plus souvent non seulement inutile mais nuisible. Il est la cause d'une complication redoutable : la maladie thrombo-embolique. Par ailleurs, il participe à l'effondrement musculaire, en particulier du périnée. Enfin, il aboutit au confinement hospitalier, source d'infections nosocomiales qui vont entraîner les tragédies hospitalières du XIX*e siècle.*

Marie, mère du Christ, qui fut exemptée de toutes les épreuves liées à la reproduction, a pourtant donné le sein à son divin enfant. L'allaitement seul échappe à la malédiction qui depuis la chute originelle pèse sur la physiologie féminine. Que Jésus tète sa mère était sans doute une preuve nécessaire de son humanité. Mais le lait évoque aussi le dévouement sans limite de la mère, l'oblation de son corps, la relation si intime qu'elle noue avec son enfant.

Sous l'Ancien Régime, la jeune paysanne ne peut guère se consacrer entièrement à son nourrisson ; les tâches quotidiennes sont lourdes : souvent elle s'y épuise. Le sevrage reste une étape toujours dangereuse.

Que savent les petits enfants sur la naissance dans les sociétés rurales d'Ancien Régime ? Que leur dit-on ? Au temps des contes de fées on les laisse rêver, on leur parle de la cigogne, des roses, des choux et autres merveilles. Mais très tôt les réalités charnelles de la procréation leur deviennent perceptibles par le comportement des animaux.

La rupture du lien

L'avortement, l'interruption de grossesse, change de sens avec la diffusion du christianisme. La destruction du produit de la génération est un crime, car l'être humain est œuvre divine dès sa conception.

Cette intransigeance transforme les responsabilités des adultes concernés : désormais le fœtus devient objet de sollicitude, ce qui pose de multiples « cas de conscience ». Par exemple, une femme est-elle coupable si elle « perd son fruit » à la suite d'une imprudence (par exemple, si elle a trop dansé à la fête ?). Un mari est-il coupable s'il inflige à sa femme un châtiment assez rude pour provoquer une fausse couche ? Les manuels de confession multiplient les exemples. Le dilemme le plus préoccupant, c'est l'éventualité de l'avortement thérapeutique. Si une grossesse met en péril la vie de la future mère, est-il permis de sauver celle-ci en lui procurant un avortement ? Certains religieux, certains médecins répondent par la négative et invitent la femme à faire pénitence pour se préparer à bien mourir. D'autres dénoncent le fœtus comme un « agresseur » contre lequel on peut défendre la femme. Louise Bourgeois, l'illustre sage-femme qui a accouché Marie de Médicis, a pratiqué au moins un avortement thérapeutique, et se félicite d'avoir sauvé la vie de la patiente ; elle dit avoir baptisé le fœtus avant qu'il meure.

Reste que, même sans prétexte thérapeutique, bien des femmes tentent sans doute de mettre fin à des grossesses indésirables : on trouve, dans les potagers campagnards, de la sabine, du seigle ergoté, de la rue… Aussi les pouvoirs publics ont-ils pris quelques mesures préventives. Dès la fin du XVe siècle, l'ouverture de « tours » (cylindres pivotants) à la porte des hospices de certaines villes permet l'abandon anonyme des nouveau-nés. Un important édit du roi Henri II (1556) impose à toute femme enceinte hors mariage de déclarer sa grossesse aux pouvoirs publics, faute de quoi elle serait passible de la peine de mort si son enfant venait à mourir sans baptême. La déclarante est confiée à une sage-femme qui la surveille, ou bien à une institution religieuse qui la garde en internat. Il s'agit souvent de filles séduites, de servantes sans défense. On s'efforce d'obtenir de la future mère le nom du séducteur, afin de le contraindre à participer à l'entretien de l'enfant ; la société d'Ancien Régime soutient la recherche de paternité. Dès la naissance, l'enfant est baptisé, sa mère peut l'emmener, ou l'abandonner à l'hospice, en toute liberté.

Soulignons-le : en élevant le fœtus au rang de créature sacrée, la chrétienté a transformé le statut éthique et juridique de l'avortement : ce n'est plus une affaire privée relevant de la seule responsabilité des géniteurs ; c'est une affaire de morale publique, un crime qui doit alerter la conscience collective.

L'édit d'Henri II vise aussi à prévenir le baptême « hérétique » (les guerres de Religion sévissent) et, plus encore, l'infanticide, crime aussi grave que l'avortement pour les mêmes raisons. D'ailleurs le langage populaire et aussi le langage ecclésiastique confondent souvent les deux actes dans le mot infanticide.

Il n'est pourtant pas interdit à un couple trop prolifique de limiter sa descendance : l'Église n'est pas nataliste à cette époque. Mais les seuls procédés admis, ce sont le mariage tardif, l'allaitement prolongé, ou encore le retour à la chasteté, effort héroïque, évidemment exceptionnel. Aussi l'infanticide perdure-t-il, surtout dans les campagnes. On le maquille parfois en accident : le tout-petit s'étouffe la nuit dans le lit de ses parents. L'infanticide peut prendre la forme d'un rituel : la mère en charge d'un enfant chétif le porte, après le baptême, au sanctuaire d'un saint guérisseur « à la vie, à la mort », pour qu'il guérisse ou qu'il meure. Bien des gens se savent trop pauvres pour élever des infirmes qui resteront à charge. Ils ont aussi une conscience obscure de ce que Darwin et ses émules appelleront « sélection naturelle » : seuls doivent survivre les plus robustes.

Les naissances hors normes : bâtardise et abandon

La rigueur du mariage chrétien, monogame, indissoluble, fait apparaître des petits qu'on désigne, sous l'Ancien Régime, par le mot « bâtard ». Leur statut et leur sort varient selon les milieux et les époques.

Les « grands », les nobles, rebelles aux admonestations du clergé, considèrent la liberté sexuelle comme un de leurs privilèges : elle affirme leur puissance virile et leur suprématie sociale. En même temps, ils survalorisent les liens du sang : « La verge anoblit », un gentilhomme n'engendre que des nobles ; le plus souvent il les assume, il assure leur éducation et leur avenir (sans jamais leur accorder l'égalité avec ses légitimes), il protège les mères. L'Église et la monarchie se sont ensuite alliées contre les bâtards, si bien qu'à la fin de l'Ancien Régime, même les gentilshommes n'osent plus reconnaître les leurs. C'est alors que se répand l'expression « fille-mère » : elle désigne celles qui font, toutes seules, des enfants illégitimes.

Certains bâtards sont abandonnés, mais des enfants légitimes le sont aussi[9].

Il faut souligner qu'en chrétienté, l'abandon des nouveau-nés devient affaire publique : la doctrine chrétienne, en effet, transforme le sens et la portée de l'abandon. Ce n'est plus une prérogative du *paterfamilias*, c'est l'expression d'une détresse : les parents qui abandonnent leur progéniture sont supposés dépourvus des moyens de l'élever. Les Pères de l'Église semblent se résigner, même s'ils font quelques réserves.

Jusqu'au XIIIe siècle, les enfants abandonnés n'apparaissent guère dans les documents historiques ; mais, par la suite, il en est question de plus en plus souvent. Boccace et d'autres auteurs affirment que des nouveau-nés sont portés dans les bois et laissés aux bêtes. Mais la plupart de ces petits sont déposés aux portes des églises. Les évêques, les conciles recommandent qu'on les couvre bien et qu'on mette du sel à côté d'eux pour signifier qu'ils ont été baptisés. Ceux qui les trouvent encore en vie les portent à l'hospice, lieu d'accueil pour tous les indigents. Mais, à la fin du XIIIe siècle, leur nombre augmente tellement dans les grandes villes que certaines municipalités ouvrent des établissements spéciaux pour les recevoir. On connaît assez bien l'hospice le plus important de Florence dont les archives ont été conservées, Santa

Maria degli Innocenti : il accueille environ neuf cents bébés chaque année, dont à peu près 50 % d'illégitimes, et 60 % de sexe féminin. La mortalité sévit durement : 20 à 25 % de ces petits meurent dans le premier mois, plus d'un tiers dans l'année ; moins de 30 % atteignent l'âge de cinq ans.

La plupart des grandes villes européennes, en France, en Allemagne, adoptent le modèle italien. Dès le XVe siècle, certains hospices, placent un tour à leur porte pour faciliter le dépôt anonyme, et protéger l'enfant. Mais les « enfants trouvés » coûtent cher. En période de crise, les municipalités surchargées réduisent la dépense sans souci des conditions sanitaires, sans faire un bilan de mortalité. Au temps de la guerre de Cent Ans, de la peste noire, des grandes compagnies, cette façon de faire peut se comprendre. Les hospices d'enfants trouvés deviennent bientôt des mouroirs. Dans la première moitié du XVIIe siècle, les enfants trouvés à Paris (soit deux cents à trois cents nourrissons chaque année) sont entassés dans une maison particulière, rue Saint-Landry : il n'en survit guère qu'un sur trois cents. Ém`u par cette misère, Vincent de Paul crée l'œuvre des enfants trouvés avec l'appui financier de quelques grandes dames parisiennes, groupées dans la Congrégation des dames de la Charité, et grâce au dévouement de religieuses (dites plus tard sœurs de Saint-Vincent-de-Paul) qui consacrent leur vie aux pauvres. Vincent de Paul place les petits abandonnés sous le patronage de l'Enfant Jésus : ils naissent, dit-il « comme le Rédempteur, sans frère corporel [...] comme lui encore, ils viennent au monde dans des conditions marquées par l'inconfort et l'insécurité ». À la mort du fondateur (1660), la maison accueille environ trois cents enfants chaque année, mais ses moyens restent insuffisants. Le 28 juin 1670, un édit royal transforme l'œuvre privée en institution d'utilité publique, rebaptisée Hôpital des enfants trouvés, et placée sous la tutelle du Parlement de Paris.

SOINS DU CORPS, SOINS DE L'ÂME

En chrétienté la naissance se déroule sous le regard de Dieu. Les corps en souffrance comptent moins que les âmes en péril, l'autorité religieuse prend le pas sur les soignants. Toute souffrance est perçue non comme un dérangement fonctionnel, mais comme une épreuve infligée par Dieu ou par la malice du diable : on la traite par la prière ou par des pratiques de magie ; et la mort est une délivrance. D'ailleurs, durant le haut Moyen Âge, au cours des grandes invasions, le savoir des Anciens a trouvé refuge dans les monastères : ceux qui le détiennent sont des clercs qui, en vertu de leur vœu de chasteté, nourrissent pour les filles d'Ève une méfiance doublée de mépris. « L'Église a horreur du sang », proclame en 1163 le concile de Tours qui interdit la dissection. Comment, dans ces conditions, les clercs médecins iraient-ils se commettre dans des accouchements ?

Les sages-femmes

Les sages-femmes règnent donc à leur manière sur la reproduction humaine. Elles resteront longtemps suspectes, non seulement parce qu'elles touchent les corps dans leurs parties « honteuses », mais aussi en raison de leur rôle social qui déborde largement l'assistance des parturientes. L'accoucheuse est un personnage central : confidente et conseillère des femmes, elle apporte son aide à tous moments, et c'est elle aussi qui prépare les morts pour la sépulture. L'Église s'efforce de placer sous contrôle cette puissance redoutable. Du XIVe au XVIIe siècle, la chasse aux sorcières sévit dans tout l'Occident, et des sages-femmes montent sur le bûcher. En effet, sorcellerie et sexualité ont partie liée : les « suspectes » dénoncées avouent sous la torture pratiquer des avortements, assassiner des nouveau-nés, faire naître des monstres, frapper des hommes d'impuissance et des femmes de stérilité, copuler avec les démons. L'Église travaille à une acculturation des masses rustiques, elle cherche à imposer une morale du sexe, la discipline du corps, le sens du péché. Ceux qui brûlent les sorcières veulent éliminer les savoirs suspects : une culture masculine savante affronte et supplante une culture féminine traditionnelle.

Une manière plus efficace de discipliner les sages-femmes, c'est d'encadrer leur pratique[10]. À mesure que les villes grandissent, les pouvoirs municipaux réglementent l'exercice de la profession. Pour être autorisée, il faut d'abord savoir ondoyer le nouveau-né en prononçant les paroles sacramentelles, il faut aussi avoir fait preuve de compétence et de moralité, être reconnue par la communauté. Dans certaines villes, les édiles « pensionnent » une sage-femme pour qu'elle porte secours aux plus pauvres. À partir du XVe siècle, le contrôle s'appesantit : les sages-femmes sont tenues de se regrouper en corporations, sous le contrôle des chirurgiens. Dès lors, les différents pouvoirs religieux, médical, politique, pourront se servir d'elles pour agir sur les populations, et surtout pour moraliser les femmes. Les sages-femmes, en effet, cherchent à valoriser leur profession face aux matrones et aux chirurgiens. À la demande des familles, elles examinent de force les filles ou les femmes qu'on soupçonne de dissimuler une grossesse et les dénoncent parfois à la police.

Comment apprennent-elles leur métier ? Le plus souvent par la pratique, en accompagnant une aînée. Il y a sans doute transmission orale, plus ou moins fidèle, des savoirs anciens. À Salerne, dès le IXe siècle, s'ouvre une brillante école de médecine qui admet les femmes. Trotula, figure à demi légendaire, conquiert une réelle notoriété, et publie au moins trois traités. Par la suite, il arrive souvent, surtout en ville, que la fille ou l'épouse d'un chirurgien ou d'un médecin se fasse sage-femme : elle reçoit des échos de la science masculine ; en retour, elle communique son expérience empirique aux hommes de son entourage. À Paris, il est possible de se faire la main à l'Hôtel-Dieu : un Office des accouchées y a été ouvert au XIIIe siècle, pour accueillir les pauvresses en mal d'enfant dans l'intention de prévenir l'infanticide et l'avortement ; à partir de 1630, des sages-femmes viennent y apprendre leur métier. Certaines accoucheuses acquièrent une compétence et une assurance professionnelle tout à fait remarquables, et certaines accèdent à la notoriété. Ainsi Louise Bourgeois, déjà citée, épouse de Martin Boursier (chirurgien juré, formé à l'Hôtel-Dieu sous la férule d'Ambroise Paré) : elle assiste la reine Marie de Médicis au cours de ses six couches ; le roi Henri IV la gratifie de cinq cents écus pour la naissance de ses fils, de trois cents seulement pour les filles... Après un *Récit véritable de la naissance de Messeigneurs et Dames les enfants de France*, elle publie un traité en deux volumes, intitulé *Observations diverses sur la stérilité, fécondité, perte de fruit, accouchements et maladies des femmes et enfants nouveau-nés*. Paru en 1609, réédité quatre fois au XVIIe siècle, il est traduit en anglais, allemand et néerlandais. Elle forme de nombreuses élèves, dont sa propre fille.

Le médecin, au XVIe siècle, appelé au chevet d'une patiente pour une dystocie[11]*, ne peut le plus souvent qu'assister impuissant au martyre de cette femme. Bouc émissaire idéal, la sage-femme devient porteuse des péchés véniels mais aussi « mortels » des accoucheurs eux-mêmes. Sa mise en accusation relève de la diversion la plus cynique*[12]*.*

Ce qui sépare la culture médicale de celle des sages-femmes n'est sans doute pas de l'ordre de la rationalité mais plutôt de l'obstacle épistémologique que constitue la conception masculine,

« savante », du statut de « la » femme et de son rôle social. Les femmes ne peuvent accéder au savoir, à la rationalité d'essence masculine.

Il est apparu précocement dans toutes les communautés humaines qu'un accouchement qui se prolonge est menaçant. Ce constat va impliquer, sauf extrême soumission aux lois naturelles – fatalisme en définitive vraisemblablement moins répandu qu'on ne le dit –, la nécessité de tout faire pour en obtenir rapidement l'issue : « travailler la matrice », rompre les membranes, tirer sur les pieds, la tête, un bras, le cordon... Autant de gestes inutiles et souvent dangereux[13]*. Dans les situations de détresse on fait parfois appel à la force du père : pression, traction... La paternité relève ici de la violence. L'exemple de la première césarienne décrite dans la littérature occidentale, et réalisée par un père châtreur de porcs en 1500, en est une stupéfiante illustration*[14]*.*

Comment ne pas comprendre que cette angoisse des femmes face à la durée anormale de l'accouchement ait favorisé parfois de bien mauvaises habitudes professionnelles ? Seule le plus souvent, la sage-femme devait affronter des situations dramatiques qu'il fallait résoudre à tout prix. Jusqu'à l'extraction mutilante et mortelle d'un enfant enclavé dans le bassin maternel. À lire les traités médicaux du XVII*e* *siècle à nos jours, on ne peut que s'étonner de la sévérité des propos à l'égard des sages-femmes : ignorance, brutalité, grossièreté... sont des délicatesses fréquemment distribuées. D'où vient cette hargne ? L'histoire des professionnels de la naissance nous apporte peut-être la réponse*[15]*. Il devient assez clair dans la société occidentale à partir du* XVII*e* *siècle, et l'affaire se joue au* XVIII*e**, que la reproduction humaine est bien trop sérieuse pour être laissée à la seule responsabilité des femmes. Il est donc nécessaire de les disqualifier.*

Les chirurgiens

Quand une sage-femme ne parvenait pas à sortir le « part », elle demandait l'aide d'un chirurgien, si du moins la parturiente consentait à être approchée par un homme (certaines préféraient la mort et ne cédaient que dans l'espoir de baptiser l'enfant). Au XIIe siècle encore, l'homme secourable n'était qu'un barbier, un manuel peu instruit, méprisé par les clercs médecins parce qu'il consentait à voir et à toucher le sang. Muni de lames tranchantes, de ciseaux, de crochets, il tirait le petit avec ses crochets, en perforant le crâne, ou bien il le coupait en morceaux pour l'extraire ; opération qui assez souvent coûtait aussi la vie à la mère. En tout cas, elle affligeait et humiliait l'opérateur. Quand la mère mourait avant ces gestes cruels, il pratiquait parfois la césarienne avec l'espoir, presque toujours déçu, d'extraire l'enfant vivant et de le baptiser.

Ces humbles barbiers n'ont cessé de progresser dans leur art et d'élargir leurs compétences ; ils savaient non seulement raser la barbe et le crâne, mais faire des saignées, panser des plaies, ouvrir des abcès, fabriquer des attelles pour les fractures. Ils ont créé leurs propres écoles au XIIIe siècle et se sont désignés comme « barbiers chirurgiens »[16]. Quand, au cours de la Renaissance, les dissections ont été pratiquées dans les universités, les barbiers chirurgiens y ont été admis, et bientôt promus « chirurgiens barbiers » ; à la fin du XVIIe siècle ils ont été consacrés « maîtres chirurgiens ». Hommes de terrain et de pratique, ils se sont intéressés de plus en plus activement à l'art des accouchements.

Ainsi Ambroise Paré (1510-1590) est souvent nommé « père de la chirurgie ». « Maître barbier chirurgien » en 1541, il a fait l'essentiel de sa brillante carrière dans les armées royales, mais toute souffrance éveillait sa compassion. Il a développé l'usage de la chaise d'accouchement, imaginé des spéculums de diverses formes, réintroduit la version podalique interne. Son gendre et disciple, Jacques Guillemeau (1550-1612), publie en 1609 *De la grossesse et de l'heureux accouchement des femmes* : un millier de pages, véritable somme du savoir de son temps, où l'on trouve aussi des notes consacrées aux soins des nouveau-nés et aux maladies infantiles. Un peu plus tard François Mauriceau (1637-1709) donne à l'obstétrique le statut d'une spécialité à part entière. Il s'y consacre presque exclusivement, fondant son savoir sur l'observation et l'expérience. Sa description des organes génitaux féminins est un modèle de précision et d'objectivité. Sûr de lui et autoritaire, il écarte avec une assurance souveraine les préjugés et les superstitions. Ses ouvrages principaux : *Traité des maladies des femmes grosses et de celles qui sont accouchées, Observations sur la grossesse et sur l'accouchement des femmes et sur leurs maladies*, ont été traduits en plusieurs langues et longtemps réédités.

Dès cette époque les chirurgiens commencent à supplanter les sages-femmes. Un disciple de Mauriceau, Mauquest de la Motte (1655-1737), parcourt inlassablement les campagnes de Normandie, réalisant jusqu'à trois ou quatre accouchements par jour. La suprématie masculine s'affirme définitivement grâce au forceps. Cet instrument a sans doute été inventé en Angleterre dès le XVIIe siècle par la famille Chamberlen qui le gardait secret pour s'en réserver l'emploi. Mais, vers le milieu du XVIIIe siècle, l'Anglais Smellie et le Français Levret le perfectionnent en lui donnant une forme courbe, et le vulgarisent. Interdit en principe aux sages-femmes, le forceps institue parmi les praticiens de l'obstétrique une hiérarchie d'abord très mal supportée par les accoucheuses et discutée par certains médecins[17]. Les chirurgiens obtiennent en 1730 le monopole de la délivrance des brevets de maîtrise aux sages-femmes, et, en 1755, l'interdiction de l'exercice de la chirurgie par les femmes.

Les chirurgiens ont joué aussi un rôle capital dans l'élaboration d'une déontologie obstétricale, en participant à l'interminable controverse sur la césarienne qui oppose pendant plus d'un siècle théologiens et praticiens. Pratiquée *in vivo*, cette opération entraîne presque toujours la mort de la mère, sans garantir la survie de l'enfant, mais elle donne à ce dernier une faible chance de recevoir le baptême avant de mourir. Cependant, dès la fin du XVe siècle, les récits de césariennes *in vivo* parfaitement réussies commencent à se répandre. Les religieux, s'appuyant sur ces succès, prétendent tracer aux chirurgiens des règles de conduite. Théophile Raynaud (1583-1663), théologien réputé, rappelle avec force que le salut éternel de l'enfant est en jeu ; il se fonde sur quelques exemples pour affirmer que l'opération n'est pas toujours mortelle[18], et que l'échec doit être compté comme un accident ; la mère, confessée et absoute de ses péchés, doit donc, par amour pour son enfant, non pas seulement accepter l'intervention, mais demander qu'on l'entreprenne. Les chirurgiens accueillent très mal cette injonction. L'opération est cruelle et ses chances de succès demeurent dérisoires ; en outre, l'autre dilemme pour eux est de savoir si le fœtus est vivant ; sinon, pourquoi sacrifier la mère ? La fermeté de Mauriceau, entre autres, est édifiante. Les souffrances de l'accouchement, dit-il, ne sont nullement la sanction d'une faute originelle : leurs causes sont naturelles, liées à la spécificité de l'espèce humaine ; les aggraver est coupable ; aucune loi chrétienne n'a jamais ordonné « de tuer la mère pour sauver l'enfant ». Pour désarmer les théologiens, il préconise le baptême *in utero* et invente une seringue spéciale à cette fin. Ses confrères, pour la plupart, se rallient à cette position même s'ils savent que le baptême *in utero* est souvent un leurre. Aussi le pouvoir religieux revient-il à la charge : le chanoine Francisco Emmanuele Cangiamila reprend l'argumentation de Raynaud dans son *Embryologie sacrée* (1758, traduit en 1762). Il ne convainc pas davantage les accoucheurs.

Cette controverse est fascinante. À bien des égards, elle prélude aux grands affrontements qui ont précédé le vote de la loi Veil en 1975, loi qui a dépénalisé l'avortement. Vie de l'âme opposée à la vie du corps, vie de l'enfant opposée à la vie de la mère, pouvoir religieux opposé au pouvoir médical, spiritualisme opposé au matérialisme. Pas d'illusion : les réponses ne sont, ne seront jamais universellement acquises. Mauriceau et ses pairs ont émancipé la conscience médicale de l'emprise des théologiens : ils l'ont sécularisée, sinon laïcisée. En revanche, la controverse a mis en vedette l'enfant à naître, récusant tout fatalisme, et même toute résignation. Pendant des siècles, en cas de difficultés, on avait cherché à sauver la mère au détriment de l'enfant : vu l'importance de la mortalité infantile, l'enfant, même né en bon état, avait peu de chances de vivre, alors que la mère avait fait la preuve de sa vigueur et pourrait porter d'autres enfants. L'exigence des théologiens ébranle ces principes ancestraux : elle révèle ce qui deviendra une exigence professionnelle fondamentale de l'obstétrique : garder en vie la mère *et l'enfant*. À la même époque (est-ce un hasard ?) se développe ce que Philippe Ariès a appelé « le sentiment de l'enfance ».

La Renaissance et le bouleversement des idées qu'elle entraîne introduit, par le jeu des transformations sociales, de l'urbanisation en particulier, mais aussi par l'exigence de savoir qu'elle fait naître, une remise en cause des vieux rapports de compromis entre les humains et la nature, dans tous les aspects de la vie et de la mort. La naissance ne pouvait y échapper ! Face aux obstacles qui s'opposent à l'engagement de la présentation fœtale, il a fallu inventer de terribles remèdes.

Le premier, le plus violent, est l'embryotomie, quels que soient les instruments utilisés, la présentation, ou la cause même de la dystocie. Elle a pour objectif d'extraire un fœtus fragmenté. Les écoles gréco-romaines la décrivent. Le danger de blesser mortellement la mère est grand, mais c'est le seul moyen de la sauver.

Le second, autrefois décrit par Soranos d'Éphèse, est la grande extraction de siège précédée notamment d'une version du fœtus par manœuvre in utero. Elle doit être moins dangereuse, mais elle n'est souvent plus possible sur un utérus contracturé et pour lequel on ne possède aucun moyen d'obtenir le relâchement. Pourtant, à l'époque, Soranos avait poussé la proposition thérapeutique jusqu'à son utilisation sur enfant vivant, en l'absence de la connaissance précise de son état de santé[19]*. En pleine phase ascendante de l'Empire romain, les conditions culturelles étaient sans doute réunies pour franchir une étape thérapeutique aussi audacieuse : non plus seulement sauver une femme, mais également son enfant. Quel fut le succès de la pratique d'une telle manœuvre ? Nous n'en savons rien, mais elle sera revendiquée quinze siècles plus tard : renaissance des ambitions prométhéennes oblige.*

Troisième technique, fort ancienne également : celle des leviers. Introduits dans l'excavation entre le fœtus et la paroi pelvienne, le ou les leviers, souvent instruments domestiques à portée de main de l'officiant, vont, en raison de la force appliquée sur une partie de la présentation, le crâne mais aussi la face, tenter de projeter le fœtus en dehors du ventre maternel. Technique aveugle et dangereuse pour la mère comme pour l'enfant. Elle relève plus d'une pratique désespérée que d'une vraie mesure thérapeutique.

Ce n'est qu'à la fin du XVII*e siècle que le forceps fait son apparition et est rapidement considéré comme un immense progrès. De nombreux et secrets obstacles culturels ont dû s'opposer à la mise au point de cet instrument simple dans sa conception,* *n'utilisant que des matériaux accessibles et une technologie somme toute rudimentaire pour l'époque. Théoriquement, son utilisation ne nécessite pas de manœuvre dangereuse, ni une force excessive. L'instrument, composé de cuillers parallèles ou croisées, oriente, fléchit et conduit la tête fœtale dans un bassin peu confortable*[20].

Il faut cette fois connaître précisément la variété de présentations, l'anatomie du bassin et la physiologie obstétricale. Sinon, de merveilleux, le forceps devient redoutable. Progrès incontestable, il est très vite l'objet d'une lutte pour la conquête du pouvoir professionnel. Marie-Louise Lachapelle, au début du XIX*e siècle, non seulement l'utilise mais enseigne personnellement une technique qui fait toujours autorité dans la pose de cet instrument : le « tour de spire*[21] *» ; ce sceptre sera retiré violemment des mains de celles qui lui succèdent. Stéphane Tarnier, à la fin du* XIX*e siècle, y apporte une ingénieuse amélioration en désolidarisant l'axe d'extraction de celui des cuillers. Il permet ainsi d'orienter la tête fœtale dans les axes correspondant aux différents étages du bassin. Ainsi l'enfant est préservé du traumatisme lié à l'exercice d'une traction, d'autant plus forte qu'inappropriée.*

Restaient, et de telles circonstances n'étaient pas exceptionnelles, les disproportions fœto-pelviennes manifestes. Ici le forceps ne peut constituer qu'une pince mortelle pour le crâne trop volumineux de l'enfant. Il n'est d'autre issue, pour échapper à cette impasse, que d'extraire l'enfant par une autre voie : l'incision de la paroi abdominale et utérine appelée césarienne. À moins d'élargir les diamètres du bassin maternel par une section de la symphyse pubienne, ce que de nombreux accoucheurs français vont pratiquer jusqu'à Adolphe Pinard[22].

Qu'importent les débats théologiques passionnés qui ponctuent la douloureuse histoire de la césarienne et de ses indications : sauver l'enfant, en tout cas l'extraire pour le baptiser, cette intervention reste redoutablement périlleuse jusqu'au début du XXe siècle. Il faut attendre la généralisation de l'hystérotomie segmentaire horizontale – ouverture du segment inférieur compris entre le corps et le col de l'utérus –, l'antibiothérapie et les progrès de l'anesthésie de la seconde moitié du XXe siècle, pour que son statut se transforme enfin et élève la césarienne au rang des techniques chirurgicales bien codifiées, hautement salutaires pour la mère et l'enfant.

C'est dire qu'il a fallu de très nombreux essais thérapeutiques : déclenchement prématuré du travail, symphyséotomie... pour tenter, le plus souvent vainement, d'apporter une solution à ces drames. Malgré l'extrême soumission, prétendue, des femmes à leur sort de mère, le prix à payer, la foi dans la miséricorde divine, ou cette harmonie mystérieuse mais nécessaire entre les êtres humains et la « mère nature », tout cela, nous pouvons sans doute l'affirmer aujourd'hui, n'a jamais allégé les souffrances causées par une dystocie mécanique. L'absolue terreur exprimée dans le regard d'une jeune femme dont l'utérus se rompt en elle, tuant son enfant après l'avoir broyé et la vidant de son sang – cela est encore possible aux quatre coins du monde – a, par-delà le temps et l'espace, maintenu le sentiment diffus d'un grand danger, secrètement enraciné au plus profond des consciences. La perception menaçante et de ce fait douloureuse de la contraction utérine, en l'absence même d'obstacle mécanique, trouve peut-être là sa source : appelant l'impératif secours du soignant, alors qu'il n'est habituellement plus nécessaire aujourd'hui.

Les débuts de la science médicale

Les médecins, de leur côté, se sont longtemps enorgueillis d'un enseignement livresque, fondé sur la lecture des Anciens, spécialement de Galien, dont les préceptes, adoptés par le clergé, sont restés quasi intangibles jusqu'à la fin du XVIIe siècle. Cependant leur jargon latin rebute les patients, et les médicaments coûteux qu'ils prescrivent manquent d'efficacité. Soucieux de conserver une clientèle, ils se rapprochent peu à peu des empiriques, après de nombreux conflits. L'accouchement les a longtemps rebutés. Pourtant la pratique de la dissection, l'usage du microscope émancipent leur regard : le corps de la femme, premier abri de tout être humain, devient de plus en plus digne d'études ; ils n'éprouvent plus le besoin de s'excuser lorsqu'ils en parlent.

Au cours du XVIIe siècle, la gynécologie entre dans une phase de progrès. Le médecin britannique William Harvey (1578-1657) réalise une véritable révolution épistémologique. Vers 1650, à la suite d'observations méthodiques et rigoureuses sur des femelles mammifères en gestation, il établit que tout embryon se développe dans un œuf. Il en est de même, affirme-t-il, chez les humains : la femme ne produit pas de semence, mais un œuf, fécondé ensuite par la semence mâle. Cette nouvelle description de la conception montre que les deux sexes, également indispensables à l'œuvre génératrice, y concourent de façon tout à fait différente : ils sont complémentaires. Le rôle de la femme s'en trouve réévalué : aussi important que celui de l'homme, mais en outre original, spécifique. La révélation anéantit les thèses de Galien, dont Harvey se déclare pourtant le disciple fidèle. Aussi fait-elle grand bruit : des conflits passionnés opposent les « ovistes » persuadés que la femme est seule procréatrice, aux « animalculistes » qui, voyant au microscope des êtres minuscules s'agiter dans le sperme, affirment que ces « animalcules » sont des fœtus en réduction, la femme redevenant simple récipient. Plus nombreux sont les sceptiques, incapables d'admettre que l'homme ne soit pas seul détenteur du pouvoir d'engendrer. Dans les salons, les dames cultivées, notamment les précieuses, reçoivent comme un outrage ce rapprochement de leur sexe avec celui des poules. En tout cas, la science médicale, objet de discussions mondaines, éveille un intérêt de plus en plus vif. En dépit de toutes ces émotions, la découverte d'Harvey s'impose. La procréation, œuvre divine, émerge du mystère originel.

Un siècle plus tard, l'abbé Lazzaro Spallanzani (1729-1799), qui enseigne les sciences naturelles à Reggio, Modène et Pavie, étudie la reproduction chez les batraciens, et peut réaliser (en 1777) la première fécondation artificielle à l'aide d'un instrument ; ses expériences établissent que le rapport sexuel n'est pas nécessaire à la fécondation (*Expériences pour servir à l'histoire de la génération, 1785).*

Durant cette longue période, la mise au monde est assurée de façon quasi exclusive par des femmes. Matrones puis sages-femmes, elles sont bien entendu écartées du savoir. Fortement suspectées à partir du XVIe *siècle, elles vont progressivement être mises sous tutelle, tant au niveau de leur formation que sur le plan institutionnel.*

La reconnaissance de la chirurgie comme discipline autonome de la médecine, et l'instrumentation nécessaire à son développement aboutissent à la limitation des actes médicaux autorisés aux sages-femmes, prélude à leur élimination ou à leur subordination.

3

L'héritage moderne

On appelle modernité, dans le langage des sciences humaines, la période qui va du milieu du XVIIIe siècle au milieu du XXe[1]. Au cours de ces deux siècles, les conditions d'existence s'améliorent, grâce aux perfectionnements de l'agriculture et de l'élevage, au commerce colonial, aux premiers effets de la révolution industrielle. Le bien-être ici-bas commence à compter autant ou plus que les béatitudes éternelles. Dès lors, une sécularisation, une laïcisation des idées et des mœurs refoulent l'emprise de la chrétienté. La référence à la volonté divine, la soumission à l'autorité de l'Église sont sapées par le désir de liberté et par l'émancipation de la raison. À l'idéal chrétien de salut individuel, les Lumières substituent un vif désir de progrès immédiat.

Des concepts nouveaux s'imposent, évoquant la naissance : la Nation (du latin *nascere* naître), la Patrie (pays du père). Le nouveau-né représente l'avenir : à ce titre, il intéresse la collectivité tout entière. La mortalité à la naissance, la mortalité infantile, jusque-là subies avec résignation par soumission à la volonté divine, commencent à faire scandale parmi les gens cultivés. Les économistes affirment que la richesse des nations dépend du nombre et de la qualité de leurs habitants. Les médecins observent que « l'enfant est le père de l'homme » : des soins qu'il reçoit tout-petit dépend la santé physique et morale de l'adulte qu'il deviendra. À ces messages, Jean-Jacques Rousseau apporte une caution décisive : « L'éducation de l'homme commence à sa naissance ; avant de parler, avant que d'entendre, il s'instruit déjà. » Le succès immense de l'*Émile* fixe pour longtemps l'attention du public sur les nouveaux enjeux.

LES ENFANTS DE LA PATRIE

L'État commence à se préoccuper des nouveau-nés.

La monarchie prend le relais de l'Église pour l'accueil des enfants trouvés. Le nombre de ces malheureux s'accroît au cours du XVIIIe siècle : à Paris, on en comptait environ 300 en 1670, 3 000 en 1740, 7 000 en 1770. Un nouvel hôpital est construit pour eux entre 1746 et 1751 : un véritable palais, dont la beauté vise à séduire les donateurs. Il séduit surtout les parents abandonneurs, comme le prouve l'exemple célèbre de Rousseau. Lorsqu'il y fait déposer les cinq enfants qu'il a eus de sa compagne Thérèse Levasseur entre 1746 et 1755, malgré les « gémissements » de celle-ci, sans doute croit-il de bonne foi qu'ils seront mieux élevés que dans son « grenier ». « Tout pesé, écrit-il dans les *Confessions*, je choisis pour mes enfants le mieux ou ce que je crus l'être. » Or l'hôpital manque de ressources pour rétribuer dignement un nombre suffisant de nourrices ; les petits meurent presque tous (90 %).

Face à ce gaspillage, les « philanthropes » – amis de l'humanité – se mobilisent. Des œuvres privées apparaissent. La Société philanthropique organise en 1784 une aide aux femmes en couches indigentes. La Société de charité maternelle voit le jour en 1788 sous la protection de la reine Marie-Antoinette. Des secours sont distribués au moment des couches et ensuite pendant deux ans, à condition que la mère allaite. La Société connaît une croissance rapide à Paris, et des entreprises similaires s'organisent bientôt dans la plupart des grandes villes[2].

Mais c'est la Révolution qui marque le seuil des temps nouveaux. Après la prise de la Bastille, nombreux sont ceux qui voient la Révolution elle-même comme une naissance : celle d'une humanité régénérée. Les nouveau-nés sont associés à une immense espérance.

La Fête de la Fédération, premier anniversaire de la prise de la Bastille, est célébrée le 14 juillet 1790 dans tout le pays avec un enthousiasme proche de l'exaltation. Les parents apportent leurs nouveau-nés sur l'Autel de la Patrie, jurent en leur nom fidélité à la Constitution et à la Nation : c'est ce qu'on appellera le baptême civique, plus tard baptême républicain ; cérémonie laïque, il s'est perpétué jusqu'à nous grâce au mouvement de la libre pensée ; il a même refleuri depuis Mai 68. D'autres célébrations solennelles (par exemple la fête de l'Être suprême, au printemps 1794, le 20 prairial an II) mettent en vedette la fécondité : y sont convoquées des femmes enceintes, ou des jeunes mères allaitant leur nourrisson, allégories à elles seules de la pérennité de la Révolution ; leurs époux se font un devoir de les accompagner[3] !

Certains conventionnels vont au-delà des symboles. « Les enfants appartiennent à la République avant d'appartenir à leurs parents », déclare Danton. De tels propos, qui annoncent les régimes totalitaires, posent un problème préoccupant : à qui appartient la progéniture ? Aux parents qui la procréent ou à la collectivité qui l'intégrera ? Autrement dit : la naissance est-elle une affaire privée ou une affaire publique ?

En même temps, la pensée révolutionnaire fait preuve d'une imagination prospective et anticipatrice, lorsqu'elle pose, à propos des enfants pauvres et abandonnés, les principes qui ont depuis inspiré notre Sécurité sociale. La Convention invente le droit à l'assistance, qu'elle installe parmi les droits de l'homme, et reconnaît les enfants trouvés comme « enfants de la patrie ». Le 28 juin 1793 une loi novatrice accorde des aides substantielles à la maternité, non seulement aux femmes mariées mais aussi aux « filles-mères[4] ». La Convention crée aussi, pour remplacer l'Office des accouchées de l'Hôtel-Dieu toujours surpeuplé, un Hospice de la maternité, logé dans l'ancien monastère de Port-Royal ; l'Institut de l'Oratoire, rue d'Enfer, sera par la suite aménagé pour l'accueil des enfants trouvés. Elle entreprend encore la réorganisation des études de médecine ; elle souhaite que la Maternité de Port-Royal devienne une école d'obstétrique.

Sous l'Empire, les objectifs changent. Napoléon Ier est un organisateur inventif, efficace, et qui sait trouver des ressources financières. C'est aussi un homme de guerre qui a besoin de chair à canon. Si, en 1803, il fait aménager la formation des sages-femmes dans les hôpitaux, si, en 1806, il fonde la première chaire d'obstétrique à Paris, c'est pour éviter les pertes humaines à la naissance. Les femmes ne peuvent pas faire la guerre ? Qu'elles fassent des enfants, qu'elles soient « le moule des braves ». Les enfants abandonnés, les orphelins sans recours, appartiennent corps et âme à l'État. En 1811, l'Assistance publique est instituée : chaque arrondissement doit avoir un hôpital muni d'un tour, pour accueillir anonymement ces enfants, désormais appelés « enfants de l'Assistance » : les garçons deviendront marins ou soldats, les filles, ouvrières dans les manufactures.

Au cours du XIXe siècle, le flux annuel des abandons en France oscille autour de 35 000, soit 3,5 % des naissances. Charge coûteuse pour les pouvoirs publics qui prennent en 1848 la décision de fermer les tours, ce qui ne résout pas le problème. Les enfants de l'Assistance sont placés en nourrice à la campagne. Transportés sans précaution, ces petits arrivent fragilisés chez des paysannes pauvres qui ne voient dans cet élevage qu'un gagne-pain : elles réservent leurs meilleurs soins à leur propre nourrisson et voient sans émotion mourir leur pensionnaire. Il faut attendre la IIIe République pour que des lois protectrices soient promulguées et appliquées.

À propos des naissances, l'État moderne voit donc surgir des problèmes complexes, qui mettront à l'épreuve l'imagination politique des dirigeants.

LES PÈRES CITOYENS[5]

La Déclaration des droits de l'homme et du citoyen, livre saint de la modernité, ne dit pas un mot de la paternité. D'autres textes révolutionnaires déclarent que « nul ne peut être bon citoyen s'il n'est aussi bon fils, bon époux et bon père », mais sans autre précision. Ce silence respecte le domaine de la vie privée qui est aussi celui de la liberté individuelle. Le code Napoléon a d'ailleurs restauré l'essentiel de la puissance paternelle.

Le malthusianisme

Cependant, en pratique, le lien entre les hommes et la paternité se distend car le citoyen use de sa liberté pour réduire les naissances. Il marque son émancipation vis-à-vis des disciplines chrétiennes en introduisant dans son ménage des pratiques contraceptives jadis réservées aux amours illégitimes. Même s'il n'a pas lu Malthus, il sait qu'une fécondité aveugle peut être source de misère. Il rationalise la sexualité dans la relation conjugale en s'imposant le retrait. Cette réserve marque nettement les statistiques démographiques à partir du milieu du XIXe siècle. À cette époque, la procréation perd de son prestige dans la conscience masculine. L'essor du capitalisme et de la démocratie provoque une sorte de mouvement perpétuel qui multiplie les chances de succès dans des domaines très divers, financier, politique, artistique, plus tard scientifique et sportif. La fonction paternelle ternit en regard de ces tentations. Balzac met en scène plusieurs jeunes hommes acharnés à conquérir Paris ; à côté d'eux, le père Goriot, dévoré d'amour paternel, inspire plus de pitié que d'envie. Flaubert, de son côté, tourne en dérision la satisfaction béate de Charles Bovary devenu père : « L'idée d'avoir engendré le délectait. Rien ne lui manquait à présent. Il connaissait l'existence tout du long et il s'y attablait sur les deux coudes avec sérénité. » Le père de famille nombreuse devient ridicule : au seuil du XXe siècle, les esprits forts l'accuseront de « lapinisme », d'irresponsabilité. Les soupçons pèsent surtout sur les « prolétaires ». Ce n'est pas par hasard que ce mot change de sens au début du XIXe siècle : il perd son sens latin (citoyen de basse classe, utile à l'État par les enfants – *proles* – qu'il engendre) pour recevoir le sens politique de travailleur exploité. Mais tant que le travail des enfants sera autorisé (dès sept ou huit ans), le prolétaire croira bon de procréer une main-d'œuvre qui rapporte de petits salaires. Ce problème reste posé aujourd'hui dans les pays les plus pauvres.

Un moyen d'éviter les charges et les soucis, c'est de rester célibataire. Sous l'Ancien Régime, le célibat – hormis le célibat consacré – était souvent une conséquence de la pauvreté ou de la maladie : il était involontaire. Alors que le XIXe siècle voit s'épanouir la « vie de garçon », forme nouvelle de liberté masculine. Aux yeux des jeunes hommes, se marier, c'est « se mettre la corde au cou », perdre sa liberté sexuelle, s'encombrer de soucis. Certains finissent par y renoncer tout à fait, comme Frédéric de *L'Éducation sentimentale*. C'est le cas de beaucoup d'artistes et d'écrivains qui préfèrent se consacrer à leur œuvre plutôt que de fonder une famille : Balzac, Stendhal, Baudelaire, Flaubert, les Goncourt.

L'opinion critique les célibataires, mais les accepte.

Personne ne cherche réellement à les contraindre. Les familles en ont perdu les moyens : l'enfant majeur de vingt et un ans ne doit plus obéissance. Quant aux pouvoirs publics, ils n'agissent que par à-coups, pour des raisons politiques plutôt que morales. C'est surtout quand sévit le spectre de la « dépopulation » que les célibataires redeviennent indésirables : en 1871, au lendemain d'une humiliante défaite, le docteur Tardieu (médecin légiste spécialiste des attentats à la pudeur) propose un impôt spécial. L'idée ressurgit en 1900, puis à nouveau en 1920, ce qui suggère à Julien Benda un petit pamphlet, *Pour les vieux garçons...* En fin de compte c'est d'abord par le biais de la fiscalité que la société contemporaine a rappelé aux célibataires leur devoir de reproduction. Beaucoup plus tard sont venues les mesures incitatives : les allocations de l'État-Providence.

Les « enfants naturels »

Il arrive souvent qu'un célibataire (ou un homme marié) procrée hors mariage. Le nombre de naissances illégitimes augmente au XIXe siècle : environ 5 % en 1805, près de 8 % entre 1841 et 1845 pour l'ensemble de la France ; mais à Paris, durant la même période, il passe en gros de 10 % à plus de 25 % (bien des femmes viennent de province cacher leur grossesse et leurs couches à Paris). À quoi il faut sans doute ajouter bon nombre d'enfants trouvés. Ce « relâchement des mœurs » est dû pour une part au déclin de l'autorité de l'Église qui s'était toujours efforcée de contraindre les « séducteurs » à « réparer ». Mais il résulte surtout des bouleversements qui accompagnent le premier capitalisme : l'industrialisation, l'urbanisation entraînent une plus grande mobilité des femmes, moins encadrées et surveillées que dans les sociétés rurales. Leur liberté (toute relative) disculpe les hommes, ou leur sert d'alibi.

La conscience occidentale hésite devant ces naissances. L'opinion éclairée, au temps des Lumières, souhaitait améliorer le statut des « enfants naturels » : le seul fait de substituer cette expression au mot « bâtard » éclaire le changement de sensibilité. La Convention, désireuse de « respecter les droits de la nature » et le principe sacré de l'égalité, vote une loi... qui bute sur la violente opposition des enfants légitimes et ne peut être appliquée. Aussi le Code civil (1804) opère-t-il une réaction brutale : non seulement il refuse à l'enfant naturel, même reconnu par ses auteurs, la qualité d'héritier, mais il le rend incapable de recevoir des dons et legs. L'intérêt social doit l'emporter sur les inclinations personnelles : « La nature ne met aucune différence dans la naissance des individus, mais il y a à côté d'elle la société. » En même temps le Code protège le séducteur contre toute poursuite : la recherche de paternité est interdite, la séduction n'est plus réprimée si la fille a quinze ans révolus, la promesse de mariage, même écrite, datée et signée, n'a aucune valeur. Tout homme peut ignorer les fruits d'une liaison (ou de plusieurs), rien ne peut le contraindre à reconnaître un enfant, même s'il est sûr d'en être l'auteur. On ne saurait placer plus bas la filiation biologique, ni mieux dégager l'homme de sa responsabilité de géniteur.

Il existe toutefois une différence entre l'enfant naturel et le bâtard : elle tient à la qualité de la mère. Un homme bien né, riche, respecté peut aimer une femme de son milieu, déjà mariée à un autre, et engendrer avec elle. Le mari de la dame a parfois l'élégance d'ignorer la « faute » de son épouse et de laisser son nom à l'enfant qu'elle met au monde : Juliette Récamier, Eugène

Delacroix, le duc de Morny ont bénéficié d'une telle générosité. Il arrive aussi que les convenances volent en éclats, car la sensibilité romantique revendique la liberté de l'amour, donc la vérité du géniteur : quand Liszt enlève la comtesse d'Agoult, femme mariée, il s'oblige à assumer les « enfants naturels » qu'il aura avec elle. De telles situations mettent en cause l'indissolubilité du mariage et préludent aux campagnes en faveur du divorce.

Tout autre est le statut du « bâtard », dont la mère est une pauvre fille. Un tout jeune homme qui « jette sa gourme », un bourgeois qui ne veut plus engrosser son épouse, ne se font aucun scrupule de culbuter des servantes ou des grisettes : ces filles, disent-ils, sont des « vicieuses » indignes de confiance ; les enfants qu'elles mettent au monde héritent de leurs vices. George Sand semble en convenir dans *François le Champi* (1848), et bien d'autres personnages le confirment : *Yvette* de Maupassant ; l'invraisemblable Lafcadio de Gide (*Les Caves du Vatican*, 1914) ; le *Fils de personne* de Montherlant (1943). Quel honnête homme voudrait s'encombrer de cette piteuse progéniture ? Au XIXe siècle ce sont donc les « filles » qui font naître des bâtards, seules. La littérature porte les traces de leur misère :

« À 22 ans, par une belle matinée de printemps, elle quittait Paris, emportant son enfant sur son dos [...] Cette femme n'avait au monde que cette enfant et cette enfant n'avait au monde que cette femme. Fantine avait nourri sa fille ; cela lui avait fatigué la poitrine, elle toussait un peu... » (*Les Misérables* de Victor Hugo, 1862).

Cependant à la fin du siècle un sentiment de culpabilité se fait jour. Par exemple chez Alphonse Daudet qui raconte la lamentable histoire de *Jack* (1876). Plus encore, chez Maupassant qui consacre plusieurs nouvelles à ce sujet. La plus cruelle est *Un fils* (1882). Un académicien, voyageant en Bretagne, se rappelle avoir forcé une jeune servante d'auberge trente ans plus tôt ; ayant demandé de ses nouvelles, il apprend qu'elle est morte en couches neuf mois après le viol. Le fils qu'elle a laissé est à présent un valet d'écurie boiteux, « déguenillé, hideusement sale [...], idiot sans ressources [...], irrémédiablement ivrogne » : l'académicien éprouve alors un « remords incessant » qui le « torture horriblement ». Son repentir est aussi un produit de la peur sociale : les accouplements d'aventure peuplent les rues de voleurs, de rôdeurs, de misérables. « Quels sont les générateurs ? Vous, moi, nous tous, les hommes dits *comme il faut.* »

Le même auteur, dans une autre nouvelle (« Une inutile beauté »), ose révéler aussi l'angoisse masculine fondamentale.

L'opinion commence à s'émouvoir. L'avènement de la IIIe République, anticléricale, affaiblit certaines résistances d'origine religieuse. En 1884, la loi Naquet rétablit le divorce. En 1912, une loi rend à nouveau possible la recherche de paternité, dans des conditions très restrictives il est vrai.

Un homme n'est jamais sûr d'être père biologiquement. Ce doute est souvent considéré comme humiliant et angoissant. Mais il faut voir qu'il offre un espace de liberté : tout homme peut reconnaître certaines naissances et en ignorer d'autres. Les citoyens, libres et égaux, n'ont pas renié la morale chrétienne, mais ils ont pris avec elle une certaine distance. C'était possible parce que le Code civil imposait silence aux mères.

LES MÈRES GLORIFIÉES

On le sait : ceux qui ont fait la Révolution n'ont pas reconnu aux femmes la qualité de citoyennes, mais seulement celle de

« filles, épouses et mères de citoyens ». Mères surtout ! À l'inverse de ce qui se passe pour les hommes, le lien entre les femmes et la maternité se renforce. La fonction maternelle devient au XIXe siècle le pilier central, voire unique, de l'identité féminine.

La nature féminine

Est-ce un hasard si, au seuil du XIXe siècle, naturalistes et médecins s'attachent à différencier l'anatomie de la femme de celle de l'homme ? Ils décrivent la « nature féminine » comme un tout homogène et original, le sexe agissant comme force déterminante et inexorable : dans la femme tout est femme, et tout indique la prédestination à la maternité[6]. Les auteurs retrouvent le finalisme de Galien. Le bassin des femmes est large et courbe pour contenir le fœtus ; cette largeur impose aux fémurs une obliquité qui gêne la marche ; les hanches se balancent pour retrouver le centre de gravité, la démarche est vacillante et incertaine. Le sternum est ciselé pour laisser passer les vaisseaux des mamelles ; les tissus spongieux et mous se déforment aisément pendant la grossesse et l'allaitement ; une « exquise » sensibilité, liée à l'intense ramification des vaisseaux et des nerfs sous une peau très fine, rend la femme plus capable que l'homme de tendresse, de compassion, de patience : elle est donc qualifiée pour soigner et consoler. Bref, de ce que la femme est apte à la maternité, le finalisme du temps conclut qu'elle doit être mère et n'être que cela.

L'amour maternel, jusque-là peu commenté (la morale traditionnelle évoquait surtout les devoirs maternels), sera bientôt défini comme une consécration totale de la mère à son enfant et comme la forme suprême du bonheur féminin ; il devient une valeur essentielle de la civilisation, il s'impose à toutes les femmes comme code de bonne conduite : celle qui l'ignore est un monstre. Bien des femmes ont sans doute trouvé là, avec joie, une reconnaissance de leur rôle propre, une réhabilitation de leur différence. Jadis méprisées comme filles d'Ève, elles se voient désormais louées, vénérées en tant que mères. « Les femmes enceintes, écrit le docteur Marc en 1816, doivent devenir l'objet d'une bienveillance active, d'un respect religieux, d'une sorte de culte. »

C'est alors que la division traditionnelle du travail entre les sexes se fige en doctrine : aux hommes la sphère publique, le travail professionnel, la gestion de la cité, l'autorité du chef de famille ; aux femmes la sphère privée, la gestion du ménage, le travail domestique, les tendres soins des corps et des cœurs.

Les « femmes comme il faut »

Les femmes « comme il faut », celles des couches moyennes et supérieures, se mettent donc à orchestrer les naissances. Enfanter devient pour elles une manière d'affirmer leur spécificité et de lui donner de l'importance. Elles dépensent parfois beaucoup d'argent pour aménager la chambre de l'enfant à naître, pour orner le berceau de dentelles et de broderies, pour préparer une layette de qualité. Elles opposent presque terme à terme leurs valeurs à celles des hommes : la foi, non la science, reste au centre de leur univers. Pour les catholiques, Marie, reine du ciel, symbolise plus que jamais la féminité et la maternité ; elle exprime le rêve d'une reproduction quasi désincarnée, dissociée de la conjonction charnelle, comme si la vocation maternelle reniait la sexualité.

Toute femme enceinte espère un fils. Ainsi Emma Bovary : « ... cette idée d'avoir pour enfant un mâle était comme la revanche en espoir de toutes ses impuissances passées. » Emma se trouve mal à la naissance de sa fille et ne pourra pas s'attacher à l'enfant. D'autres, au contraire, chérissent le bébé de leur sexe. Mme Necker insiste sur cette affinité éprouvée par la mère. « Une sympathie profonde, un sentiment d'identité avec cet être délicat s'empare d'elle. Ce sera une autre elle-même, beaucoup plus parfaite. »

Chose curieuse : ces mères consciencieuses, qui élèvent leur fille en vue du mariage et de la maternité, étalent un silence de plomb sur les réalités charnelles de la procréation. À la campagne, les enfants voyaient les bêtes s'accoupler et mettre bas ; cette information empirique est impossible en ville et rien ne la remplace. L'« innocence » des jeunes filles est en fait une ignorance en deçà de toute pudeur et de toute dignité : elles ne savent rien de la grossesse ni de l'accouchement. Les plus délurées questionnent des domestiques, ou lisent des livres défendus ; les plus naïves sont exposées à de pénibles surprises. Pourquoi cet angélisme, ou plutôt cet obscurantisme ? Pour préserver les droits du mari ? En réalité de telles réticences éducatives donnent à comprendre que la reproduction humaine ne va plus de soi.

La vocation maternelle ne réhabilite pas l'allaitement maternel. Les pères y demeurent hostiles ; ils ne veulent pas partager leur épouse avec un nourrisson geignard et malodorant. Certains hommes avancent des arguments moraux : fonction « animale », l'allaitement est indigne des dames de qualité, car il privilégie l'« être physique » aux dépens de l'« être moral » et risque de dégrader la fonction éducative par excès d'intimité[7]. Le recours aux nourrices perdure donc. Mais désormais les ménages qui en ont les moyens font venir la nourrice à leur domicile pour que la mère puisse veiller à tout. Du coup la nourrice doit se séparer de son propre nouveau-né que d'autres femmes s'efforceront d'élever. La sensibilité démocratique qui grandit en France sous la IIIe République dénonce cette inégalité comme un scandale.

À la même époque l'hygiène pasteurienne permet la réhabilitation du biberon et du lait animal. Ce triomphe du biberon bouleverse de proche en proche tous les rapports sociaux et toutes les relations interpersonnelles qui sont concernées par l'allaitement. La nourrice voit son rôle transformé : auparavant, pour avoir du lait, il fallait qu'elle enfante. Quelques femmes sans doute ont enfanté dans ce seul but : elles ont délaissé leur propre nouveau-né pour tirer profit du lait qu'il aurait dû boire. Le biberon supprime cet investissement : la nourrice, même si on lui conserve ce nom, n'est plus, en fait, qu'une éleveuse. N'importe qui, même le père, peut remplacer la mère auprès du nouveau-né. L'allaitement au sein connaît alors une valorisation affective : une femme allaitant n'est plus une « vache laitière », c'est une tendre maman.

Au cours du XIXe siècle, les dames de milieu aisé ont pitié des mères pauvres et développent à qui mieux mieux des institutions de bienfaisance : des sociétés de charité maternelle existent alors dans tous les chefs-lieux de département. La mère indigente (à condition qu'elle soit mariée civilement et religieusement, à condition que le bureau de bienfaisance lui ait délivré un certificat de bonnes vie et mœurs et un certificat d'indigence, à condition qu'elle allaite et fasse vacciner son petit) reçoit gratuitement une layette complète, un berceau et une paillasse, ainsi que des secours en argent. Les dames bienfaitrices gèrent aussi des crèches et des salles d'asile fondées par leurs maris. De nouvelles formes de solidarité se substituent à l'ancienne entraide familiale ou de voisinage.

Cette solidarité maternelle a donné naissance à de nouveaux métiers féminins. Les « dames patronnesses » ont pratiquement inventé le travail social. En outre, l'importance de la fonction maternelle justifie l'entrée des femmes dans la profession médicale d'où elles étaient exclues depuis le XIVe siècle. En effet, les femmes les plus humbles hésitaient à consulter des médecins hommes, par pudeur, et aussi en raison d'une distance culturelle difficile à franchir. Grâce à l'impératrice Eugénie, les facultés de médecine s'ouvrent aux femmes en 1865.

La solidarité maternelle autour de la naissance contribue à l'éveil de la conscience politique féminine : femmes médecins et dames d'œuvres soutiennent l'essor du féminisme. Indignées par les conditions désastreuses de l'enfantement dans les milieux pauvres, elles se réunissent en associations et convoquent de grands congrès internationaux. Elles proclament la maternité « fonction sociale », et elles revendiquent des mesures de protection : congé de maternité pour les travailleuses, soins gratuits avant, pendant et après les couches, logement décent. L'État-Providence s'inspirera plus tard de leurs propositions.

Les « criminelles »

La révolution industrielle, en désorganisant les anciens modes de production, provoque des déplacements de population, et crée de nouvelles formes de pauvreté, de misère, de solitude. Bien des femmes peuvent se sentir dans l'incapacité d'assumer une naissance.

C'est ce que suggère Maupassant :

> « [...] C'était là l'histoire courante de tous les infanticides accomplis par les servantes. Mais un fait demeurait inexplicable. La perquisition opérée dans la chambre de la fille Prudent avait amené la découverte d'un trousseau complet d'enfant, fait par Rosalie elle-même, qui avait passé ses nuits à le couper et à le coudre pendant trois mois [...].
>
> — Oh oui, j'étais contente, pour sûr ! J'ai fait tout ce que m'avait dit Madame Boudin, tout ! et puis je l'ai mis sur mon lit, lui ! Et puis v'là qui m'revient une douleur, mais une douleur à mourir. – Si vous connaissiez ça, vous autres vous n'en feriez pas tant, allez ! – J'en ai

tombé sur les g'noux puis sur le dos [...] et puis qu'il en sort un autre... un autre p'tit..., deux..., oui..., deux..., comme ça ! Je l'ai pris comme le premier, et puis je l'ai mis sur le lit, côte à côte. – Deux. – Est-ce possible dites ? Deux enfants ! Moi qui gagne vingt francs par mois ! Dites... est-ce possible ? Un, oui, ça s'peut, en s'privant... mais pas deux ! [...] J'pouvais-t-il choisir, dites ? [...] J'ai mis l'oreiller dessus, sans savoir... [...] et j'me suis couchée dessus encore. Et puis, j'suis restée à m'rouler et à pleurer jusqu'au jour que j'ai vu venir par la fenêtre ; ils étaient morts sous l'oreiller, pour sûr... » (*Rosalie Prudent*, 1886).

Pour des jeunes filles, pour des jeunes veuves enceintes hors mariage, la honte, plus encore que le dénuement, les pousse à se débarrasser du fœtus ou de l'enfant[8]. Des épouses légitimes se trouvent parfois sans ressources pour peu que leur mari soit malade, au chômage, en prison, ou disparu dans la nature. Réduites à abandonner le nouveau-né, elles le font porter au tour le plus proche. Certaines sages-femmes font payer cher ce transport. La mère laisse parfois un signe de reconnaissance sur le petit, avec peut-être l'illusion qu'elle pourra le reprendre ; ou bien elle laisse un billet où elle avoue sa détresse et sa déréliction.

Les plus rusées s'organisent pour échapper aux sanctions. Le Code pénal de 1810 classait l'infanticide parmi les meurtres avec préméditation, donc passibles de la peine de mort ; en 1824, puis en 1832, les circonstances atténuantes ont permis de limiter le châtiment aux travaux forcés à perpétuité, ou à temps ; en 1863, certaines incriminations ont été correctionnalisées. Les procès jettent une lumière crue, cruelle, sur ces naissances. Ce qui frappe, c'est d'abord l'insensibilité, au moins apparente, des mères infanticides. Beaucoup étouffent l'enfant de leurs mains pour l'empêcher de crier. Ensuite l'une jette le petit corps aux cochons, l'autre le met à brûler dans un grand feu de cheminée, et sur ce feu, elle réchauffe son repas ; une autre encore le fait bouillir dans sa lessiveuse. Le nouveau-né est un objet, une bête, non pas un être humain. Les campagnardes ont l'habitude de tuer des bêtes... Elles sont habiles à dissimuler : après avoir dénié leur grossesse, elles réussissent assez souvent à accoucher en cachette ; le plus difficile est ensuite de dissimuler le corps. Des commères, restées aux aguets, finissent par dénoncer la suspecte.

Ce qui frappe encore, c'est, au tribunal, la différence d'attitude entre les magistrats et les jurés. Les premiers, impitoyables, n'admettent guère qu'une fille ou une femme soit enceinte hors mariage : comme si la sexualité féminine ne pouvait exister que dans le cadre de la légitimité. En outre, ils croient l'amour maternel inné, et donc, à leurs yeux, celle qui tue son enfant est « dénaturée ». Au contraire, les jurés semblent chercher tous les prétextes pour acquitter la prévenue, en qui ils voient plutôt une victime. Ils connaissent la fréquence des attentats aux mœurs, de la séduction, du viol et même de l'inceste, souvent sous l'effet de l'alcoolisme : ce qu'ils veulent acquitter, au fond, c'est l'insouciance masculine. Pour eux non plus, le nouveau-né n'a pas valeur humaine.

Souvent des tentatives d'avortement ont précédé l'infanticide. L'initiative vient parfois du séducteur lui-même qui a une réputation à sauvegarder : par exemple, un maître qui a suborné sa servante. La brutalité de ces hommes est à la mesure de leur inquiétude. L'avortement (comme l'infanticide) est, selon le Code pénal de 1810, un crime relevant de la cour d'assises et puni de lourdes peines de réclusion. Mais la philosophie des Lumières, en proclamant la liberté de l'individu et l'autonomie du ménage, a donné à entendre que la procréation est affaire privée : d'où une certaine ambivalence. Les procès restent rares, car la clandestinité arrange tout le monde. Les accusés sont presque toujours de petites gens : une pauvre fille, « séduite et abandonnée », a pour complices des empiriques, guérisseurs ou rebouteux, ou une sage-femme : reconnus coupables, ils écopent de quelques mois de prison. Si un médecin a été assez imprudent pour se trouver compromis, il n'est guère inquiété : la solidarité entre notables joue en sa faveur ; au besoin, le maire de la commune fournit un « certificat de moralité » qui pèse lourd auprès des juges.

Au cours du XIXe siècle, d'ailleurs, les techniques progressent. Une meilleure connaissance de l'anatomie et de la physiologie féminines permet des interventions plus efficaces et moins dangereuses que les drogues, les chutes et les sangsues. On se sert d'une aiguille à tricoter pour percer la poche des eaux, puis, de plus en plus souvent, d'une canule pour injecter de l'eau savonneuse dans l'utérus. Au seuil du XXe siècle, ce procédé se banalise : des professionnels, médecins et sages-femmes, proposent leurs services dans la presse de manière à peine voilée. Le nombre des avortements augmente partout, car les conditions économiques, sociales et culturelles sont de plus en plus favorables à la limitation des naissances. Des couples légitimes décidés à maîtriser leur fécondité recourent à l'avortement. De nouveaux apôtres, les néomalthusiens, prêchent la réduction des naissances, et vont aux portes des usines distribuer des tracts aux jeunes ouvrières.

L'AVÈNEMENT DE L'OBSTÉTRIQUE

Le mot « obstétrique » s'impose dans la langue française en 1803. C'est d'abord un adjectif (la clinique obstétrique), mais il désignera bientôt (1834) la partie de la médecine qui concerne la naissance. Cette apparition signale qu'une science masculine aspire désormais à dominer la pratique féminine, sans l'éliminer. Auparavant, l'« art des accouchements » appartenait aux sages-femmes comme aux médecins.

L'enseignement et la clinique

Parmi les ambitions caractéristiques du temps des Lumières figurait celle d'améliorer les conditions de l'accouchement, pour garder en vie le maximum de nouveau-nés. De nombreux médecins dénonçaient l'ignorance des sages-femmes[9]. C'est pourtant une sage-femme qui prend alors l'initiative la plus importante pour pallier ce fléau. Angélique-Marguerite Le Boursier du Coudray (1712-1792), sage-femme parisienne d'origine auvergnate, affligée par l'impéritie des matrones rurales, met au point une méthode concrète d'enseignement : elle imagine et fait réaliser un mannequin reproduisant l'anatomie du petit bassin, avec viscères et fœtus, ce qui lui permet de montrer en public le mécanisme de l'accouchement et d'effectuer les manœuvres applicables aux dystocies. Ayant su intéresser de puissants personnages, elle obtient en 1767 un brevet royal qui la mandate pour organiser des cours d'accouchement à travers tout le pays. Elle sillonne ensuite inlassablement le royaume pendant un quart de siècle, en essayant d'installer partout des équipes locales permanentes. Là où ces équipes ont pris corps, elles sont récupérées et dirigées par des hommes, chirurgiens ou médecins.

Elle n'en sera pas moins victime de l'ostracisme dont souffre son corps professionnel : interdite de séjour à Montpellier, étant entendu que la Faculté de médecine n'a rien à apprendre d'une femme[10].

La réorganisation des métiers de la santé durant la Révolution et l'Empire confirme en principe la hiérarchie : science masculine/ clinique féminine, mais laisse aux sages-femmes une assez large autonomie. L'exemple le plus remarquable est donné par l'Hospice de maternité de Paris, première maternité au sens moderne du terme. Installé, on l'a vu, en 1795 dans l'ancien couvent de Port-Royal, cet hospice accueille toutes les femmes indigentes qui viennent accoucher gratuitement et – si elles le souhaitent – anonymement. L'accueil y est convenable : chaque femme dispose d'un lit individuel, chaque nouveau-né d'un berceau ; la nourriture est abondante ; les femmes accomplissent différents travaux de ménage et de couture au service de l'hôpital. Dès sa création, la Maternité de Port-Royal a fonctionné comme une école de sages-femmes : le ministre Jean-Antoine Chaptal rêve même d'en faire une école pilote[11]. La loi du 10 mars 1803 qui organise l'exercice de la médecine, précise les conditions de formation et d'admission des sages-femmes : celles-ci doivent suivre des cours et assister à des accouchements pendant neuf mois, ensuite pratiquer elles-mêmes des accouchements pendant six mois ; un examen sanctionne alors leur aptitude à exercer et le jury leur décerne un diplôme qui doit être enregistré au tribunal ; des pénalités frappent tout exercice illégal. À Port-Royal, l'enseignement théorique est dispensé par le docteur Jean-Louis Baudelocque (1746-1810) qui est aussi accoucheur en chef. Médecin prestigieux qui prodigue ses soins aux reines d'Espagne, de Hollande et de Naples, il manque de temps et délègue une large part de son autorité à la sage-femme en chef, Marie-Louise Lachapelle (1769-1821). Celle-ci, veuve d'un chirurgien, succède à sa propre mère dont elle était déjà l'adjointe. Femme de tête et de cœur, organisatrice exceptionnelle, elle a vraiment fondé l'École. Sa pédagogie notamment est d'une étonnante modernité. Elle a rang de chirurgien, et peut donc manier les instruments, y compris le forceps et le perforateur. Son autorité lui permet d'écarter les étudiants en médecine, autant pour ménager la pudeur des parturientes que pour protéger la vertu des élèves[12]. Baudelocque et elle instaurent des principes qui ne seront guère modifiés jusqu'à la fin du XIXe siècle : ils sont d'accord pour « laisser faire la nature » et résister à un interventionnisme déjà menaçant (en particulier à propos de la césarienne).

Les autorités départementales et municipales ont ouvert peu à peu leurs propres écoles : à titre d'exemple, celle de Marseille, créée officiellement en 1818, fonctionne régulièrement à partir de 1826.

La recherche scientifique

Au XIXe siècle, même si les sages-femmes conservent donc de larges prérogatives, l'autorité éminente des médecins permet à ceux qui le veulent vraiment d'acquérir de l'expérience, et de développer des investigations. Pourtant la pudeur féminine leur oppose un obstacle. À bien des égards les femmes ont d'assez bonnes raisons de s'inquiéter de l'examen de leur corps par les médecins. Pour l'examen gynécologique, il n'existe, au début du siècle, qu'une méthode, le toucher, pratique ancestrale, mais mal vue, sans doute en raison de l'ambiguïté du geste. Il faut dire aussi qu'on y recourt souvent, dans un contexte criminel, pour vérifier une grossesse, un viol, un accouchement démenti. Les médecins des Lumières ont su le promouvoir au rang d'investigation scientifique, en particulier Baudelocque, qui le présente comme un instrument indispensable de diagnostic pour apprécier la largeur du bassin. Son confrère Gardien précise la méthode : quel doigt utiliser, comment le lubrifier, que faire des autres doigts pour éviter des contacts trop sensibles…

Cependant à la même époque les auteurs britanniques vont comprendre, avant même Ignace Semmelweis, son caractère éventuellement contaminant et proposer une pratique qui persistera jusqu'au XXe siècle, se substituant au toucher vaginal : le toucher rectal. Par ailleurs, la pratique du toucher vaginal en cours de grossesse, pour apprécier les caractéristiques du col et éventuellement de la présentation, fait l'objet de nombreux débats, souvent polémiques d'ailleurs, remettant en cause son utilité diagnostique[13]*. Un autre examen essentiel non intrusif précédant le travail, défendu et décrit avec une grande précision par Adolphe Pinard, le palper abdominal, permet le plus souvent le diagnostic de présentation, l'appréciation du volume fœtal, la comptabilité des diamètres céphaliques fœtaux et du bassin maternel, l'importance du liquide amniotique, l'existence ou non d'une rupture des membranes... En revanche, les données de l'examen digital, tant pour l'appréciation des caractères du col de l'utérus, de la paroi vaginale, des dimensions et de la forme du bassin, de la présentation fœtale, ne sont pas obtenues par l'examen au spéculum. Cet examen visuel de la partie intravaginale de l'appareil génital de la femme est essentiel au diagnostic des pathologies infectieuses et tumorales locales. Il est finalement secondaire en obstétrique proprement dite.*

Le spéculum était déjà connu au temps de Soranos. Le docteur Récamier le remet en usage à la fin du XVIIIe siècle : le modèle qu'il propose est aussitôt imité, perfectionné. En 1820, cet instrument fait partie de l'arsenal opératoire : il permet des examens plus précis, des diagnostics plus sûrs et des soins plus efficaces. Celui qui sait en user acquiert un surcroît de qualification et se distingue des empiriques. Il est rare que les textes concernant l'emploi du spéculum fassent allusion à la pudeur féminine : comme si l'instrument disculpait le regard. D'autres instruments ont connu une promotion parallèle, notamment le pelvimètre. La science masculine progresse aussi en constituant des séries statistiques pour quantifier quelques paramètres, comme le diamètre pelvien, ou diverses présentations.

Ces efforts permettent des progrès dans la connaissance de l'anatomie et de la physiologie féminines. Ainsi le fonctionnement de l'ovulation est découvert et décrit durant les années 1840. Mais l'obstétrique proprement dite n'avance guère : dans les hôpitaux on observe une mortalité élevée des parturientes et des nouveau-nés : la mortalité maternelle oscille entre 5 et 10 %, mais s'élève à 20 % certaines années. Et certaines femmes endurent de véritables tortures.

Les maternités hospitalières

Il convient d'examiner de plus près cette curieuse et dramatique aventure des maternités hospitalières. Histoire dans l'Histoire, vécue, intériorisée et considérée comme fondatrice pour les professionnels du XXIe siècle. Alors que, pour ne s'en tenir qu'à la période moderne, ni Louise Bourgeois, ni Charles Guillemeau, Marguerite du Coudray, François Moriceau ou Guillaume Mauquest de la Motte n'exerçaient l'essentiel de leur fonction obstétricale dans les salles de travail des hôpitaux. Il était d'ailleurs du plus mal venu pour une aristocrate, une bourgeoise ou une paysanne d'accoucher dans une maternité hospitalière et cela presque jusqu'à la fin de la première moitié du XXe siècle.

En effet, depuis le Moyen Âge, l'hôpital, l'hospice, est d'abord un lieu d'accueil des grandes victimes sociales. Œuvre de charité, chrétienne exclusivement jusqu'à la Révolution, il n'en constitue pas moins un lieu d'exercice médical, tant s'associent habituellement détresses physiques et sociales. Lieu de pratique, mais aussi de formation et d'expérimentation. Tant de malades concentrés, tant de maladies rassemblées fournissent un contingent inépuisable et peu exigeant de patients à observer. C'est ainsi que la prestigieuse médecine s'est édifiée dans les salles communes les plus abjectes de promiscuité et d'irrespect. N'est-ce que cela ? Non bien sûr, la mort et la vie coexistent très naturellement, ainsi que l'arrogance et la bonté.

Mais on n'accouche pas sans de graves raisons dans un hôpital… Ce lieu est l'antithèse de la naissance à plus d'un titre. Pour la paysanne comme pour la bourgeoise, la riche comme la pauvre, l'accouchement, la naissance et l'accueil ne relèvent pas de la charité mais de l'accompagnement. Épreuve certes, et parfois mortelle, mais ce petit nous arrachera peut-être le ventre, mais c'est notre petit. Le jour de sa venue, il y aura près de la future mère les sœurs, les tantes, cousines et amies… La grande cérémonie de la venue au monde, même si elle n'est pas toujours réussie, est affaire de femmes. « Un enfant nous est né », dans une étable peut-être, mais pas dans la puanteur inquiétante et repoussante d'un hôpital.

Et pourtant, l'urbanisation à la fin du Moyen Âge fait apparaître une catégorie de femmes misérables, seules et sans abri pour accoucher, si ce n'est justement dans les hôpitaux des grandes métropoles européennes. Il faut donc quelques professionnels dans ces nouveaux lieux de naissance. Ainsi, et comme pour la pathologie commune, apparaissent des maternités hospitalières, terrain de formation privilégié des sages-femmes puis des médecins. L'Office des accouchées devient ainsi l'École d'obstétrique française, la plus prestigieuse d'Europe. Dirigée par des chirurgiens, elle forme désormais ceux qui à partir du XIXe siècle se consacrent à l'accouchement. C'est bien là, dans ces conditions précises, que naît l'obstétrique moderne.

Jamais, au grand jamais, les femmes des XVIIIe, XIXe et au début du XXe siècle n'ont souhaité accoucher à l'hôpital. Ignace Semmelweis raconte comment à Vienne, en 1846, une femme est traînée violemment vers l'hôpital de garde dont le taux de mortalité maternelle est le plus élevé de la ville[14]. Dans cette même capitale, Stefan Zweig rapporte dans Lettre d'une inconnue comment une jeune femme crie l'horreur des maternités publiques vers 1920 :

> « [...] de sorte que je dus aller à l'hôpital. C'est là, en ce lieu où seules se réfugient en leur détresse les femmes les plus pauvres, les plus réprouvées, les oubliées, là au milieu de la plus rebutante misère, c'est là que l'enfant, ton enfant est venu au monde [...]. Tout ce que la pauvreté doit subir d'humiliations, d'outrages moraux et physiques, je l'ai souffert, dans cette promiscuité avec des prostituées et des malades qui faisaient de la communauté de notre sort une commune infamie... sous le cynisme de ces jeunes médecins qui, avec un sourire d'ironie, relevaient le drap de lit et palpaient le corps de la femme sans défense, sous un faux prétexte de souci scientifique[15]. »

Or l'extension de la misère sociale dégrade les conditions d'accueil dans ces maternités. Jacques-René Tenon, rapporteur du groupe de travail de l'Académie des sciences[16] en 1786, dénonce avec précision l'insalubrité de la maternité de l'Hôtel-Dieu, l'Office des accouchées. Ses préconisations sont remarquables pour l'époque : lits individuels, séparation des pathologies, création à Paris de six maternités hospitalières. C'est la Révolution, puis le Premier Empire qui reprennent le chantier. Soulignons au passage les quelques voix discordantes et minoritaires[17], mais prophétiques lorsque l'on connaît la suite des événements, qui conseillaient la suppression des hôpitaux et leur remplacement par l'organisation des soins à domicile ! Cependant l'affaire est tranchée dans le sens du maintien des maternités hospitalières. Audin-Rouvière reconnaît volontiers les multiples défauts de l'hôpital, mais il y voit des « ressources infinies pour le progrès et l'avancement de l'art de guérir » [18]. Ainsi Scarlett Beauvalet-Boutouyrie rappelle que l'accouchement hospitalier fut d'abord « un acte gratuit mais mortel, avant de devenir salvateur »[19].

En effet la détérioration médicale des maternités hospitalières va se poursuivre jusqu'aux dernières décennies du XIXe siècle. Paris, s'il détient des records, n'a pas l'exclusivité du malheur. Une enquête nationale menée par François Malgaigne[20] confirme la surmortalité hospitalière des parturientes dans tous les hôpitaux français par rapport aux accouchements à domicile. Constat validé en Europe par Le Fort[21] et qui aboutit en 1866 aux décisions de la Société française de chirurgie. La fréquence de la fièvre puerpérale responsable de cette surmortalité dans les maternités hospitalières de l'ensemble de l'Europe, et quels que soient les dispositifs sanitaires adoptés dans ces établissements (Dublin, Vienne, Paris, Londres...), est de trois à dix fois supérieure à la mortalité liée aux accouchements à domicile. Il est donc recommandé de développer l'aide à apporter à cette pratique afin de réduire, puis de supprimer les maternités hospitalières. Mais ces lieux d'accueil sont justement destinés aux femmes en situation d'extrême détresse, le plus souvent sans logis. Aussi, la Société de chirurgie précise-t-elle que, s'il faut maintenir ces établissements, ils doivent être de petite taille et disséminés. En 1869 la Société médicale des hôpitaux demande, « au nom de la science et de l'humanité, la fermeture des grandes maternités[22] ».

Deux aspects de cette situation méritent par ailleurs d'être soulignés. La maternité hospitalière des grandes villes européennes constitue une réponse sociale à un problème social, la misère. Ce n'est pas, et de loin, y compris à la fin du XIXe siècle, une réponse sanitaire à un problème de santé. Non, cette réponse ne vient qu'assez secondairement. Et lorsque les médecins eux-mêmes s'interrogent sur sa pertinence, ils la remettent en cause, partiellement d'abord dans le rapport de Jacques-René Tenon en 1786, puis radicalement près d'un siècle plus tard dans le rapport de la Société de chirurgie en 1866, étayé par les enquêtes nationales et européennes et confirmé par l'Académie de chirurgie.

Toutefois le rapport Malgaigne ne rompt pas avec cette logique hospitalo-centriste. Pour lui, et il n'est pas le seul, les hôpitaux des femmes en couches constituent les bases de formation des médecins et des sages-femmes : « Supprimer cet enseignement, c'est livrer la population à l'ignorance et à l'empirisme[23] ».

Au vu des résultats d'une telle pratique, le raisonnement semble un peu faible. En effet depuis un siècle ces sanctuaires de la science ont vu se développer une pathologie qui ne leur est certes pas spécifique, mais dont la fréquence de survenue constitue bien une singularité. Il s'agit de ce qu'on appelle aujourd'hui une épidémie nosocomiale. C'est évidemment peu admissible. D'autant qu'au sein même des sociétés scientifiques propres à la médecine, des voix[24] s'étaient élevées pour désigner la contagiosité de cette meurtrière « fièvre puerpérale ». Mieux encore, ce qui est proprement stupéfiant près d'un siècle avant Pasteur, en 1795, Gordon d'Aberdeen[25] démontre avec précision et clarté l'identité de la nature infectieuse et contagieuse de l'érésipèle et de la fièvre puerpérale. En 1879, la description du streptocoque et de sa responsabilité dans ces deux affections vient confirmer cette intuition. D'ailleurs le même Gordon démontre dans son ouvrage, A Treatise on the Epidemic Puerperal Fever of Aberdeen, *la responsabilité des soignants dans la transmission de la maladie[26].*

Tout cela est repris et argumenté par Ignace Semmelweis à Vienne un demi-siècle plus tard. On en connaît l'issue : prétendre intimer l'ordre au chef de service, dont on est le jeune assistant, de se laver les mains dans une solution dite antiseptique avant l'examen de toute patiente dans la Vienne triomphante du XIX*e siècle, c'est faire preuve d'une puérile arrogance. « Humainement c'est un maladroit », dira sentencieusement Louis-Ferdinand Destouches dans la thèse qu'il consacre à ce médecin hongrois. Rejeté, isolé, malade, il voit sa démonstration présentée en Europe par Arneth, partisan convaincu des conclusions de Semmelweis, en particulier* *à la Faculté de médecine de Paris. Il n'est pas entendu. James Young Simpson d'Edimbourg, hostile dans un premier temps aux théories de Semmelweis*[27]*, admet sans faux-fuyant son erreur. Rien d'étonnant si l'on sait par ailleurs que dès le début du* XIXe *siècle des mesures d'asepsie sont préconisées en Grande-Bretagne, particulièrement en chirurgie. L'antiseptique proposé est une solution chlorée identique à celle que veut imposer plus tard Semmelweis à Vienne. Olivier Holmes, plus connu sans doute pour son activité littéraire que pour ses recherches médicales, publie dès 1843 dans une revue médicale de Boston, avant Semmelweis, sur la base d'une étude épidémiologique de terrain, des recommandations professionnelles concrètes concernant la prévention des fièvres puerpérales*[28]*. Enfin, et pour se limiter à quelques beaux exemples, Robert Collins à Dublin impose dès 1829, à la suite d'une épidémie redoutable de cette pathologie et après fermeture provisoire de l'établissement, des mesures d'antisepsie radicales qui font presque disparaître cette pathologie mortelle… durant les deux années de son mandat.*

Au milieu de tout cela les propositions architecturales et hygiénistes de Stéphane Tarnier, à la Maternité de Port-Royal à Paris, paraissent pleines de sagesse. Dans le climat passionnel qui sévit en Europe, un compromis lui semble nécessaire. Ménager son propre corps professionnel est vraisemblablement indispensable. Paul Dubois, monarque tout-puissant et intouchable par nécessité institutionnelle, l'a dit : « La théorie de Semmelweis qui a entraîné de si violentes polémiques est abandonnée aujourd'hui même dans son pays[29]*. » Stéphane Tarnier confirme lui-même en affichant une grande ouverture d'esprit : « […] c'est dépasser la vérité que d'accuser les médecins ou accoucheurs qui soignent une patiente malade de servir de moyen de transmission au germe de la fièvre puerpérale ! […] » Un tel degré de confraternité préserve au moins l'avenir.*

On ne peut cependant pas jeter le doute sur la probité de ce généreux médecin de son temps. Il est de la maison, il a grandi dans ces salles d'hôpitaux. Il consacre sa vie à faire face à la souffrance, il veut, c'est certain, faire reculer la mort de ces jeunes accouchées. Il invente, il innove, il organise, il paie de sa personne. C'est peu discutable, il aime cette maison et sa fonction : l'accueil des jeunes femmes en grande détresse sociale. Il veut en défendre l'existence, mais pas à n'importe quel prix. Lorsqu'on lui demande ce qu'il faudrait faire si ses propositions de transformations ne pouvaient voir le jour, sa réponse est sans en ambiguïté : il faudrait fermer les maternités grandes et petites et créer des structures d'assistance[30]. Ce qui est fait !

Dans un premier temps, rappelons-le, la Révolution avait considéré l'assistance à domicile comme préférable à l'hospitalisation. Elle se limitait alors à des bureaux d'aide sociale. Ceux-ci pouvaient assurer les soins médicaux lors des accouchements à domicile. Des sages-femmes étaient affectées à cette activité. Dans cette pratique, la mortalité maternelle était très inférieure à celle des maternités hospitalières. En 1866, on décide donc d'augmenter le nombre des sages-femmes et, comme la plupart des femmes ayant recours à l'hôpital n'ont pas de domicile, c'est chez les sages-femmes elles-mêmes qu'elles accoucheront. Ce qu'on appellerait aujourd'hui des « maisons de naissance ».

En 1875, sur l'étude de 2 000 accouchements ayant eu lieu dans ces conditions, on déplore un décès, soit un taux plus de dix fois inférieur aux chiffres hospitaliers. Et pourtant les maternités seront sauvées par Lister.

Avant même les communications de Pasteur à l'Académie de médecine en 1879, Lister, très au fait des travaux du chimiste français devenu bactériologiste, propose l'antisepsie chirurgicale par une solution phéniquée associée à une asepsie des instruments et du linge. Ces mesures sont alors très vite adoptées en France, sous *l'impulsion en particulier de Juste Lucas-Championnière et de Jacques-Amédée Doléris. Pourtant, malgré sa forte décroissance, la fièvre puerpérale, sous ses différentes formes cliniques, liée le plus souvent à la contamination de l'appareil génital lors de l'accouchement par un germe de la famille des streptocoques, mais aussi d'autres microbes, reste souvent mortelle jusqu'en 1935, date de la mise au point des premiers sulfamides[31]. Mais sa prévention généralisée par l'antisepsie puis l'asepsie, dans toutes les maternités hospitalières, va en réduire considérablement la fréquence. Et cette mesure dont l'acceptation fut difficile sauva les maternités très menacées par ces épidémies.*

Est-ce bien ainsi ? Se peut-il que des progrès ne puissent s'accomplir que sur la base de pratiques que l'expérience amènerait à condamner ? Voyons la suite des événements.

L'ordre hospitalier ou le temps de la gloire

La fièvre puerpérale a balayé certitudes et institutions, menaçant jusqu'à l'existence des maternités hospitalières. Asiles destinés aux victimes les plus misérables des contradictions sociales, celles-ci se sont transformées en de monstrueuses machines à broyer mères et enfants. De telles institutions répondaient-elles à la demande sociale, ne pouvions-nous pas y apporter d'autres solutions ?

« Non », répondent alors les tenants d'une institution dont l'intérêt médical apparaît essentiel et désormais sans conteste. L'hôpital est bien le lieu unique d'observation clinique, irremplaçable, et de ce fait lieu d'enseignement. Nous sommes entrés dans l'ère de la médecine expérimentale.

L'alternative à l'hospitalisation des femmes pauvres, « le réseau de sages-femmes agréées » et leur « maison de naissance » est un succès, mais, Scarlett Beauvalet nous le précise, elle est plus coûteuse. Ce « petit détail » fut peut-être décisif.

Lister, nous l'avons vu, a sauvé les hôpitaux. « Et Pasteur ? » dira-t-on. Il apporte, c'est incontestable, des réponses essentielles aux questions posées à l'époque sur la nature réelle des phénomènes infectieux et de la contagiosité, modifiant ainsi de façon fondamentale les assises théoriques de la prévention par la pasteurisation, la stérilisation et la vaccination. Lister, et d'autres avant lui, ont proposé l'antisepsie sur des bases expérimentales empiriques mais dont l'efficacité a été très vite appréciée à sa juste valeur tant en chirurgie dans un premier temps qu'en obstétrique secondairement. La filiation entre ces deux « spécialités » médicales est historique, leur pratique s'identifie simplement. On comprend mieux ainsi ce qui, sur les plans culturel et sanitaire, semble toujours paradoxal : l'assimilation de la mise au monde de l'enfant humain à une intervention chirurgicale.

Mais les femmes ont-elles réellement admis cette théorisation de la médicalisation de la naissance ? Pour résumer l'histoire : aux obstacles mécaniques de la naissance dans l'espèce humaine il faut des réponses chirurgicales. Celles-ci doivent s'appuyer sur une connaissance précise de l'anatomie. Simultanément ou secondairement, doit s'y associer impérativement une approche de la physiologie, seule susceptible d'en saisir les pathologies. Une telle démarche savante nécessite un terrain d'accès à la connaissance, à sa transmission et à l'expérimentation : c'est l'hôpital. Ce n'est pas sa fonction originelle, mais elle va le devenir en raison de transformations sociales dont la finalité n'est au mieux que secondairement sanitaire. L'ordre social, quel qu'il soit par ailleurs, ne peut se dispenser d'un ordre sanitaire. D'autant que celui-ci va constituer, s'il n'apparaît ni trop injuste ni trop éthiquement scandaleux, une véritable justification du bien-fondé de l'ordre qui l'a créé. Le progrès sanitaire rend compte de la réalité du progrès social. Ainsi la bienfaisance des œuvres hospitalières occulte-t-elle leur origine et justifie-t-elle leur utilisation à des fins de progrès sanitaires. Mystification ? En tout cas, histoire tragique qui mérite la poursuite de l'examen.

Stéphane Tarnier, puissamment aidé par l'antisepsie puis l'asepsie, va pouvoir imposer sa réforme des maternités hospitalières. Pavillons de petites dimensions, isolement des pathologies, contagieuses en particulier : tuberculose, maladies vénériennes, infection puerpérale… Aux conditions alimentaires excellentes, excessives dit-on, aux rigueurs irritantes de l'antisepsie, soutenue par Pierre Budin et Jacques-Amédée Doléris, s'associent des innovations thérapeutiques, une attention au nouveau-né malade avec les premières couveuses et un soutien de l'allaitement maternel dont Adolphe Pinard se fera le héraut. S'il n'y a ni mère ni lait humain, Tarnier développe le recours au lait animal : de chèvre, de vache… Il achète lui-même une ânesse[32]*. Il combat avec succès les drames de la promiscuité hospitalière. Suivi en cela par ses successeurs, Pinard, Couvelaire, Lacomme et l'ensemble du nouveau corps des accoucheurs des hôpitaux, créé en 1895, au prix pourtant particulièrement humiliant de leur exclusion du corps des chirurgiens dont ils sont issus. Ils consacrent désormais leur activité à améliorer les conditions médicales des accouchements pathologiques, leur prévention, tout particulièrement celle des complications infectieuses.*

Dès la fin du XIXe *siècle, ils se penchent sur la santé du nouveau-né. Déjà, en 1821, Jacques-Alexandre Lejumeau de Kergaradec, proche de Laennec, publie son* Mémoire sur l'auscultation appliquée à l'étude de la grossesse[33]. *Si la perception du cœur fœtal semble avoir été signalée plus tôt, son utilisation à des fins cliniques ne va s'imposer qu'assez lentement au* XIXe *siècle. Défendu avec efficacité par Adolphe Pinard, le stéthoscope obstétrical va transformer la connaissance de la vie fœtale. Désormais l'instrument va s'universaliser au point de devenir indispensable au suivi de tout accouchement. Remplacé dans les années 1970 par l'enregistrement ultrasonique ou électrique de l'activité cardiaque fœtale et réduit à l'état d'objet de musée, ignoré par les générations actuelles de professionnels, il est à nouveau défendu après de nombreux travaux comme un moyen simple et plus respectueux des mécanismes physiologiques de l'accouchement.*

Une lente et insidieuse mise au pas

Cette créativité ne peut manquer de fasciner et d'asseoir l'autorité d'un corps professionnel qui devient désormais indispensable, non plus sur le seul plan sanitaire mais directement sur le terrain social. Les accoucheurs des hôpitaux vont désormais consolider leur prééminence professionnelle et imposer leur tutelle aux sages-femmes. Si Jean-Louis Baudelocque affiche une grande admiration pour Marie-Louise Duges-Lachapelle tant son autorité professionnelle s'impose, ses successeurs Antoine et surtout Paul Dubois n'auront de cesse de limiter les prérogatives des sages-femmes. Devant l'Académie de médecine en 1866, Le Fort n'hésite d'ailleurs pas à dénoncer leur « indépendance sans équivalent à l'étranger »[34]*. On comprend l'inquiétude de notre accusateur qui vient de réaliser en Europe une enquête sur la fièvre puerpérale plaçant la France en tête de la mortalité maternelle, et aboutissant surtout, comme on l'a vu, à préconiser la fermeture des maternités hospitalières et à créer un réseau de sages-femmes agréées assurant les accouchements à domicile. C'en est trop !*

En 1892 la loi interdit aux sages-femmes d'utiliser des instruments et de prescrire des médicaments[35]*. Après le succès sans doute mal supporté des sages-femmes agréées, celles-ci perdent toute « rentabilité » face à la « productivité » hospitalière : elles* *réalisent cinq fois moins d'accouchements*[36]. *La dernière promotion de cette catégorie de professionnelles date de 1917. En 1935, les sages-femmes agréées disparaissent. Quant aux autres sages-femmes, elles rencontrent une concurrence considérable en la personne des médecins dans les hôpitaux, et hors de ceux-ci des infirmières et des assistantes sociales.*

De son côté la clinique infantile a accompli des avancées comparables. Les enfants trouvés, recueillis désormais, à Paris, dans l'Hospice de l'oratoire, servent en quelque sorte de cobayes. La mortalité est élevée parmi eux, et les autopsies nombreuses donnent matière aux investigations. Les maladies spécifiques des nouveau-nés et des nourrissons font l'objet d'études méthodiques en particulier le muguet, le sclérème (endurcissement du tissu cellulaire), les maladies vénériennes, la dysenterie. Dès 1828, un interne, Charles-Michel Billard, publie un *Traité des maladies des enfants nouveau-nés* : il s'y montre pionnier en s'efforçant d'interpréter les symptômes, au lieu de chercher seulement à les faire disparaître. Des observations persévérantes permettent d'établir des relations entre l'état de santé des nouveau-nés et les conditions de la gestation, de l'accouchement, du premier nourrissage. Ces médecins expérimentés comprennent sans retard l'intérêt des découvertes de Pasteur pour la lutte contre les maladies infectieuses ; ils sont également prêts à servir une politique de protection de la naissance.

Victoires immenses ! Par leurs conséquences, elles débordent le domaine médical et chirurgical, elles amorcent de profondes transformations sociales et familiales. Autour de la parturiente et du nouveau-né, le monde des femmes, empirique, coutumier, affectif, sera peu à peu disqualifié face au monde des hommes, qui se veut rationnel, novateur, volontaire. Les médecins acquièrent de l'assurance, la science s'empare de l'heureux événement.

DEUXIÈME PARTIE

LA MÉDICALISATION

Le temps de la science

La médicalisation a opéré sur la reproduction humaine des mutations particulièrement rapides et spectaculaires. En un siècle, tout a basculé. Au début du XXe siècle, l'espèce humaine était encore soumise à sa « nature » mammifère : la procréation dépendait du désir sexuel, la fécondité était mal maîtrisée, la stérilité restait sans recours, et les risques de mortalité à la naissance (mortalité de l'enfant, mortalité de la mère) demeuraient élevés. À la fin du XXe siècle, sexualité et reproduction peuvent être dissociées, la fécondité est un choix, la stérilité n'empêche plus les naissances, et la menace de mort est presque totalement écartée.

Prodigieuse transformation ! On ne saurait sans mauvaise foi mépriser de telles victoires. Des médecins en ont écrit l'histoire en termes triomphants.

Mais elles ont eu pour effet d'établir sur la naissance le pouvoir quasi absolu du corps médical, de transformer l'heureux événement en prouesse scientifique et technique. Toutes les relations, toutes les représentations qui le concernent en ont été bouleversées. On découvre aujourd'hui que ce n'est pas sans dommage. À mesure qu'ils éliminaient les menaces ancestrales, les médecins et les biologistes en suscitaient de nouvelles, de plus en plus inquiétantes. Comme si une fatalité de la science relayait l'antique fatalité de la nature. Ce sont à présent des comités d'éthique qui se penchent sur la naissance.

Après Adolphe Pinard, Alexandre Couvelaire va poursuivre l'œuvre de Stéphane Tarnier et faire de la maternité Baudelocque une clinique obstétricale exemplaire sur les plans architectural et fonctionnel. Les consultations prénatales s'y multiplient et se spécialisent : elles concernent désormais maladies vénériennes, tuberculose, pathologie gynécologique et stérilité. Les premières inséminations artificielles ont lieu officiellement dans les années 1930 à l'hôpital Lariboisière. Les hôpitaux de Paris multiplient les maternités qui accueillent, à la fin de la Deuxième Guerre mondiale, près de la moitié des accouchements de la région parisienne. Dans les vingt ans qui suivent, la quasi-disparition des accouchements à domicile est favorisée et obtenue. Il est clair qu'elle apparaît non seulement comme un triomphe de la médicalisation de l'accouchement, mais encore comme son approbation plébiscitée par les femmes et la population en général. Cette analyse, pour le moins réductrice de la réalité, reste dominante jusqu'au début du XXIe siècle et constitue la grille de lecture utilisée pour justifier la systématisation du diagnostic prénatal, de la péridurale, de l'élévation sans réserve du taux de déclenchement de césarienne et autres pratiques généralisées malgré de nombreuses recommandations internationales contraires.

*Au milieu de ce concert de satisfaction générale, quelques voix dissonantes s'élèvent. Françoise Thébaud (*Quand nos grands-mères donnaient la vie[1]*), après Stefan Zweig, rapporte des témoignages accablants de femmes dénonçant les conditions d'accueil dans les maternités. Annie Leclerc surenchérit en 1974 dans* Paroles de femme[2] *: « […] le mépris, la déconsidération de l'événement […] n'est autre que le mépris de la femme en général […]. »*

C'est un fait, et il n'est évidemment pas secondaire dans cette histoire, l'accoucheur est un chirurgien donc un homme, et ce jusqu'à la fin du XXe siècle. La domination de son « genre » est exclusive. Bien d'autres professions sont aussi marquées par une telle ségrégation. Mais c'est d'exclusion qu'il s'agit dans les circonstances propres à la naissance humaine. À partir du XVIe siècle les hommes ont tenté d'imposer leur tutelle aux femmes et d'obtenir la subordination des professionnelles maintenues jusque-là dans la solitude et l'ignorance. L'intermède de l'école de Salerne au début du IIe millénaire, institution dont la mixité semble bien réelle, et où l'enseignement de l'énigmatique personnalité de « Dame » Trotula est habituellement présenté pour l'illustrer, ne relève pas seulement de l'anecdote historique mais souligne le paradoxe de la Renaissance et de l'époque des Lumières qui vont reléguer progressivement mais efficacement les professionnelles de la naissance au second plan. De Paré à Lacomme, sans oublier les successeurs, de Guillemeau à Couvelaire, de Moriceau aux Dubois, pas une femme ne viendra réellement « troubler » cette conspiration savante et cependant fort diverse. Ou plus précisément des femmes nombreuses et également savantes, de Louise Bourgeois à Catherine Shraders, de Justine Siegemundin à Marie-Louise Lachapelle, n'évitent pas à ces professionnelles d'être reléguées, au point de perdre le goût de la parole et de l'écrit ; et c'est là le signe d'une véritable oppression. Marguerite du Coudray (1712-1792), bien que solidement soutenue, a rencontré l'hostilité jalouse de Leroy et Sigault[3], se voyant interdire toute possibilité d'enseigner à l'université de Montpellier[4]. Quant aux travaux de Marie-Anne Boivin (1773-1841), s'ils sont reconnus par la Société de médecine de Paris[5], ils n'en constituent pas moins une exception.

Nataliste le plus souvent, l'accoucheur participe très fortement à la conception dominante réduisant la féminité à la mater-

nité, ou pour le moins exaltant sa fonction de reproduction. Chirurgien, son interventionnisme est longtemps limité par les risques considérables entraînés par ses instruments (la césarienne reste meurtrière jusqu'à la première moitié du XXe *siècle). Accusant souvent la sage-femme de gestes inconsidérés, il est lui-même dénoncé par ses pairs. Guillaume Mauquest de la Motte, Jean-Louis Baudelocque et bien d'autres qualifient d'inacceptable, dangereux, mutilant, voire mortel un interventionnisme excessif. Semmelweis, dont la véhémence va sans doute contribuer à son isolement, n'hésite pas à proférer de très graves jugements à l'égard de ses confrères qui refusent de se laver les mains avant d'examiner une femme. Dilatation manuelle du col, rupture intempestive des membranes, examens dangereusement répétés ne sont pas l'apanage des sages-femmes ! Mais, surtout, la pratique hospitalière de l'accoucheur va l'amener à la fin du* XIXe *siècle à faire de l'accouchement, de tout accouchement, un acte de nature chirurgicale en raison même des nécessités d'asepsie dont il a saisi l'importance au cours de sa mortelle expérience hospitalière tout au long de ce siècle. Pour le moins réservé jusque-là, le néophyte va se faire prosélyte, sinon croisé, de mesures devenues panacée. Mieux, les hygiénistes, dominant la pensée médicale, et plus largement sociale, vont ainsi imposer une conception « sécuritaire » de l'accouchement qui relève de la liberté surveillée et de la systématisation de l'encadrement médical devenu obligatoire. Il ne s'agit plus de réserver les soins médicaux aux malades, mais bien de mettre en place un dispositif sanitaire qui n'est pas seulement préventif, mais qui préjuge des potentialités pathogènes de toute naissance.*

Cette conception de la médicalisation est alors dominante et très assurée : « Tout accouchement ne peut plus être considéré comme physiologique, que lorsque la femme et son enfant sortent en bonne santé de la maternité. » Ainsi les compétences des fem-

mes, et non plus seulement des sages-femmes, quant à la mise au monde de leur enfant, sont-elles fondamentalement mais aussi insidieusement remises en cause. Un tel renversement, non déclaré, n'est en définitive que le maintien sous une forme nouvelle de la vieille culture d'oppression des femmes à laquelle les sociétés occidentales restent attachées jusqu'à la fin du XX*e siècle, et précisément au cœur même de ce qui la « justifie » : le contrôle de leur fécondité. Le tour est joué et les accoucheurs en ont été des acteurs conscients et souvent complaisants. La maternité hospitalière n'a plus la fonction sociale d'autrefois. Elle devient principalement un instrument d'encadrement sanitaire, mais aussi socioculturel de la grossesse et de la naissance. D'ailleurs l'argumentation médicale a toute l'apparence de la scientificité. Qui peut raisonnablement mettre en doute la « prodigieuse » efficacité de ce dispositif au seul examen de l'évaluation des grands indicateurs obstétricaux : mortalité et morbidité maternelles et néonatales ? Les courbes des pratiques médicales et de ces marqueurs ne sont-elles pas étonnamment corrélées ? Il n'est heureusement pas nécessaire d'être statisticien pour savoir que corrélation ne signifie pas causalité. S'il n'est pas douteux qu'un nombre important de pratiques obstétricales a participé à l'amélioration des conditions de naissance, bien d'autres facteurs socioculturels ont également joué un rôle important dans cette affaire. Progrès général des conditions de vie, liberté désormais reconnue et moyens obtenus par les femmes de donner librement la vie, étant parmi les principaux.*

4

La sécurité des naissances

La mort du nouveau-né, celle de sa mère, précédées souvent de souffrances cruelles, constituaient encore, il y a moins d'un siècle, un scandale profondément affligeant, qui plongeait dans l'abattement et le deuil toute une famille, et souvent même toute une collectivité. La médicalisation de la naissance a conjuré ce malheur. L'heureux événement s'est alors inscrit dans un nouveau réseau de relations, caractérisé par son dynamisme. L'histoire « scientifique » de cette transformation est assez bien connue, son histoire sociale l'est moins : c'est cette dernière qui est ici privilégiée.

Des conditions sociales particulièrement favorables expliquent le démarrage en force de la médicalisation au seuil du XXe siècle. Mais c'est surtout durant la seconde moitié du siècle qu'elle se déploie, ouvrant au « pouvoir médical » un véritable âge d'or. L'emprise des « hommes de l'art » s'impose alors à tous, familles et hommes d'État, provoquant une série de réactions en chaîne de plus en plus difficiles à contrôler.

LES CIRCONSTANCES FAVORABLES
L'INTERVENTION DE L'ÉTAT

En France, pays jacobin et centralisé, le pouvoir politique exerce une influence majeure. Or, au début de la IIIe République, les hommes d'État sont animés par deux soucis, tous deux très favorables à la médicalisation : freiner le déclin démographique ; améliorer les conditions de vie des plus pauvres, au nom de la fraternité républicaine. Le respect des libertés individuelles a dans un premier temps paralysé leur initiative ; ce n'est qu'après l'hécatombe de 1914-1918 qu'ils mettent en œuvre une politique efficace.

Le péril démographique

Le taux de natalité décline en France tout au long du XIXe siècle : compris entre 35 et 40 enfants pour 1 000 habitants à la fin de l'Ancien Régime, il tombe au-dessous de 28 après 1848, au-dessous de 25 après 1880 ; il est de 18,8 au seuil de la guerre de 1914. En 1911, pour la première fois, le nombre des décès dépasse celui des naissances. Divers ouvrages dénoncent la « dépopulation »[1]. Les hauts responsables sont d'autant plus inquiets que la défaite française face aux Prussiens en 1870-1871 semble sanctionner ce dépérissement. Pour venger l'honneur, pour assurer la « revanche », pour reconquérir les chères provinces d'Alsace et de Lorraine, il faudrait aligner des jeunes recrues plus nombreuses. Mais comment ? La plupart des mesures envisageables butent sur un obstacle idéologique majeur : la proclamation de la République a remis en honneur les Droits de l'homme, c'est-à-dire la liberté individuelle et l'intimité de la vie privée. Chacun est maître chez soi.

L'embarras des législateurs, leur lente et difficile conversion sont perceptibles, par exemple, à travers l'histoire du congé de maternité. Il y a là un problème central et symbolique, au point de rencontre entre la reproduction et la production, entre la famille et la société (au XXIe siècle, il est bien loin d'être résolu). Il a fallu vingt-sept ans (1886-1913) de débats parlementaires pour qu'un projet de loi puisse aboutir, tant était grande la perplexité des législateurs face à ce qu'ils préféraient ne pas voir[2]. Des ouvrières, gagnant à la journée un salaire de misère, prenaient pour accoucher le moins de temps possible. Dès 1881, un député propose que ces malheureuses bénéficient d'un congé. La proposition n'est même pas discutée, mais l'idée est reprise par le comte Albert de Mun, pilier du catholicisme social : il dépose le 20 février 1886 un projet de loi dont un article interdit aux femmes tout travail industriel pendant quatre semaines après leur accouchement[3]. Les débats font surgir des difficultés qui paraîtront longtemps insurmontables. Faut-il protéger ces mères en tant que femmes qui travaillent ou en tant que femmes qui enfantent ? Faut-il les inclure dans la législation du travail ou dans celle de l'assistance ? Et ce congé, comment l'organiser ? Faut-il l'accorder aux seules salariées de l'industrie, ou à toutes celles qui ont un emploi ? Faut-il l'indemniser ? Mais à quel taux fixer l'indemnité ? Et surtout, qui paiera ? Quelques conservateurs extrémistes voudraient interdire le travail salarié à toutes les femmes mariées ; d'autres invoquent le respect de la vie privée. Un parlementaire « féministe » refuse, au nom de l'égalité des sexes, toute loi discriminant les femmes[4]. À l'opposé, parmi les partisans les plus militants on compte les premiers marxistes et plus encore les féministes, notamment les premières femmes médecins. Ainsi la doctoresse Blanche Edwards-Pilliet déclare : « L'époque viendra où la femme sera considérée dans sa période de gestation et d'allaitement comme un véritable fonctionnaire social[5]. »

Enfin, en 1909, la loi Engerand rend obligatoire un repos de quatre semaines à la suite de l'accouchement, avec garantie de l'emploi ; elle ne prévoit aucune indemnité, aussi n'a-t-elle aucun effet. La loi Strauss, votée le 17 juin 1913, impose le même congé de quatre semaines pour toutes les salariées, avec indemnité (le financement étant partagé entre l'État, les départements et les communes). Une prime d'allaitement est prévue. On reste dans une logique d'assistance. L'État prêche l'exemple : une loi du 15 mars 1910 accorde aux institutrices un congé rétribué de deux mois, à prendre moitié avant, moitié après l'accouchement. Le principe est acquis. Ce congé s'allongera peu à peu jusqu'à ce que certaines féministes, à leur tour, y voient une discrimination dangereuse.

Pendant la guerre de 1914-1918, toutes les lois protégeant les femmes au travail sont suspendues en raison des besoins de la défense nationale : quand les hommes partent au front, il faut les remplacer dans les usines d'armement. Le docteur Pinard, accoucheur à la maternité Baudelocque, grand apôtre de la médicalisation de la naissance, adresse en 1916 à l'Académie de médecine de Paris un rapport pessimiste dénonçant l'usine comme « tueuse d'enfants », dramatisant les risques de prématurité, de mortinatalité et de mortalité infantile. Les pouvoirs publics font quelques efforts pour permettre aux « munitionnettes » de concilier leurs « deux devoirs » : durant l'année 1917, circulaires et décrets incitent les patrons à distribuer des primes de naissance et d'allaitement, à donner des postes de travail moins pénibles aux femmes enceintes, à leur accorder huit semaines de repos avec maintien au moins partiel du salaire. Le périodique féministe *La Française d'aujourd'hui* ironise : « On compte sur l'ouvrière pour enfanter des milliers d'obus et tourner des douzaines d'enfants. »

Toutes ces mesures ont valeur de symbole en ce qu'elles marquent l'engagement de l'État, qui se substitue au père défaillant.

La naissance, les naissances deviennent définitivement affaire publique.

Protection sanitaire et politique familiale

Après la Première Guerre mondiale – quatre années d'hécatombe –, le péril démographique est aggravé. En 1919 et 1929, puis de 1935 à 1939, le nombre des décès excède celui des naissances. « Faire naître » devient une obsession, tous les responsables politiques, de gauche comme de droite, se convertissent au natalisme. En 1920, un Conseil supérieur de la natalité (CSN) est créé au sein du ministère de l'Hygiène, de l'Assistance et de la Prévoyance sociale, pour « rechercher toutes les mesures susceptibles de combattre la dépopulation, d'accroître la natalité, de développer la puériculture et de protéger et honorer les familles nombreuses ». Le CSN a préconisé des mesures symboliques, comme la création de la médaille de la famille française (1920) et l'institution de la fête des mères (1926).

La « Chambre bleu horizon » vote d'abord des lois brutalement répressives visant à empêcher les pratiques contraceptives et abordives (1920 et 1923). Mais deux autres politiques sont bientôt mises en œuvre : la protection sanitaire combat la mortalité maternelle et infantile, et la politique familiale veut stimuler la natalité. L'une et l'autre mobilisent le corps médical.

Au début des années 1920, ce ne sont que congrès, colloques, conférences, enquêtes sur les nourrices, les crèches, les pouponnières, créations de dispensaires, de consultations de nourrissons, d'écoles de puériculture, formation accélérée d'infirmières visiteuses[6]. Chaque département doit se pourvoir d'un Office public d'hygiène sociale, et d'une Maison maternelle accueillant les mères démunies. Des initiatives privées ont souvent précédé l'action publique[7].

Pendant ce temps, le Parlement délibère sur les assurances sociales. Après neuf ans de débats, deux lois sont enfin promulguées (5 avril 1928, 30 avril 1930) : elles organisent, entre autres, l'assurance maternité qui devient obligatoire, au bénéfice des femmes salariées et des épouses de salariés. Les frais de couches sont remboursés, ainsi que les soins éventuels pendant la grossesse et six mois après l'accouchement ; les salariées perçoivent en outre, pendant douze semaines (six avant l'accouchement, six après), une indemnité journalière. Les femmes non salariées peuvent souscrire une assurance spéciale, sans l'autorisation de leur mari… Ces dispositions marquent fortement une nouvelle orientation : elles rompent avec le principe d'assistance et placent la protection de la naissance dans le domaine de l'assurance, c'est-à-dire de la solidarité. Elles encouragent et facilitent la médicalisation de l'accouchement : c'était leur but.

La création des allocations familiales suit sans retard. Ici le travail des législateurs a été préparé par les catholiques sociaux, grands défenseurs de la famille ; les premières initiatives viennent d'ailleurs d'industriels catholiques. La loi du 11 mars 1932 est importante en ce qu'elle institue pour la première fois une politique nationale de la famille : elle fait de l'allocation un *droit* des travailleurs. La conversion de l'État se confirme en 1939, par l'ensemble de décrets-lois qu'on appelle le Code de la famille, effort sans précédent : la politique familiale se déclare et s'impose. Le gouvernement de Vichy la met en œuvre. Mais surtout, après la Libération, la IVe République assure le succès de cette grandiose entreprise de solidarité qu'est la Sécurité sociale. Les ordonnances de 1945-1946 étendent à tous les salariés les mesures prévues par le Code de la famille : le congé de maternité est porté à douze semaines, quatre avant l'accouchement, huit après, les prestations familiales sont substantielles et modulées[8].

Le législateur sait ce qu'il veut : des couples conjugaux légitimes et stables, qui engendrent sans retard trois ou quatre enfants, avec une mère au foyer pour les élever et un père « chef de famille », seul pourvoyeur de ressources. Les prestations liées à la naissance ne sont versées que sous la condition d'un contrôle médical régulier : déclaration obligatoire de la grossesse, trois examens au moins pendant la gestation, ensuite examens du bébé échelonnés durant la première année de sa vie. La Protection maternelle et infantile (PMI) instituée en novembre 1945 doit aider les plus pauvres à bénéficier de ces dispositions ; elle est présentée comme une « mesure de salut public » en un temps où le taux de mortalité infantile (110 pour 1 000 en 1945) fait honte à la France. De véritables apôtres, qui se nomment eux-mêmes « puériculteurs » (plusieurs sont disciples de Pinard), mettent en place le nouveau système avec passion : Robert Debré, Henri Rouèche, Émile Lesné ; ils ont l'appui d'Alfred Sauvy, démographe militant, et de Pierre Laroque, grand organisateur de la Sécurité sociale.

L'État-Providence est né : il transfère des sommes considérables au profit de la famille, pour favoriser les naissances, prévenir les maladies, et soigner les malades. Quelques féministes regrettent que l'enfantement soit assimilé à un risque, à un accident. Mais presque toutes applaudissent une législation qui satisfait leurs anciennes revendications.

600 000 naissances à la fin des années 1930, 850 000 au début des années 1950 : succès total, éblouissant, inespéré. Et dans le même temps, les Trente Glorieuses apportent une croissance économique sans précédent. Les ressources de la Sécurité sociale paraissent inépuisables.

Pourtant, l'euphorie ne dure pas bien longtemps. Le baby-boom s'essouffle dès le milieu des années 1950, et prend fin vers le milieu des années 1960. Pendant les années 1970 (apogée de toutes les contestations), c'est l'effondrement : le taux de natalité tombe plus bas qu'à la fin des années 1930. En outre, une crise économique s'installe. Du coup, la politique familiale s'efface devant la politique sociale : les allocations familiales déclinent, l'État tente de pallier la « nouvelle pauvreté » en inventant des prestations versées sous condition de ressources aux ménages les plus démunis. La Caisse nationale d'assurance maladie (qui gère l'assurance maternité) connaît un déficit qui s'accroît d'une année à l'autre. Le natalisme officiel prend du plomb dans l'aile.

Il n'empêche. Des années 1920 aux années 1970, stimulée par l'État-Providence, la médicalisation de la naissance a connu une expansion galopante que plus rien ne pourra arrêter.

LE TRIOMPHE DES MÉDECINS

Tarnier et ses jeunes disciples ont été les premiers artisans du progrès : l'efficacité miraculeuse de l'hygiène pasteurienne leur a rendu confiance au moment même où les maternités hospitalières étaient le plus menacées. Mais, dans un premier temps, ils ont vu leur carrière barrée par la susceptibilité des chirurgiens. En effet, les hôpitaux recrutent leurs spécialistes grâce à deux concours : médecine et chirurgie ; l'obstétrique n'est pas reconnue comme spécialité et les chirurgiens prétendent la garder sous leur coupe.

Des spécialistes ambitieux

Les obstétriciens font tout pour assurer leur indépendance. Les plus ambitieux, Pierre Budin (1846-1907) et Adolphe Pinard

(1844-1934), recherchent des alliances politiques, notamment celle de l'imposant docteur Bourneville, médecin radical et franc-maçon, qui pèse de tout son poids en vue d'obtenir – disposition essentielle – la création d'un concours spécial pour le recrutement des accoucheurs des hôpitaux. Le premier concours a lieu en mai 1882 et les disciples de Tarnier s'y distinguent. Dès 1889, une seconde chaire de clinique obstétricale est créée pour Pinard à la clinique Baudelocque (ouverte en 1886). Budin succédera à Tarnier en 1898.

Une conséquence de l'avancée des accoucheurs et de la multiplication des cliniques hospitalières, c'est le reflux des sages-femmes agréées : leur recrutement cesse en 1917. Celles qui exercent en libéral sont, elles aussi, menacées, à des rythmes différents selon les régions. Le facteur économique est resté longtemps déterminant, car l'accoucheur coûte trois ou quatre fois plus cher que la sage-femme ; néanmoins, pour cette dernière, la pratique libérale cesse bientôt d'être rentable. Un nombre croissant de sages-femmes entrent alors comme salariées dans les hôpitaux et les cliniques privées : elles s'y trouvent en position subalterne, aux ordres des médecins, non plus à la disposition des parturientes. Une forme traditionnelle de solidarité féminine se désorganise.

Pour les accoucheurs cependant, le champ n'est pas encore vraiment libre : ils se voient cantonnés par des chirurgiens jaloux dans « le cercle infiniment restreint de l'utérus et de ses annexes », c'est-à-dire à l'accouchement pur et simple, sans autres soins gynécologiques. Aussi s'efforcent-ils de franchir autrement ces barrières en investissant des domaines encore délaissés et peu cotés sur le plan scientifique, notamment la prévention. Ils y sont d'ailleurs conduits par la nature même de leur activité qui, à la différence de la plupart des activités médicales, ne consiste pas à guérir des malades mais à leur éviter des dégâts. Budin se consacre de plus en plus aux nouveau-nés pour « combler le fossé qui séparait l'accoucheur du pédiatre ». Avec Paul Strauss (qui deviendra ministre de la Santé), il fonde la Ligue contre la mortalité infantile, et « invente » la consultation de nourrissons : la première à Paris est ouverte en 1892. En même temps, il pousse ses élèves vers l'« obstétrique prophylactique », autre nom de la gynécologie. Mais Pinard étend encore plus largement son espace.

Adolphe Pinard est assurément le plus illustre des disciples de Stéphane Tarnier. Enfant des Lumières, inventif, ambitieux il a été un véritable modèle professionnel pour les accoucheurs du XXe siècle. D'origine populaire et paysanne, il est humain par son dévouement à la cause de l'accouchement et par son réel souci de justice et de progrès social[9].

On lui doit le concept très novateur de « puériculture intra-utérine » qui attire l'attention sur la précocité des liens entre la mère et l'enfant à naître : il le présente en 1895 dans une communication à l'Académie de médecine. Un peu plus tard, il définit la puériculture comme « une science nouvelle ayant pour but la recherche, l'étude et l'application de toutes les connaissances relatives à la multiplication, à la conservation et à l'amélioration de l'espèce humaine : la science de la reproduction, à la fois comme science fondamentale et science appliquée ».

Dès lors, son travail prend l'allure d'un incessant va-et-vient entre la connaissance scientifique et l'action sociale. Il ne s'agit plus seulement de permettre aux femmes de bien accoucher, mais également aux nouveau-nés de bien vivre. À cette fin, il est nécessaire, dans la pratique clinique des sages-femmes et des médecins, d'associer l'attention à la santé de la future mère à celle de son enfant. Aux yeux de ce dynamique accoucheur, positiviste mais également nataliste comme la majorité de ses confrères, « il vaut mieux pour la femme, dans un intérêt national bien compris, fabriquer des enfants que des fibromes[10] *». Il juge l'activité ouvrière* *des femmes incompatible avec l'état de puerpéralité : la chétivité d'un enfant à la naissance est consécutive aux mauvaises conditions de vie de sa mère. Le lait de la mère appartient au nouveau-né et lui est indispensable. Pinard justifie la surveillance médicale de la grossesse et sa déclaration obligatoire par le souci de la protéger. On lui doit également quelques créations institutionnelles importantes : une Maison maternelle, des maternités rurales et le prestigieux Institut de puériculture de Paris.*

L'hygiène pasteurienne a rendu l'opération césarienne sur la femme beaucoup moins dangereuse que par le passé. Pourtant Pinard la redoute encore, et lui préfère la symphyséotomie[11]. Il définit avec une grande précision les conditions de « l'épreuve du travail[12] », et s'oppose au déclenchement de l'accouchement avant terme. Il décrit le palper abdominal ainsi que différentes techniques d'un réel intérêt. Il proscrit le forceps au-dessus du détroit supérieur, ainsi que l'embryotomie sur l'enfant vivant. Il a incontestablement rompu avec des pratiques obscures et sans fondement rationnel qui ont subsisté jusqu'à la fin du XIXe siècle. Ses aphorismes traduisent à la fois son autorité et ses convictions.

C'est un homme, et à ce titre il n'échappe pas aux préjugés ni aux pratiques patriarcales. Il veut, et il en fait un devoir proclamé, participer à la « régénération de l'espèce[13] », stimuler la natalité et donner de beaux enfants à la patrie. C'est un eugéniste qui participe à la fondation de la Société française d'eugénique ; il la préside en 1921[14]. Hygiéniste, il s'active également à la Société de prophylaxie sanitaire et morale. Son rationalisme ne le met pas à l'abri des obsessions les plus sombres de son époque. Mais il a jeté les principales bases théoriques de certains projets scientifiques impensables avant lui : le contrôle des naissances et le diagnostic prénatal. Quant à la procréation médicalement assistée, elle va bientôt s'inscrire dans les préoccupations de ses successeurs.

La maternité Baudelocque, à Paris, peut être prise comme exemple des réalisations qui servent ces objectifs[15]. Adolphe Pinard y occupe la chaire obstétricale en 1889 ; il ouvre une école d'accouchement aussitôt très fréquentée, une consultation pour femmes enceintes, puis un service opératoire. Son gendre Alexandre Couvelaire lui succède en 1914. Après la guerre, en 1922, commencent les travaux de construction qui vont permettre de diversifier les espaces.

Reste centrale, bien entendu, la maison d'accouchement, qui est aussi un lieu de recherche scientifique et d'enseignement. Mais son originalité, c'est de fonctionner également comme autorité directrice en matière de protection et de prévention, grâce à tout un éventail de consultations. Les consultations prénatales ne concernent pas seulement la grossesse proprement dite : elles permettent de dépister des maladies comme la tuberculose et la syphilis, si dangereuses pour la progéniture. Les consultations postnatales concernent les mères et les nourrissons : pour éviter les risques de contagion, la salle d'attente est faite de petits boxes individuels ; les examens sont très minutieux. Il y a aussi une consultation de gynécologie pour déceler et prévenir une stérilité éventuelle. Il y aura même à partir de 1930 une consultation prénuptiale, à finalité eugéniste. L'action sociale prolonge l'action médicale : une Société d'assistance maternelle et infantile créée en 1922 emploie plusieurs assistantes et infirmières qui veillent sur les femmes démunies, les femmes seules en particulier. En effet, Pinard et Couvelaire comprennent et enseignent l'influence des facteurs sociaux sur la santé de la mère et de l'enfant : la solitude, notamment, constitue à leurs yeux un grave danger. En 1936, la clinique se dotera d'un centre de donneuses de lait[16]. Toutes les consultations se veulent éducatives : il s'agit, autant que possible, d'éduquer les mères, de leur transmettre les notions d'hygiène pasteurienne. Les méthodes sont volontiers autoritaires, seuls les soignants *savent*, les femmes sont censées ne rien savoir. Aux femmes enceintes, Pinard et Couvelaire déconseillent formellement de travailler, et même d'accepter des rapports sexuels. Les manuels de puériculture publiés alors témoignent eux aussi de cette assurance hautaine[17].

La maternité Baudelocque est, à partir des années 1930, promue au rang de modèle idéal. Modèle en partie idéalisé : ses consultations sont loin d'être aussi fréquentées que le voudraient les fondateurs. Modèle souvent dédaigné : si dans les grandes villes les accoucheurs essaient de s'y conformer, par contre dans les zones rurales, et même dans les petites villes, ils ne s'en soucient guère. Moyennant quoi la grande majorité des Françaises accouchent toujours comme au XIXe siècle. C'est surtout grâce aux assurances sociales, puis, après 1945, grâce à la Sécurité sociale, que s'opérera la grande mutation du XXe siècle.

Entre les deux guerres, l'eugénisme a, lui aussi, conquis les médecins. Certes le désir de ne voir naître que de beaux enfants est aussi vieux que l'humanité. Ce qui change au XXe siècle, c'est l'idée qu'on se fait des modes d'intervention.

Le grand déménagement

En moins d'un demi-siècle, des années 1920 aux années 1970, les Françaises ont pris l'habitude d'accoucher hors de chez elles, le foyer familial a cessé d'être le lieu où les bébés viennent au monde[18]. Déjà, entre les deux guerres, le pourcentage d'accouchements en maternité est, à Paris, multiplié par deux ; et parmi les femmes qui viennent en clinique, la proportion des pauvresses et des filles mères se réduit au profit d'autres catégories : domestiques, ouvrières, petites commerçantes, vendeuses, employées. Après la Libération, le phénomène s'accélère : les cliniques accueillent 532 pour mille des parturientes en 1952, 855 pour mille en 1962, 965 pour mille en 1974.

Il y a là une prodigieuse transformation des mœurs et des représentations. Les conséquences positives sont indéniables : sécurité, égalité des soins pour toutes les femmes qui accouchent et tous les enfants qui naissent, recul des mortalités. Le taux de mortalité maternelle (couches et suite de couches) a régressé de plus en plus vite : pour 100 000 naissances vivantes ce taux est de 81 en 1951, 54,7 en 1959, 31,9 en 1957.

Les morts maternelles associent l'ensemble des morts survenant au cours de toute la grossesse et qui lui sont liées, ainsi que celles survenant à l'accouchement et durant les quarante-deux jours suivants (durée théorique de ce qu'il est convenu d'appeler les suites de couches). Ainsi, la mortalité maternelle est consécutive aux avortement volontaires ou involontaires, aux grossesses extra-utérines, à certaines complications de la grossesse survenant avant l'accouchement ou à l'aggravation de pathologies antérieures non liées à la grossesse, comme le diabète, ainsi qu'à l'accouchement lui-même, aux hémorragies de la délivrance, aux complications chirurgicales de la césarienne, ou autres extractions artificielles, aux accidents infectieux et thrombo-emboliques.

On a beaucoup utilisé cet indicateur pour critiquer le dispositif obstétrical français et tout particulièrement l'existence de petites structures, justifiant ainsi les concentrations des moyens humains et techniques[19]*. Il s'agit là d'un mauvais procès, la comparaison des chiffres européens est difficile, voire impossible, ce qui est aujourd'hui reconnu. En effet la mortalité maternelle est un marqueur dont la saisie est complexe et nécessite des outils épidémiologiques dont ne disposent pas certains pays. Actuellement, dans l'ensemble des pays occidentaux, la mortalité maternelle est* *considérée comme stable depuis environ vingt ans (1982). Son taux est d'environ 10 morts pour 100 000 naissances. Cette stagnation justifie un double commentaire : les modifications structurelles proposées ou imposées dans les différents pays occidentaux n'ont vraisemblablement eu aucune incidence, et par ailleurs le vieillissement de la population obstétricale moyenne joue sans doute un rôle important dans ce constat, comme tendent à le montrer certains travaux récents*[20].

Quant à la mortalité infantile (de la naissance à la fin de la première année), elle tombe de 110 pour 1 000 en 1945, à 50 pour 1 000 en 1950, à 27 pour 1 000 en 1960, et 18,2 pour 1 000 en 1970.

Ces chiffres triomphants appellent quelques commentaires. D'abord, les progrès se manifestent pendant les Trente Glorieuses, au moment où les conditions de vie s'améliorent. Si une grave crise économique avait sévi, si les gens avaient souffert de la faim, du froid, du stress, le taux de mortalité n'aurait pas autant diminué. En même temps, les femmes s'efforcent déjà de programmer les naissances : elles attendent pour « commander un bébé » d'être en bonne santé, physique et morale : le bébé en profite. On l'oublie trop : la contraception a été un facteur essentiel du recul des mortalités. Les médecins ne gagnent en fait que sur des marges : il faut estimer, non pas surestimer, la portée de leurs interventions. Soulignons aussi que la mortalité est restée plus élevée en France qu'aux Pays-Bas (jusqu'à la fin des années 1980). Or, aux Pays-Bas, l'accouchement à domicile a toujours été encouragé : en 1980, encore 35 % des parturientes accouchaient chez elles. Les autres passaient rarement plus de vingt-quatre heures en clinique. Les Néerlandais n'ont jamais consenti à traiter la grossesse et l'accouchement comme des maladies ; ils ont voulu conserver à la naissance son caractère d'événement intime, familial, naturel. La femme enceinte était, est encore le plus souvent suivie par une sage-femme. La médicalisation à la française n'était donc pas une fatalité.

Au cours de l'année 2000, le taux d'accouchement à domicile est toujours de 35 % aux Pays-Bas. La caractéristique essentielle de ce pays, et c'est une donnée nécessaire à la compréhension de la situation actuelle, est que la sage-femme est considérée comme la professionnelle en première ligne du suivi de la grossesse et de l'accouchement. Étant entendu par ailleurs qu'une de ses obligations consiste à rechercher les éléments de prédictivité d'une pathologie et dans ce cas d'en confier le soin à un médecin. Le modèle obstétrical français n'est donc ni le seul, ni sans doute le meilleur.

La fatalité ne peut être un facteur de progrès : progrès et fatalité sont antinomiques. La « phobie des microbes » est à ce titre caractéristique du retournement d'un « progrès » en son contraire. Ainsi la folie maternelle de Clémentine dans L'Arrache-Cœur *de Boris Vian*[21] *: « Il faudrait une pièce bâtie d'acier, une pièce invulnérable, un abri parfait, il faudrait les garder dans un coffre-fort puissant, comme on garde les bijoux de grand prix, il leur faut des écrins de force illimitée, indestructibles et durs comme des os du temps, il faut qu'on leur construise ici même dès demain. Elle regarda les trois enfants. Insoucieux de leur âge, ils jouaient, pacifiques et détendus. »*

Aldous Huxley résume cette attitude en un slogan : « La civilisation, c'est la stérilisation. »

Alors qu'une des principales conclusions du rapport de Malgaigne et Le Fort à la fin du XIXe *siècle – justement comprise par Stéphane Tarnier qui recommande la construction de petits pavillons – est que la concentration hospitalière constitue l'un des facteurs essentiels des contaminations bactériennes, les récents et successifs plans de périnatalité préconisent le regroupement et la fermeture des petites unités.*

Quant à l'égalité des patientes, on pourrait dire qu'au temps du baby-boom, elle s'est faite par le bas. De nombreuses cliniques privées s'ouvrent pour recueillir la manne de la Sécurité sociale : les clientes peuvent espérer y trouver, au prix fort, des égards et des soins personnalisés. C'est rarement le cas, car le baby-boom impose un énorme surcroît de travail dans tous les lieux d'accouchement : le renouvellement incessant des parturientes, jour et nuit, surmène les soignants et banalise la naissance.

Du coup, le grand déménagement a des effets souvent déplorables. Une femme qui accouche chez elle est entourée de l'affection et de la sollicitude de ses proches, le nouveau-né est accueilli comme un être merveilleux. Si un accoucheur vient à domicile, il est au service d'une famille et participe à sa joie. Alors que celle qui entre en clinique se place entre les mains des médecins, à leurs ordres, pour ne pas dire à leur merci. Dans les maternités hospitalières, les rites pasteuriens restent de règle presque partout jusqu'au milieu des années 1960. Inspirés par la phobie des microbes, ils transforment la naissance en ascèse rigoureuse, ils exaltent les disciplines d'hygiène plutôt que la joie d'enfanter. Il n'est pas d'usage de tenir compte des désirs ou des pudeurs de la parturiente : elle est déshabillée, lavée, subit le rasage du pubis et un lavement ; elle se voit imposer le linge de corps de l'hôpital, comme les anciennes pauvresses ; elle accouche immobilisée à plat dos sur une table haute, étroite, dure, les pieds engagés dans des étriers, jambes en l'air et écartées.

Après la naissance, le plus souvent le bébé est éloigné, soigné par des puéricultrices ; si la mère allaite, on le lui apporte toutes les trois heures pour une tétée d'un quart d'heure, à donner assise, non pas étendue (le personnel semble redouter encore que la femme étouffe son petit). Les familles sont des intruses, le droit de visite est strictement limité, même pour le père. Cette vie est imposée à la jeune mère et à son poupon pendant dix à quinze jours. Aucune n'ose se plaindre. « Tu enfanteras dans la douleur » : l'antique malédiction semble légitimer la brutalité éventuelle des soignants. Certains en effet perdent tout respect, toute mesure. Tel médecin entre dans la salle commune pour sa visite matinale, en ordonnant paternellement : « Les papattes en l'air ! » Les jeunes femmes se mettent en position gynécologique sans protester. Tel autre voudrait qu'on lui présente ses patientes sur un plateau tournant... Les sages-femmes adoptent ces façons grossières : elles ont oublié qu'elles sont des femmes. À une parturiente qui se plaint, une sage-femme répond : « Vous vous êtes bien amusée quand vous l'avez fait ! Il est entré, il faut qu'il sorte ! » Une autre : « Qu'elle se grouille celle-là, ou on va lui faire un forceps ! »

Dans cette ambiance, une pratique progresse : l'épisiotomie. C'est à Dublin, au milieu du XVIIIe siècle, que sa pratique est décrite et recommandée. Cette époque inaugure l'entrée des médecins dans la chambre de l'accouchée. Les objectifs thérapeutiques affichés sont respectables et s'inscrivent dans une conception du progrès médical qui n'est guère contestable : faire disparaître les déchirures périnéales compliquées, dramatiques pour la vie d'une jeune femme, réduire le taux de prolapsus, d'incontinence urinaire d'effort et enfin permettre l'expulsion ou l'extraction plus rapide d'un enfant en danger.

Mais ensuite les perspectives changent. Sur la demande de femmes américaines (États-Unis et Canada), qui subissent de façon systématique cette pratique au début des années 1960, de grandes enquêtes menées tout particulièrement par des épidé-

miologistes d'Oxford initient une réflexion critique et une remise en cause, aujourd'hui officiellement admises par la plupart des écoles d'obstétrique[22]. Les conclusions de ces travaux sont sans appel : dans la grande majorité des cas, l'épisiotomie est inutile et, dans un nombre non négligeable, elle est nocive parce qu'elle aggrave le risque de déchirure périnéale. Aussi paradoxal que cela puisse paraître. Une enquête américaine récente vient encore de le confirmer s'il en était besoin[23].

Dès le temps du baby-boom, certains médecins sensibles sont offusqués. Bernard This dénonce « le martyre de la parturiente… elle attend son tour comme à l'abattoir de Chicago ! ». Paul-Claude Racamier dit à propos des « milieux d'accouchement » : « On ne sait pas à quel point ils peuvent être saturés d'un monstrueux sadisme. » Il est l'un des premiers en France à s'intéresser aux dépressions post partum : les « brutalités institutionnelles » lui paraissent être un des facteurs, non le moindre, de la dépression.

Dans les cliniques privées, même les plus coûteuses, l'ambiance n'est pas tellement meilleure. Annie Leclerc observe, consternée : « L'accouchement pratiqué en série est ramené à la dimension d'une extraction dentaire. » Humiliation extrême : « les jambes écartées, le sexe chauve, à l'air et dilaté », la piqûre de glucose pour accélérer les contractions… toute pudeur bafouée sans scrupule. Elle voit là l'expression du mépris masculin pour la femme. La romancière Hortense Dufour a mis au monde son premier enfant dans une clinique chic de la banlieue sud-ouest de Paris. Elle dénonce l'accueil froid et revêche, la « muflerie » du monde médical. La sage-femme elle-même, « robot ganté de caoutchouc », perd toute identité, toute humanité. « Bellevue restera toujours pour moi la poubelle de mes désirs[24]. »

Ces cliniques inhospitalières séviront jusqu'à la fin du baby-boom, déserts affectifs, fatalement iatrogènes…

DE VÉRITABLES PROGRÈS MÉDICAUX

Les médicaments miracles

Ceux qui ont vécu la Libération et ses lendemains se rappellent le prestige des médicaments nouveaux apportés par les Américains (ou dont la fabrication a suivi leur arrivée) : la pénicilline, les sulfamides, plus tard les antibiotiques, paraissaient alors doués de toutes les vertus. Ils ont accru considérablement l'assurance et l'autorité du corps médical.

On peut dire que l'opération césarienne, entre autres, leur doit une progression de plus en plus rapide.

La dangerosité de la césarienne est d'abord liée à la septicité élevée du liquide amniotique après rupture des membranes et au travail prolongé. Une telle invasion microbienne aboutit alors, très vite, à la généralisation des phénomènes infectieux responsables dans la majorité des cas de la mort de l'opérée, en l'absence de traitements antimicrobiens efficaces.

Autre difficulté : il a fallu de nombreuses tentatives de différents types d'incisions utérines et surtout de sutures correctes pour obtenir l'hémostase de cet organe particulièrement hémorragique. D'ailleurs Eduardo Porro (1842-1902) à Pavie suggère en 1876 de pratiquer, en raison des difficultés de la suture utérine et de l'absence de contrôle de l'hémorragie de cet organe, l'hystérectomie au cours de l'intervention. L'école de Cologne propose dès 1906 un type d'incision nouveau, sous-péritonéale (segmentaire) qui ne va s'imposer qu'à la fin de la première moitié du XXe siècle.

Cependant, quelles que soient les techniques utilisées, ce sont incontestablement les mesures d'antisepsie et d'asepsie chirurgicale qui, à la fin du XIXe siècle, réduisent la mortalité de cette intervention.

Enfin, les sulfamides, puis l'antibiothérapie font définitivement de la césarienne la seule technique obstétricale pouvant répondre efficacement et sans danger au défi de la disproportion fœto-maternelle. Extraire un enfant qui ne pouvait franchir l'obstacle pelvien constitue donc une réponse thérapeutique essentielle, salvatrice et qui peut très légitimement être considérée comme un véritable progrès.

Au-delà de cette première indication fondamentale sur le plan de l'histoire et de l'évolution de la culture médicale, d'autres et nombreuses circonstances obstétricales vont progressivement justifier la césarienne. Au point qu'elle apparaîtra comme la solution d'avenir à tout accouchement. Elle supplante le forceps. Fernand Leroy, dans son Histoire de l'accouchement, termine son chapitre sur la césarienne par ce constat : « Aucun acte médical n'interfère de façon aussi délibérée dans le processus naturel. » Ce qui en soi n'est pas scandaleux. Ce qui l'est, par contre, c'est l'invraisemblable légèreté avec laquelle de telles décisions semblent parfois prises au regard du rôle fondateur de la mise au monde d'un enfant.

Accoucher sans douleur !

À la fin du XIXe siècle, les problèmes de mécanique obstétricale sont sur le point d'être réglés. Si l'infection puerpérale menace toujours, elle est en grande partie maîtrisée. Par contre, *la forte douleur des couches n'a pratiquement pas reculé. Sur ce sujet, femmes et professionnels considèrent sans doute qu'elle est sinon nécessaire du moins inévitable. Qu'elle soit rédemptrice ou non, il n'est guère raisonnable de prétendre la modifier. Qu'importe, en définitive, aux yeux de l'accoucheur. N'est-il pas essentiel d'avoir un beau bébé et de sortir indemne de cette redoutable épreuve ? Et le cri de la femme qui accouche est bien l'expression de sa fureur et de son triomphe face à son destin*[25]*. Émile Zola, l'illustrateur naturaliste de cette thèse, l'affirme avec une forte, violente et sombre précision*[26]*.*

En fait, il semble bien que l'ensemble des sociétés humaines aient eu assez largement recours à des sédatifs, euphorisants, antalgiques ou drogues diverses réduisant la vigilance, apaisant le corps et l'esprit, conduisant au sommeil. Dans l'Europe chrétienne, les pratiques des matrones sont évidemment peu connues, mais la défiance de l'Église à leur égard atteste en partie de leur non-conformisme. Les plantes et leurs divers extraits ont été utilisés, et même enseignés à Salerne et Bologne bien avant la Renaissance[27]*. N'est-ce pas au cœur même de la civilisation occidentale, dans le bassin méditerranéen, que sont mises à profit les vertus euphorisantes mais aussi anesthésiantes du vin et de toutes les formes d'alcool obtenues par distillation des fruits et des céréales ? Vins et eaux-de-vie sont même fréquemment administrés aux accouchées*[28]*. Cependant, malgré ces pratiques, la plupart des femmes souffrent et le disent, quelle que soit la bienveillante compassion des matrones puis des sages-femmes. Pour les médecins appelés à leur chevet, la résolution des problèmes posés par la pathologie obstétricale paraît autrement plus importante. Nécessité physique ou morale, les différentes conceptions de la douleur de l'accouchement qu'ils proposent n'ont rien d'original ni de scientifique. D'ailleurs ces douleurs, si grandes soient-elles, ne disparaissent-elles pas après la mise au monde ? Sur ce sujet, il n'y* *a guère de désaccord entre accouchée et professionnel. Alors, est-ce bien un problème ?*

Une telle violence fait cependant scandale et la résignation devient peu acceptable alors qu'apparaissent des produits anesthésiants. Protoxyde d'azote, chloroforme, éther, sont synthétisés et expérimentés au XIX*e siècle en chirurgie, puis rapidement en obstétrique, sans doute en raison de la grande proximité de ces disciplines médicales. Mais l'influence néfaste des anesthésiants sur la contraction utérine, ainsi que sur la santé de la mère et de l'enfant, est redoutée. Ainsi, James Simpson (1811-1870), initiateur de la méthode en Grande-Bretagne en 1846, doit-il faire face à une très forte opposition. Son autorité professionnelle et morale et son véritable dévouement vont finir par vaincre ces résistances. En 1853, la reine Victoria exige l'anesthésie pour la naissance de son huitième enfant, ce qui va aussi puissamment aider cette pratique*[29]*. De multiples instruments destinés à l'administration de ces produits fleurissent alors en Europe. La France les adopte peu. Beaucoup d'obstétriciens les rejettent en raison de la dangerosité qu'ils leur prêtent. Néanmoins une nouvelle étape vient d'être franchie, la fatalité des souffrances de l'accouchement est ébranlée. Du moins pour certains. En effet surgit à nouveau le vieux débat sur la pusillanimité des femmes et son aggravation causée par le luxe et le confort. Les médecins ne sont pas les derniers à s'inquiéter de la « dégénérescence » des sociétés occidentales. Thème obsessionnel dans une partie des milieux scientifiques hantés par l'amélioration de l'espèce, quand ça n'est pas principalement de la race blanche. Arthur de Gobineau est assez justement considéré comme le porte-parole de ce courant idéologique*[30]*. Alors que les femmes des « sociétés primitives » mettent leurs petits au monde courageusement, quand ce n'est pas dans la joie, les épouses de l'homme occidental crient et pleurent. D'ailleurs n'en sommes-nous pas arrivés tout simplement à refuser* *la maternité à travers les courants néomalthusiens et autres mouvements à prétentions émancipatrices ?*

Dans son ensemble, le nord de l'Europe, protestant, réformateur et comportementaliste, va plutôt s'inscrire dans une vision hygiéniste et médicalisée de l'accouchement, sans trop s'inquiéter de démographie ni de morale. À l'opposé, la partie sud du continent, catholique et volontiers dogmatique, est plutôt hostile à cette conception. Rien n'est si tranché bien sûr : la France n'est-elle pas un haut lieu de la confrontation de ces courants ? Certains rationalistes natalistes sont en effet hostiles à l'indolorisation de l'accouchement, rejoignant à ce sujet les courants chrétiens populationnistes.

Surgit alors un concept nouveau, tout d'abord britannique et chrétien, puis rationaliste et français. Au fond, la souffrance serait principalement d'origine culturelle, liée à un conditionnement dont il serait possible de s'affranchir. Grantly Dick-Read (1890-1959)[31] *n'est ni freudien ni féministe, mais il n'est pas non plus convaincu que le respect dû à la naissance et aux femmes passe nécessairement par l'anesthésie, c'est-à-dire par l'annihilation de la conscience. Fernand Lamaze (1891-1957)*[32]*, et cette fois dans le contexte libérateur de la fin de la Deuxième Guerre mondiale, va s'emparer efficacement de ce point de vue. Ou plus précisément, il va lui apporter sa caution scientifique et l'inscrire dans le mouvement d'émancipation qu'est censé apporter à l'époque le courant politique auquel il est lié. C'est en effet d'Union soviétique que lui vient « la lumière » et ce sont ses amis résistants, communistes et syndicalistes, qui donneront vie à ses projets. Désormais, éclairées par les acquis scientifiques, concernant tant le conditionnement culturel que les mécanismes physiologiques propres à l'accouchement, les femmes deviennent aptes à maîtriser leur corps ou, mieux encore, attentives à son bon fonctionnement, puisque libérées de terreurs ancestrales. Ainsi, sans le recours à* des drogues anesthésiantes, médicalement dangereuses et humainement aliénantes, les femmes, fortes de cette capacité à donner consciemment la vie, vont enfanter « sans douleur ». C'est bien le volontarisme révolutionnaire qui est ici à l'œuvre, exaltant et prométhéen. Il exerce une double fascination et ses prémisses en assurent le succès immédiat. Conquête des femmes, recul de la soumission et de la souffrance, de tels bonds apparaissent si novateurs et prodigieux qu'aucun philosophe ni religieux ne peut échapper aux interrogations qu'ils suscitent. Quant aux professionnels de la naissance, c'est à un bouleversement qu'ils assistent et auquel ils ne peuvent, bon gré mal gré, que s'adapter. D'autant que la psychoprophylaxie obstétricale, appellation savante utilisée par les médecins, s'inscrit dans le mouvement plus général de maîtrise de la procréation.

Au-delà des aspects politiques et culturels de ce passionnant combat, une véritable réflexion sur la douleur s'initie au cœur même de l'équipe promotrice de la méthode[33]. Très vite les limites de cette préparation à la naissance vont apparaître. Liée au mouvement social et à la période historique qui l'ont portée, cette pratique en connaît les reflux. Ne s'agirait-il pas d'un autre conditionnement, sinon plus redoutable, pour le moins tout aussi mystificateur[34] ?

Cinquante ans après cette courte mais assez stupéfiante aventure, on est encore impressionné par la qualité de nombreux témoignages, par leur modeste sérénité, à cent lieues de l'exaltation politico-religieuse censée l'expliquer[35]. Mais à l'inverse on ne peut manquer de s'interroger sur la fugacité d'une expérience désormais inconnue ou étrangère à la quasi-totalité des jeunes accouchées. L'appellation même d'« accouchement sans douleur » n'a-t-elle pas généré la suspicion, et son substitut scientifique la psychoprophylaxie obstétricale d'autres méfiances ?

Très vite cependant, et dans un même mouvement, Frédérick Leboyer[36] et Michel Odent[37] vont proposer d'enrichir la méthode, ou plutôt de transformer les conditions de la naissance et de l'accueil du nouveau-né, défiant souvent les prétentions scientistes de la systématisation de la médicalisation de l'accouchement. L'accord semble alors général parmi les professionnels. Le respect dû au nouveau-né, à la femme qui l'a mis au monde et à l'homme qui l'a conjointement accueilli, à leur intimité, à leur histoire, est devenu une indiscutable exigence. Mais si les déclarations d'intention sont généreuses, la puissante et niveleuse machine à produire de frais et beaux bébés avance avec la bonne conscience labellisée qu'imposent les « inexorables progrès technologiques ».

En l'occurrence, l'anesthésie loco-régionale va enfin permettre de résoudre ce qui paraissait jusque-là impossible : associer une analgésie efficace au maintien d'une conscience claire. Utilisant l'administration de dérivés de la cocaïne par la voie péridurale, elle apparaît très vite comme moins dangereuse médicalement que la sédation profonde et a fortiori que l'anesthésie générale. Pratiquée dès la fin du XIXe siècle en chirurgie, elle se répand lentement pour n'atteindre l'obstétrique en pratique courante que dans le dernier quart du XXe siècle. Son extension semble alors inéluctable. Cette analgésie de qualité, obtenue par une technique d'excellente tolérance et aux complications sérieuses rares, s'oppose ainsi à l'anesthésie générale jusque-là obligatoire dans la pratique de la césarienne et d'autres techniques obstétricales : forceps, délivrance artificielle et révision utérine… Une telle innocuité médicale va alors participer à la multiplication sans retenue des indications de la césarienne[38] appelée à devenir, si l'on en croit de nombreuses déclarations[39], la méthode d'excellence de mise au monde des nouveau-nés… par les hommes. Enfin, la quasi obligatoire paraplégie transitoire entraînée par cette technique à ses débuts, immobilisant totalement l'accouchée durant des heures, va disparaître par l'utilisation de nouvelles drogues et une meilleure maîtrise de leur administration, y compris par les femmes elles-mêmes !

On approche de la perfection : la parturiente peut marcher, autoréguler l'analgésie, percevoir la descente du bébé dans son pelvis, la sensation précise de la pression sur le périnée et ainsi accompagner son enfant jusqu'à l'orifice vulvaire progressivement dilaté, le saisissant elle-même, avec son compagnon s'il le désire, sans qu'il soit nécessaire qu'un professionnel intervienne, sinon pour l'encourager, l'épisiotomie étant renvoyée au rang des pratiques anciennes. Qui peut se plaindre de tels progrès, en dehors de quelques nostalgiques impénitents ? Nous verrons cela d'un peu plus près. Mais revenons à un nouvel acteur, subrepticement introduit dans les salles de naissance : le père.

Énigmatique paternité

Entrebâillée lors de l'expérience de l'accouchement sans douleur, la porte des salles de naissance, à la fin du XXe siècle, s'ouvre largement au père, longtemps absent, souvent exclu, permettant son intrusion jusque-là insolite sinon interdite.

Devenus maîtres de l'obstétrique et par conséquent des sages-femmes, les médecins se sont acharnés à défendre, après la tragédie de la fièvre puerpérale, le modèle de l'asepsie chirurgicale et hospitalière. On a alors vu l'inhospitalité de ces maternités, où les femmes, isolées, hors de leur lieu de vie quotidien, de leur domicile et de leurs proches, brutalement plongées dans des locaux étranges parmi un personnel inconnu et pas toujours bienveillant, ont fait l'expérience d'une solitude souvent insupportable. Aux menaces des graves pathologies encore peu prévisibles jusqu'à une période avancée du XXIe siècle, s'est ajouté le caractère scandaleux de ces déserts affectifs.

Une telle inhumanité des conditions de la naissance n'est-elle pas à terme dangereuse ? Le petit humain ne peut naître qu'au milieu des siens. Alors que les vieilles communautés rurales disparaissent, ce vide artificiellement créé autour de l'accouchée est inacceptable sur le plan affectif, et il en disqualifie les auteurs, c'est-à-dire les médecins. Il fallait impérativement réinventer, aménager un nouvel accompagnement. Ce fut sans doute cet appel d'air vital qui introduisit le compagnon de l'accouchée lui-même, celui qu'elle désigne comme le père de l'enfant qui vient au monde.

Bouleversement apparemment bien modeste, d'autant que cette arrivée n'est pas triomphante. Le père lui-même, que sait-il de sa paternité ? Cette proclamation, à la fois intime et publique, est si émouvante, cette invitation tellement inattendue et cette place si peu préparée... Et puis cet homme est accueilli à contre-cœur par des professionnels propriétaires des lieux. Présence suspecte, encombrante. Souvent disqualifié, il a tout perdu dans les salles de travail, y compris peut-être son ancestrale paternité. Ni séducteur, ni chef de chantier inventif et autoritaire, il n'est plus que l'humble et maladroit compagnon de cette femme qui l'a si imprudemment convié.

Or n'est-ce pas justement prodigieux que cet homme devienne père par le regard de sa compagne, sa parole, cette présence à deux lors de la mise au monde dc leur petit, et par l'accueil partagé de ce singulier nouveau-né ? Et s'il s'agit bien d'une bouleversante et merveilleuse transformation de l'histoire même du couple humain, d'un de ces instants riches d'humanité, d'où vient-elle ?

Aujourd'hui les femmes ont obtenu, après des luttes multiséculaires, une véritable égalité de droits. Certes la vieille domina-

tion masculine persiste dans bien des coins du monde, y compris le nôtre, dans tous les champs de la vie sociale et politique, mais elle est profondément remise en cause, au cœur même de l'oppression, par le contrôle de la reproduction[40]*. Libres de leur corps et ainsi de leur vie, les femmes choisissent désormais de donner ou non la vie, lorsqu'elles le souhaitent, et plus encore avec l'homme de leur choix, dans un rapport d'égalité, c'est-à-dire de respect réciproque. C'est sans doute ce qui rend possible et souhaitable la présence de ce compagnon près de sa libre compagne, dans cette nouvelle salle de naissance. C'est aussi cette liberté, rudement acquise dans la vie de ce couple comme dans cette naissance, qui transforme les conditions mêmes de l'accueil du nouveau-né.*

« Je me souviens de cela comme d'un instant non seulement suspendu mais pacifié, protégé […] qui signifiait que plus rien de mauvais ne pouvait arriver[41] *»*

RÉACTIONS ET CONSÉQUENCES

Les médecins, les « dirigeants » surtout, les « mandarins », a-t-on dit aussi, ont pu garder longtemps les coudées franches : leurs science, inaccessible aux profanes, leurs techniques sophistiquées imposent à tous les patients une soumission muette pétrie d'admiration et de gratitude. Pourtant, les obstétriciens n'échappent pas à la grande contestation soixante-huitarde : les attaques viennent à la fois de leurs confrères et des féministes.

À propos de l'accouchement, c'est l'ouvrage du docteur Frédérick Leboyer, *Pour une naissance sans violence* (1974), qui met le feu aux poudres de la contestation. Par une sorte d'incantation, l'auteur cherche à traduire la souffrance de l'enfant qui naît. Supplice, calvaire, cris, « massacre d'un innocent ». Alors qu'il faudrait parler d'amour, trouver le langage d'avant les mots, d'avant Babel : les caresses, le contact, le silence, la pénombre... Leboyer ignore la mère, il la nie[42], il s'empare littéralement du nouveau-né. Pourtant, son lyrisme touche les femmes parce que, à partir de données discutables, cet accoucheur poète soulève un sujet crucial, celui de la violence autour de la naissance, violence dont les femmes souffrent tellement.

Le succès de l'accouchement sans violence a prolongé et confirmé un des effets majeurs de l'accouchement sans douleur : les psy de toutes provenances ont trouvé place autour de l'heureux événement, une place qui, depuis, ne cesse de croître. Leurs investigations permettent de connaître de mieux en mieux les relations entre le nouveau-né et tous ceux qui l'attendent et l'accueillent. Les médecins psychiatres n'ont pas été les derniers à réagir. Serge Lebovici a consacré un colloque aux « Violences institutionnelles en néonatalogie ». L'illustre pédiatre Alexandre Minkowski, dans des colloques, dans ses livres, mène la croisade *Pour un nouveau-né sans risque*. Il déplore l'insécurité des petites maternités mal équipées ; il dénonce « ces maternités rigides où les bébés crient, où les mères sont dépressives », parce que dépossédées de leur nouveau-né. Il préconise une meilleure utilisation des sages-femmes. La naissance, dit-il, c'est l'affaire de tous, c'est un critère de civilisation : affaire de science oui, mais aussi affaire de politique, et plus encore affaire de cœur.

Cette émotion a été récupérée par certains accoucheurs : Michel Odent à l'hôpital de Pithiviers, Pierre Boutin à la maternité des Lilas, Pierre Bertrand à l'hôpital de Saint-Cloud. À Pithiviers, on veut retrouver « l'homme écologique », le primitif, l'archaïque ; la femme est invitée à accoucher nue et accroupie, dans la « salle sauvage », après un passage dans la piscine. Aux

Lilas, on recourt à la « végétothérapie » pour permettre une « régression » et pour « briser la cuirasse » qui paralyse le corps des femmes. À Saint-Cloud règne la « sophro-relaxation », etc. Ces idéologies militantes réagissent à la fois contre les rigueurs pasteuriennes et contre la récente invasion des techniques (le *monitoring* entre autres). Certains médecins dénoncent aussi l'arrogance d'une « pensée scientiste » qu'ils comparent à la pensée magique. Ils veulent renouer avec la « nature ».

Il est surprenant que soit entretenue par beaucoup la confusion entre accouchement physiologique et accouchement naturel, y compris aujourd'hui par le courant qui dénonce l'« industrialisation de la naissance ». En effet, le respect de la physiologie n'est pas un retour à la nature. Il est un positionnement culturel fort, de l'ordre du respect de l'histoire de chaque individu, tout particulièrement de l'histoire des femmes, de chaque future mère et futur enfant, s'opposant effectivement à l'arrogance scientiste.

La mode nouvelle séduit les sages-femmes qui trouvent là l'occasion de repenser leur rôle et leur pratique : elles s'efforcent d'accompagner les parturientes avec empathie, de les aider à traverser l'épreuve et à accueillir le petit ; elles reçoivent cordialement les pères et la famille. La mode nouvelle séduit encore plus les femmes en couches parce qu'elle respecte mieux leur liberté. Hortense Dufour, venue à Pithiviers pour un deuxième accouchement, apprécie la gentillesse des soignants qui se plient à ses fantaisies avec une patience inaltérable[43]. Toutes celles qui ont accouché aux Lilas témoignent dans le même sens. En ces lieux, on échappe aux contraintes : la femme retrouve le droit de crier pour libérer son angoisse, le droit de bouger comme elle veut, d'avoir auprès d'elle qui elle veut, le droit de garder son nouveau-né avec elle…

Certaines féministes sonnent la charge. Fini le silence et la soumission des accouchées. Marie-José Jaubert, dans *Les Bateleurs du mal joli* (1979), récapitule les brutalités et les humiliations subies au temps du baby-boom, quand les hôpitaux tenaient les parturientes « dans leurs griffes ». Elle n'est pas la seule : dans tous les colloques on entend désormais des plaintes vives, des reproches amers[44]. C'est alors que sont dénoncés certains abus, vrais ou supposés : des césariennes, des épisiotomies injustifiées, des accouchements provoqués ou précipités, le tout pour la seule commodité des accoucheurs. Pour tenter d'échapper au « pouvoir médical », certaines, certains tentent de remettre en honneur l'accouchement à domicile.

Y a-t-il réellement volonté de promouvoir l'accouchement à domicile dans les pays occidentaux aujourd'hui ? C'est possible, mais ce qui semble le plus clair, c'est la volonté de le défendre comme une alternative acceptable, sur les plans sanitaire et obstétrical. Il ne constitue pas un facteur de risque, ni pour la mère ni pour l'enfant. Il n'existe pas d'interdit réglementaire à ce sujet, mais en fait des mesures administratives et sociales s'y opposent, alors que ce choix, soutenu, pourrait avoir une fonction culturelle essentielle. En effet, il s'agit d'une véritable liberté, facteur d'interpellation et donc de résistance à l'industrialisation des naissances.

D'ailleurs toute une population de hippies, de babas-cool, échappe délibérément aux cliniques médicalisées. La « maternité sauvage » pratiquée dans ces milieux est une forme de contestation qui va bien au-delà de l'accouchement. Ces « marginales » reflètent, comme un miroir grossissant, quelques aspirations communes à toutes celles qui veulent des enfants. « Vivre est heureux. Être enceinte, être citadelle, hautement et rondement close sur la vie qui pousse et se dilate au-dedans, est heureux. Mais accoucher c'est vivre aussi intensément qu'il est possible de vivre. C'est le somptueux paroxysme de la fête[45] ». Celles qui attendaient cet acmé avec ferveur ont été parfois déçues. Reste le culte du corps, de son épanouissement, de ses jubilations. L'accouchement devient un thème littéraire : Marie Cardinal en donne un récit fort sensible dans *Une vie pour deux.*

Les batailles pour la contraception et l'avortement ont secoué bon nombre de femmes médecins. La rencontre avec le MLAC, dit l'une, « m'a pour la première fois donné l'occasion de faire coïncider, d'une façon moralement satisfaisante, et en tout cas complète, les deux faces de ce que j'étais, c'est-à-dire la femme et le médecin… cela m'a permis de faire craquer cette espèce de gangue qu'avait mise la médecine autour de moi, et d'aller vers les autres… J'avais vraiment ouvert les yeux sur ce à quoi j'avais servi avant et sur ce que je désirais personnellement[46] ». Elle est venue travailler comme anesthésiste à la maternité des Lilas.

Modeste, discrète, l'expérience conduite à la maternité de Pertuis a valeur d'exemple. Le colloque « Choisir de donner la vie » (1979) la révèle au grand public. Le professeur Alexandre Minkowski, dans un vibrant éloge, souligne que c'est l'œuvre d'une « femme chef de service ». La jeune gynécologue accoucheuse Catherine Baret, nommée à Pertuis en 1977, décide de donner d'abord et toujours la parole aux usagers. À leur écoute, elle conçoit des modifications importantes du fonctionnement de la maternité, et les réalise avec l'aide d'une équipe très motivée. Elle décloisonne les trois consultations de la clinique : le centre d'accouchement, le centre IVG, le centre d'information sur la contraception. Toutes les consultantes sont accueillies par les mêmes personnes et dans les mêmes lieux, quelle que soit leur demande. Le savoir leur est transmis au maximum : les grands panneaux explicatifs qui ornent la salle d'attente ont été réalisés avec les usagères, dans le but de faciliter les questions et les réponses. On les aide aussi à découvrir leur corps et ses expériences prochaines, en proposant des rencontres entre femmes enceintes et femmes récemment accouchées : le dialogue est toujours riche.

De son côté, le personnel soignant s'habitue à traiter chaque naissance comme un événement unique, ce qu'elle est pour les parents. Personne ne promet à la gestante de lui épargner la douleur et la violence ; en revanche, sa liberté est toujours respectée quand elle demande une péridurale ; ce qui impose que le médecin de garde soit présent sur place en permanence. Chaque femme accouche comme elle veut, dans la position qui lui convient, entourée de ceux qu'elle a choisis. Le nouveau-né est laissé à sa mère qui l'allaite et le soigne elle-même à sa guise, avec les conseils de la puéricultrice. Le rôle de la puéricultrice est ici complètement transformé : elle ne *fait* pas le travail, elle surveille et accompagne. Le père est toujours le bienvenu. L'un a voulu « sortir » lui-même l'enfant, on le lui a permis, « en jouant avec lui à quatre mains »... Chaque couple vit ensuite à son rythme : il peut célébrer les rites qui lui sont chers, rites musulmans ou bouddhistes à l'occasion. Peut-on dire que Catherine Baret et son équipe ont fait école ? Progressivement, au cours des années 1980, les grands patrons de l'obstétrique se sont convertis à ces principes : ils ont construit leur réputation non plus seulement sur la sécurité de leur clinique, mais aussi sur la qualité de l'accueil[47].

Il est vrai que la contestation soixante-huitarde a imposé quelques aménagements dans les cliniques de maternité. N'allons pas en conclure que la domination masculine sur la naissance a reculé ! Le « pouvoir médical » a relayé la « puissance paternelle ». Et comment le pouvoir médical pourrait-il s'effacer dans une société qui demande, exige, toujours plus de sécurité, toujours plus de confort ? Un spécialiste témoigne ainsi sur ses confrères :

> « Les femmes ont le choix entre trois modèles dominants. 1) Le technicien froid et efficace connu pour sa compétence : il traite ses patientes sur un plan d'égalité, sans s'occuper ni de leur corps ni de leurs sentiments. 2) Le mandarin paternaliste : il a créé son service, ou du moins il le dirige, et il aime le pouvoir ; il appelle la parturiente "ma petite" et la domine de sa bienveillante autorité. 3) "L'amant" : c'est celui qui a la plus grosse clientèle. Il séduit par esprit de lucre, pour gagner de l'argent. La très forte demande affective des femmes dans ces moments-là, leur extrême sensibilité, leur vulnérabilité les disposent à une intimité de plus en plus familière. L'ascendant acquis par l'accoucheur lui permet ensuite de faire accepter n'importe quoi, n'importe quel traitement. Il y a là une source d'abus jamais dénoncés... »

À côté des accoucheurs, les pédiatres, les psychiatres, les pédopsychiatres, médecins eux aussi, se sentent de plus en plus concernés par la naissance. On compte, il est vrai, de plus en plus de femmes parmi eux : sauront-elles se mobiliser pour limiter l'assujettissement de celles que la crainte de la parturition rend toujours si dépendantes ?

5

Le contrôle des naissances

Maîtriser la fécondité. C'est là un souci ancien et universel, mais difficile à mettre en œuvre, en raison du caractère impulsif de la sexualité, en raison des interdits religieux, en raison de l'implication différente des hommes et des femmes. Au XIXe siècle, un changement se produit, d'abord discret : des pratiques longtemps réprouvées se diffusent et se généralisent dans tous les milieux, et le déclin de la natalité devient visible. Au XXe siècle, la médicalisation de ces pratiques constitue une révolution beaucoup plus fondamentale. Un peu parce qu'elle rend plus aisée et plus sûre la maîtrise de la fécondité ; mais surtout parce qu'elle la place sous le regard de sciences ambitieuses qui, peu à peu, prétendront lever tous les mystères de la reproduction humaine. Maîtrise de la maîtrise ? Plutôt déclenchement de réactions en chaîne aux conséquences imprévisibles.

L'ÉVEIL DES CONSCIENCES L'ÉVOLUTION DES PRATIQUES

La contraception et l'avortement sont déjà d'usage courant à la fin du XIXe siècle, mais sans sortir de la clandestinité. Ils demeurent inavouables, non seulement parce qu'ils sont illégaux, mais aussi parce que perçus comme sacrilèges : ils attentent à la transmission de la vie. Bientôt, pourtant, des militants audacieux vont se hasarder à lever le masque. Les « néomalthusiens » s'adressent directement aux femmes : ils vont aux portes des usines distribuer des tracts aux jeunes ouvrières. «… la femme a voix au chapitre : elle n'est plus la femelle qu'on ensemence. (L'homme) ne doit rendre sa compagne mère qu'avec son consentement. Et c'est en même temps un devoir envers lui-même : celui de ne pas se comporter en brute[1]. »

Mais les milieux cultivés restent divisés. En 1898, Freud affirme :

> « Ce serait théoriquement l'un des plus grands triomphes de l'humanité, l'une des libérations les plus tangibles à l'égard de la contrainte naturelle à laquelle est soumise notre espèce, si l'on parvenait à élever l'acte responsable de la procréation au rang d'une action volontaire et intentionnelle, et à le dégager de son intrication avec la satisfaction nécessaire d'un besoin naturel. »

En contraste, Zola s'écrie : « Mères françaises, faites donc des enfants pour que la France garde son rang, sa force et sa prospérité. »

Les suffragettes, féministes de la « première vague », militent pour la maîtrise de la fécondité et réclament la libéralisation de la contraception. En majorité, elles condamnent l'avortement, mais il y a des exceptions parmi les militantes les plus lucides. Madeleine Pelletier (femme médecin, qui sera arrêtée plus tard pour « crime d'avortement ») affirme : « L'avortement est quelquefois dangereux, mais uniquement parce qu'il est défendu, car l'opération qu'il nécessite est des plus bénignes. Si l'article 317 (du Code pénal) était aboli, et que l'on permette aux médecins de délivrer, jusqu'à trois mois de la grossesse, les personnes qui le leur demandent, il n'y aurait, on peut le dire, presque jamais d'accidents. » Il est vrai que la panoplie thérapeutique ne manque ni d'instruments ni d'efficacité, ni même de praticiens expérimentés. Mais tout cela reste encore redoutable : l'« inquiétante curette » peut mutiler l'utérus. La littérature dramatise les affres et les périls de l'avortement : ainsi Maxence Van der Meersch, auteur catholique de *Corps et âmes* (1932). De même, dans son *Voyage au bout de la nuit* (1932), le docteur Louis-Ferdinand Destouches (Céline) avoue sa tragique impuissance, tout en dénonçant des pratiques médicales dissimulées mais organisées et fructueuses.

La Première Guerre mondiale aggrave le déficit démographique : elle conduit les États à penser la contraception et l'avortement dans le cadre d'une politique de population. La maîtrise de la fécondité sort alors du domaine privé : elle devient affaire publique et même problème politique.

Les interventions politiques

Après 1918, tous les États occidentaux sont natalistes. Mais leurs modes d'intervention dépendent de leur philosophie politique.

Les socialistes marxistes d'URSS, soucieux de faire « table rase », d'abolir les disciplines religieuses et les structures de la famille « bourgeoise », ont d'abord cru pouvoir libéraliser l'avortement. Las ! L'instabilité des couples, la démission des pères ont bientôt conduit les femmes au refus d'enfanter : à Moscou, en 1934, on compte trois avortements pour une naissance, les infanticides et les abandons se multiplient... Alors les soviets font machine arrière : ils réglementent étroitement l'avortement et glorifient les « mères héroïnes ». De leur côté les États libéraux, anglo-saxons et scandinaves, entreprennent de moraliser le *birth control*, en le dissociant de l'amour libre pour le proposer aux couples légitimes et responsables. Ainsi, en Suède, après 1935, l'avortement est légalisé, les contraceptifs et l'éducation sexuelle sont largement diffusés. On fait appel au civisme des ménages, on les associe aux objectifs démographiques.

En France, où la réduction des naissances est depuis longtemps inscrite dans les mœurs, les hommes d'État, de gauche comme de droite, inquiets de la dénatalité, font tout pour l'enrayer. Ils commencent par promulguer des lois répressives. Celle du 31 juillet 1920 punit d'emprisonnement et d'amende la propagande anticonceptionnelle et la provocation à l'avortement. Celle du 17 mars 1923 fait de l'avortement un délit justiciable du tribunal correctionnel (pour en faciliter la répression) : la femme n'est punie, d'une peine légère, que si elle a obtenu l'avortement ; en revanche, ceux qui se livrent aux manœuvres abortives risquent de 1 à 5 ans de prison, de 500 à 10 000 francs d'amende. Ces lois sont peu appliquées entre les deux guerres. Elles suscitent néanmoins des réactions féministes. Une radicale passionnée, Nelly Roussel, les qualifie de scélérates. Le Conseil national des femmes françaises (CNFF) réclame que le géniteur soit recherché et puni comme complice, et que les politiques se soucient de prévention en multipliant les œuvres de secours aux futures mères[2]. Des hommes de plus en plus nombreux soutiennent ces revendications. Un mouvement de résistance prend corps à Paris, où, en 1935, Jean Dalsace et Bertie Albrecht ouvrent le premier centre français de consultation de *birth control*. D'autres intentions constructives se manifestent. Édouard Herriot, ministre de l'Instruction publique, exprime dès 1922 la volonté d'introduire l'éducation sexuelle dans les lycées ; idée reprise par Jean Zay, au temps du Front populaire, mais bientôt balayée par la guerre. N'oublions pas la violence du gouvernement de Vichy, qui qualifie l'avortement crime d'État : en 1943, 4 000 procès ont lieu, une avorteuse est condamnée à mort et guillotinée, une autre condamnée à la prison à vie. En même temps, la célébration de la fête des mères devient obligatoire : manière de nationaliser les naissances.

Un autre type d'intervention politique mérite attention : l'eugénisme. La crainte de voir naître des monstres ne date pas d'hier, on l'a vu. Elle revêt une expression « scientifique » à mesure que les lois de l'hérédité sont mieux connues. En France, ce courant de pensée est représenté par la Société française d'eugénique, fondée en 1913, avec pour membres des médecins de grande notoriété : Alexis Carrel (prix Nobel de médecine en 1912), Charles Richet (prix Nobel de médecine en 1913), Adolphe Pinard et bien d'autres. Nombreux sont, entre les deux guerres, ceux qui réclament la stérilisation des « tarés ». Les juristes français restent opposés à la stérilisation, en l'absence de justification thérapeutique, et quel que soit le consentement de la personne. Cet interdit est toutefois sans grand effet : une pratique discrète persiste (ligature des trompes ou vasectomie), y compris à l'insu des intéressés. Certains pays anglo-saxons et scandinaves se dotent de lois permettant la stérilisation, mais elles sont peu appliquées.

Par contre, les nazis utilisent l'avortement comme instrument de leur eugénisme raciste : une loi permet de faire avorter par force les gestantes non aryennes (juives, noires, tsiganes), qui sont ensuite stérilisées. En juin 1933, une loi prescrit la stérilisation forcée d'environ 1 500 000 hommes et femmes. On met au point de nouvelles méthodes par injections dans l'utérus et, au cours des dix années qui suivent, plus de 500 000 femmes sont stérilisées, dont beaucoup de handicapées mentales. Parmi les apôtres de l'eugénisme, il y a des femmes médecins, des infirmières, des travailleuses sociales : elles sont minoritaires, mais particulièrement efficaces. Sous la fumée des fours crématoires, l'un des champs d'expérimentation les plus explorés, c'est la physiologie de la reproduction et les possibilités de sa maîtrise.

On le voit : l'intervention des politiques dans le contrôle des naissances se montre brutale et ambivalente. Beaucoup d'hommes, même libéraux, refusent encore, consciemment ou non, la liberté des femmes. Et dans le domaine de la reproduction, l'intérêt collectif, national, « racial », reste prioritaire à leurs yeux.

DES ARMES NOUVELLES

À la Libération, un vent d'espoir souffle à nouveau. Si la natalité fait un bond surprenant, les familles sont aidées par des allocations. À partir de 1952, on peut même accoucher sans douleur. La fécondité progresse : il fait bon vivre sans doute, l'avenir n'inquiète plus, ou plutôt pas encore. Faites l'amour, plus la guerre ! Des enfants aussi... mais désormais et cette fois pour longtemps : si je le veux et quand je le veux. Et cependant, dans les conditions sanitaires, juridiques et culturelles de l'époque, le recours à l'avortement clandestin est toujours nécessaire et scandaleusement humiliant. Bénéficiant de complicités parfois douteuses, souvent coûteuses, l'accès en est totalement inégalitaire, ce que dénoncera avec courage Simone Veil dans sa plaidoirie de soutien à la loi votée le 20 décembre 1974. On meurt dans les hôpitaux des complications hémorragiques ou infectieuses, des manœuvres septiques et maladroites auxquelles il a fallu avoir recours. Et pendant ce temps, étudiants en médecine et professeurs analysent avec intérêt les différents « tableaux cliniques » des suites redoutables des « avortements criminels ». Aux urgences hospitalières, dans les blocs opératoires, les salles « communes », jusqu'à la fin des années 1970, les femmes sont maltraitées. Les « avortées » le sont avec mépris et souvent grossièreté.

Le scandale très réel d'une telle situation s'est d'ailleurs imposé aux dirigeants de l'État. Mais pour qu'il soit bien compris qu'il ne pouvait plus être toléré, c'est une femme qu'on a priée de le faire savoir. Peu d'hommes auraient pu le faire et surtout l'affirmer avec une telle dignité. Mais nous sommes encore loin de 1975. En Scandinavie, en Grande-Bretagne, aux États-Unis... sous l'influence d'associations féministes, mais également en raison de l'éveil bruyant des peuples, les modestes, mais réels moyens contraceptifs, capes cervicales, diaphragmes vaginaux, produits spermicides, dont disposent les femmes, s'améliorent. Contraception féminine d'abord, des couples éventuellement, aux femmes d'en décider. Les hommes possèdent en effet déjà le préservatif s'ils n'ont ni les capacités, ni la réelle volonté de pratiquer le retrait et d'en démontrer pratiquement la maîtrise à leur compagne. Finis la peur au ventre[3], les ébats sexuels redoutés. Le bonheur doit désormais être partagé. Sinon le plaisir solitaire est toujours possible, les jeux homosexuels aussi !

Et maintenant, interrogeons l'histoire de la contraception moderne. En effet, si c'est l'aspiration des femmes à bien vivre, amoureusement, librement, qui l'a suscitée à travers leur lutte, c'est aussi sans doute que les vieux démons du malthusianisme ont resurgi depuis la Deuxième Guerre mondiale. Lors de la Conférence mondiale de la population qui se tient en 1974 à Bucarest, le débat sur la croissance démographique fait apparaître la volonté de la maîtriser. Elle est considérée comme menaçante par les pays occidentaux, qui s'opposent au camp des « tiers-mondistes », lesquels affirment que l'homme est la source de la production des richesses avant d'en être consommateur. En un mot, les enjeux socio-économiques de la planète correspondent-ils bien, à cette époque, à la volonté des femmes de décider de leur vie ?

Au tout début de la deuxième moitié du XXe siècle, Margaret Sanger, militante depuis 1907 de la régulation des naissances à

Brooklyn, inculpée pour sa publication The Woman Rebel *(ainsi que son compagnon William Sanger condamné à trente jours de prison en 1915 pour avoir diffusé* Family Limitation*), fondatrice en 1941 du planning familial des États-Unis (Planned Parenthood Federation of America), estime que les recherches concernant la contraception n'avancent guère. Et si même elles étaient bloquées ? En effet, Gräfenberg, gynécologue à Berlin, a publié en 1930 les résultats qu'il a obtenus avec un anneau d'argent placé à l'intérieur de l'utérus comme l'avaient proposé un certain nombre de ses prédécesseurs allemands et américains depuis la fin du* XIX*e siècle, Richter en particulier*[4]*. Ces résultats paraissent pourtant particulièrement prometteurs : 1,6 grossesse pour 100 femmes et par an. Contraception tout à fait remarquable à l'époque.*

Les œstro-progestatifs : affaire de femme ou choix des firmes ?

Toujours aux États-Unis, les recherches de John Rock (Harvard), Celsa Ramon Garcia (Porto-Rico) et Gregory Pincus, biologiste nord-américain de la reproduction, sur les propriétés des progestatifs de synthèse, communiquées en 1956 lors d'un congrès d'hormonologie au Canada, aboutissent à la conclusion formulée par Greenblatt, gynécologue américain : « Ce travail nous a "involontairement" donné un excellent contraceptif oral qui pourrait être utilisé avec peu d'effets indésirables[5]*. » Margaret Sanger décide Gregory Pincus à se lancer dans ce travail. La recherche aboutit en 1957 à la commercialisation d'un premier contraceptif hormonal utilisé par voie orale, en prise discontinue et d'efficacité très élevée.*

Notons toutefois que, dès son origine, les pionniers de la contraception œstro-progestative s'enferment dans une contradic-

tion qu'ils n'ont depuis eu de cesse de dépasser. En effet, dans le premier composé expérimenté et commercialisé, le noréthynodrel constitue le seul et véritable inhibiteur de l'ovulation. Son association à un œstrogène, le mestranol, officiellement présenté comme lié aux hasards expérimentaux, n'a pour effet et pour intérêt que de permettre l'obtention de métrorragies périodiques liées à l'arrêt du produit et reproduisant ainsi l'apparence d'un cycle « naturel ». Or, les œstrogènes ont depuis largement fait preuve de leur responsabilité dans certaines complications vasculaires, rares, mais parfois graves, survenant lors de l'utilisation des œstro-progestatifs. Quant à leur responsabilité dans la carcinogenèse, toujours infirmée, elle les poursuit jusqu'à ce jour.

En 1957, lorsque la Food and Drug Administration (FDA) autorise l'utilisation des œstro-progestatifs, c'est officiellement dans le cadre d'indications liées aux troubles des règles. La cause est entendue, les premières commercialisations aux États-Unis correspondent officiellement à cet objectif thérapeutique ! Ce n'est qu'en 1960 qu'est dévoilé le but contraceptif : une stratégie commerciale nécessite quelques efforts de présentation.

Ailleurs, ces précautions n'existent pas. La Chine va suivre les travaux américains avec intérêt et reprendre à son propre compte la fabrication d'une contraception hormonale œstro-progestative en réduisant d'ailleurs la quantité d'éthynil-œstradiol à 35 microgrammes (µg), ce que ne feront les pays occidentaux que quelques années après.

Quarante ans plus tard, la dose d'œstrogènes a progressivement été réduite au point de disparaître dans des contraceptions strictement progestatives pour lesquelles l'absence des règles est présentée cette fois comme une marque d'émancipation des femmes ! On est en droit de s'interroger sur la « généreuse volonté des décideurs », comme se le permettent Françoise Héritier[6] et plus encore antérieurement Françoise Edmonde Morin dans La Rouge Différence[7].

Inutile d'épiloguer sur les transformations apportées à la composition de ce qui sera à l'avenir appelé « pilule » en référence au roman d'anticipation d'Aldous Huxley, si l'on s'en tient à l'étymologie proposée par Émile-Étienne Baulieu[8]*. Quels que soient les arguments théoriques avancés, beaucoup de ces modifications biochimiques n'ont d'autres fonctions que commerciales. Mais toute attitude critique à ce sujet est facilement considérée comme suspecte de lourds préjugés idéologiques.*

Laissons donc cela pour revenir aux réelles améliorations apportées à la contraception hormonale. Tout d'abord, c'est à la réduction de la quantité d'œstrogènes nécessaire à l'obtention des « règles artificielles » que les laboratoires se sont attelés. 150, 100, 35, 25 µg... d'éthynil-œstradiol sont désormais proposés et réduisent effectivement les risques d'accidents vasculaires, cardiaques et cérébraux, rares mais possibles, exceptionnellement mortels ou sévèrement invalidants. Le bénéfice sanitaire est réel et le nombre d'accidents graves réduit d'au moins 50 %[9]*.*

*Faut-il donc supprimer les œstrogènes des contraceptions hormonales, puisqu'ils ne participent pas à l'effet anovulatoire recherché ? Certains laboratoires ont franchi cette étape à l'orée du XXI*e *siècle en proposant un progestatif non associé, ingérable, injectable, implantable ou même insérable en utilisant comme support le stérilet. Le principe est lui-même ancien et contemporain des œstro-progestatifs. Les injections trimestrielles ou mensuelles de doses relativement élevées d'acétate de médroxy-progestérone ont des inconvénients acceptables si l'on s'en tient aux conclusions de la FDA. Elles entraînent le plus souvent la disparition des règles, parfois la survenue de petits saignements irréguliers et une prise de poids de quelques kilos. Utilisables sous forme orale à doses très faibles (microdosées), certains progestatifs délivrés depuis près de trente ans sous forme de « pilule » ont une efficacité un peu inférieure aux œstro-progestatifs et entraînent* également de fréquentes aménorrhées ou de petits saignements irréguliers. Une forme récente à dosage plus élevé aurait une efficacité cette fois identique aux œstro-progestatifs actuels. Mais elle a aussi les effets secondaires de tous les progestatifs utilisés seuls et en continu. Implants sous-cutanés ou intra-utérins ont une efficacité très élevée, de très faibles risques vasculaires et les inconvénients mineurs précités. C'est d'ailleurs un progestatif de synthèse, le lévonorgestrel, connu depuis trente ans et entrant dans la composition de différents contraceptifs oraux et implants, qui vient de se substituer aux œstro-progestatifs utilisés dans la contraception du lendemain, dite aussi d'urgence ou post-coïtale. D'efficacité élevée, puisque 95 % des femmes l'utilisant dans les trois jours suivant un rapport non protégé n'auront pas de grossesse, cette technique est d'une telle innocuité qu'elle peut être délivrée sans prescription médicale. Elle constitue un moyen encore coûteux, mais dont la relative facilité d'accès peut favoriser à l'avenir un véritable affranchissement des contraintes médicales actuelles.

Deuxième amélioration des œstro-progestatifs : les modifications qualitatives et quantitatives des progestatifs eux-mêmes. La dose nécessaire à l'obtention d'un effet anti-gonadotrope, annulant les ovulations, est en définitive très faible. À cette fonction s'associent les modifications de la glaire cervicale, dont l'« épaississement » réduit considérablement la pénétration des spermatozoïdes et rend l'endomètre inapte à la nidation. Toutes ces propriétés confirment l'efficacité des seuls progestatifs et justifient les orientations contemporaines de la recherche. Enfin, faut-il le répéter, la contraception orale constitue, au-delà de la prévention même des grossesses non désirées, un réel progrès sanitaire que souligne Malcolm Potts, pionnier de la contraception, en 1990 au 7e Congrès international de la reproduction humaine : « Même avec les anciens contraceptifs oraux, fortement *dosés, la protection contre le cancer compense leurs effets indésirables sur le système cardio-vasculaire [...] et nous sommes persuadés que les pilules modernes peuvent accroître de manière tangible l'espérance de vie de quasiment toutes les patientes non fumeuses.* » De très grandes séries l'attestent désormais, l'utilisation de la contraception hormonale est responsable d'une diminution de 50 % des cancers de l'endomètre et de l'ovaire, d'une réduction identique des risques d'infection génitale haute (salpingite), de la quasi-disparition des anémies liées aux pertes menstruelles et souvent des douleurs accompagnant les règles physiologiques. Reste que la fréquence du tabagisme féminin complique grandement les recherches, tant ce facteur de risque vasculaire semble aggravé par l'utilisation conjointe d'œstro-progestatifs.

Cependant, sous le prétexte avancé par les fabricants du coût exorbitant de la recherche, beaucoup de nouveaux produits, qui par ailleurs n'ont pas nécessairement fait la preuve clinique des avantages annoncés, ne sont plus remboursés par les assurances sociales. Quant à l'État, en se dissimulant derrière les apparentes difficultés scientifiques à évaluer l'innocuité de ces nouveaux produits, il a laissé le champ libre aux politiques économiques des firmes.

Féminins et secrets : les stérilets

Après Richter, Gräfenberg et quelques pionniers du début du siècle, les recherches sur les différents types de dispositifs intra-utérins vont reprendre à la fin des années cinquante avec les publications d'Oppenheimer[10], et Ishahima[11] au Japon. Apparaissent de nouveaux matériaux dont la plasticité et l'inertie biologique sur l'endomètre sont remarquables tant par la facilité de *la pose et du retrait que par une bonne tolérance. À la fin des années 1960, ils ont un taux d'échec situé aux alentours de 3 % contre 1 % actuellement. Il aura fallu curieusement tout ce temps à la communauté professionnelle pour admettre que de tels dispositifs doivent être remplacés le moins souvent possible, leur changement étant le facteur principal d'échecs et de complications infectieuses*[12]*. Désormais la forme quasi universelle adoptée et considérée comme la plus efficace est le T en polyéthylène recouvert d'un fil de cuivre*[13]*. Les modifications inflammatoires de l'endomètre au contact de différents métaux – acier, aluminium, argent ou cuivre – ont permis d'élever l'efficacité obtenue par les dispositifs intra-utérins de la première génération telle la boucle de Lippes.*

Deuxième innovation, de plus de vingt ans : l'adjonction d'un progestatif au stérilet qui devient ainsi implant intra-utérin. D'une durée de vie de cinq ans, il a pour indications les règles habituellement trop abondantes et permet d'obtenir souvent leur disparition quasi totale après une période « d'adaptation locale » de trois à six mois. Il n'entraîne pas d'accroissement du poids ni de la tension artérielle, ni sans doute d'accidents vasculaires, artériels ou veineux. Enfin, les stérilets peuvent être utilisés comme contraception d'urgence jusqu'à cinq jours après un rapport non protégé.

Un choix pour toujours : la stérilisation

La stérilisation masculine ou féminine à but contraceptif définitif est aujourd'hui pratiquement réduite à l'obturation des trompes de Fallope, ou oviducte, chez la femme, quelle qu'en soit la technique, et des canaux déférents chez l'homme. Il s'agit de la contraception moderne la plus utilisée dans le monde[13]*. Fortement* *marquée à ses origines, mais également lors de pratiques toujours en cours, par l'eugénisme ou des politiques malthusiennes d'État, la stérilisation reste à ce titre encore suspecte. Malgré ces données socio-culturelles défavorables, le Parlement français a autorisé la stérilisation volontaire sur demande des personnes, femmes ou hommes, dans le cadre de la loi générale sur la contraception et l'avortement du 4 juillet 2001. Quelques conditions d'accès sont fixées à tous : majorité, délai de réflexion et encadrement médico-légal rigoureux. Des conditions complémentaires sont destinées à protéger les personnes présentant divers handicaps de décisions imposées ou de pressions diverses, d'origine institutionnelle ou familiale.*

Durant les décennies précédentes, la pratique non légalisée de la stérilisation tubaire (ligature des trompes) et à un moindre degré déférentielle (vasectomie) s'était assez largement répandue. C'est sous la pression de quelques compagnies d'assurances, et tout particulièrement de celles assurant la couverture professionnelle des anesthésistes réanimateurs, que la fréquence de ces actes chirurgicaux a reflué.

Désormais, il revient au médecin d'informer le plus précisément possible les femmes et les hommes des techniques utilisées, de leurs éventuelles complications et des alternatives possibles. C'est à la personne éclairée seule que revient la décision. Si le médecin sollicité refuse d'y accéder, il doit obligatoirement indiquer le nom d'un praticien qui l'acceptera. Pour la première fois dans l'histoire de la législation française, il est fait explicitement référence à la pratique de la stérilisation. Ce dispositif inscrit ces droits dans la conception générale de la Déclaration universelle des droits de l'homme affirmant l'égalité en droit et en dignité des personnes. Affirmation du choix qu'a toute femme, tout couple, de donner ou non librement la vie, qu'a toute femme et tout homme de décider de sa sexualité.

Le cas des personnes handicapées

Un décret d'application (mai 2002) précise les conditions d'accès des personnes handicapées à la contraception définitive. Jusqu'alors, leur vie affective faisait l'objet d'un contrôle habituellement vécu comme une nécessité, mais aboutissant à une dévalorisation de la vie sexuelle souvent réprimée, voire interdite. Il fallait, disait-on, protéger les personnes handicapées des risques d'agression sexuelle. Les mettre à l'abri de la possibilité d'une grossesse perçue comme inacceptable, tant pour leur enfant éventuel que elles-mêmes et leur entourage.

De telles attitudes avaient pour origine deux positionnements culturels opposés. Le premier, l'angélisme, qui fait de la personne handicapée un individu inapte à la vie sexuelle, préservée du « commerce de la chair ». Le second, qui considère la sexualité du handicapé comme relevant de l'« animalité[14] ». À ce titre, et même si c'est un ouvrage ancien, La Sélection humaine *de Charles Richet, prix Nobel de médecine (1913), est exemplaire.*

Le handicap est également perçu comme une malédiction, une menace sociale et culturelle « justifiant » à la fin du XIXe siècle des pratiques eugéniques imposant la stérilisation dans certains pays occidentaux, puis un cadre législatif aux États-Unis, dans les pays scandinaves, en Suisse, en Allemagne... jusque dans les années 1970[15]. C'est peu le cas en France, où existe pourtant un fort courant eugéniste représenté par la Société française d'eugénique fondée en 1913, avec pour membres, en particulier, Alexis Carrel, Charles Richet, Paul Robin, Georges Vacher de Lapouge, Adolphe Pinard[16]. La loi du 4 juillet 2001 accorde à chacun, sans discrimination, le droit de choisir son mode de vie affective, de donner ou non la vie. Pourquoi alors une réglementation particulière concernant les personnes handicapées, mineures ou majeures, femmes ou hommes, et reconnues libres et dignes ? C'est en raison même du devoir d'une collectivité, la Nation, de protéger tous ses membres et en premier ceux qui pour des raisons sanitaires, sociales ou culturelles, sont en situation d'incapacité, quel qu'en soit le degré, provisoire ou définitif, qu'une telle disposition est apparue nécessaire au législateur. Ce devoir a pour fondement et pour but d'associer tous les membres d'une communauté à ses projets, permettant à tous de bénéficier des richesses de chacun, de ses différences. C'est le cas des personnes dites « handicapées ». Il s'agit de rendre possible l'épanouissement de la personne, de ne pas faire obstacle à son bonheur en lui garantissant l'exercice de sa liberté, et non d'encadrer les individus par des mesures contraignantes. L'accès à la stérilisation doit être possible pour la personne handicapée, comme pour tout autre individu, si l'ensemble des moyens contraceptifs, après une vraie expérience personnelle soutenue par son entourage familial, institutionnel et médical, lui apparaît comme impraticable.

À l'inverse, une demande de stérilisation par l'entourage familial, institutionnel ou sanitaire, doit d'abord faire l'objet d'une écoute attentive des demandeurs, angoissés à la pensée d'une grossesse perçue comme toujours possible, et de la personne elle-même, conjointement et séparément si possible. Une telle écoute s'inscrit dans une réflexion multidisciplinaire permettant d'apprécier la réalité de la vie sexuelle de la personne et l'impossibilité du recours à une contraception réversible et non « mutilante ». Restent les situations exceptionnelles pour lesquelles il apparaît que seule la stérilisation avec, mais aussi sans l'accord de la personne, peut permettre une vie sexuelle à la personne handicapée, sans l'exposer à des grossesses répétées. Il importe avant tout d'écouter les craintes parfois extrêmes des parents et de l'entourage et de trouver avec eux et leurs enfants de véritables solutions qui préservent l'avenir et surtout la valeur symbolique de la fer-

tilité, évitant ainsi une dépréciation qui enferme douloureusement la personne dans son handicap.

L'*HABEAS CORPUS* DES FEMMES

Les Occidentales n'ont pas attendu l'invention de la pilule pour réclamer de plus en plus haut, de plus en plus fort, le droit à la contraception. Le baby-boom a contribué à leur prise de conscience. Ceux qui analysent ce phénomène démographique se trompent souvent sur son interprétation : ils y voient une réhabilitation de la famille, une valorisation du couple légitime et fécond, une consécration réaffirmée de la mère au foyer. Ils oublient que les années 1950 connaissent aussi un renouveau des méthodes contraceptives, un apogée de l'avortement clandestin. Même les chrétiens les plus pieux recherchent désormais des moyens de limiter leur progéniture. La maudite « concupiscence » laisse place à une sexualité reconnue, et même valorisée comme ciment du couple. La jouissance féminine fait l'objet d'une attention toute nouvelle. Des médecins catholiques essaient de mettre au point la méthode Ogino-Knaus, acceptée par le pape : peu sûre, elle a déçu, mais la déception même confirme et aggrave le manque. Quant aux avortements, il s'en fait environ 1 000 par jour en France pendant les années 1950. Dans les milieux aisés, on trouve sans trop de peine, au prix fort, des médecins complaisants et des cliniques accueillantes. Les femmes plus modestes sont réduites aux faiseuses d'anges : en cas d'accident on les porte à l'hôpital où des médecins vertueux les curètent sans anesthésie, en les traitant de salopes. La mort est parfois au rendez-vous. Le maintien des lois répressives, hypocrisie monumentale, condamne les jeunes femmes à une angoisse perpétuelle avec épisodes de torture et d'humiliation. Simone de Beauvoir, dans *Le Deuxième Sexe* (1949), dénonce ces horreurs.

Une tension supplémentaire apparaît quand l'essor économique des « Trente Glorieuses » induit un besoin de main-d'œuvre. Les femmes sont attirées par de nouveaux emplois salariés. Même les jeunes mères se laissent tenter pour peu que leur formation leur donne accès à une activité intéressante et bien rémunérée. Mais les conditions de travail n'étant nullement adaptées aux obligations maternelles, elles découvrent alors les affres de la double journée, c'est-à-dire à la fois le surmenage et une accablante culpabilisation. Leur désir de retarder, d'espacer les naissances s'en trouve accru.

La dépénalisation de la contraception

Un féminisme nouveau surgit, nourri de ces souffrances, de ces ressentiments. Un féminisme qui veut redéfinir la relation entre les femmes et les naissances. La demande de contraception se manifeste dès les années 1950, bien avant la mise au point de la pilule. La gynécologue Marie-Andrée Lagroua Weill-Hallé, lors d'une communication à l'Académie des sciences morales et politiques en 1955, propose la création de centres d'« eugénétique » où les couples pourraient venir demander conseil. L'association Maternité heureuse, créée en 1956 (et qui deviendra le Mouvement français pour le planning familial) prétend redéfinir les enjeux de la maternité. Son nom même signifie que la maternité n'est pas toujours heureuse, vérité encore difficile à faire entendre. Ses adhérentes réagissent avec passion contre la passivité et le fatalisme. Des enfants non souhaités, trop nombreux, transforment la fonction maternelle en un sombre esclavage. Elles ne veulent plus subir, mais *choisir* la maternité, dès lors que des progrès scientifiques et techniques le permettent. La « procréation consciente », c'est l'accès à un niveau supérieur de responsabilité personnelle et sociale.

Mais les résistances demeurent fortes, et elles s'expriment au cours des débats parlementaires qui précèdent le vote de la loi Neuwirth. Pour bien des gens, pas seulement pour les catholiques, accorder légalement à tout le deuxième sexe la possibilité de séparer la sexualité de la procréation, c'est bouleverser de fond en comble des traditions millénaires, attenter aux prérogatives masculines, remettre en cause la hiérarchie entre les sexes. Faut-il autoriser les filles à disposer de leur virginité ? Faut-il donner aux épouses les moyens de priver leur époux de progéniture ? Les puritains redoutent une « flambée d'érotisme ». Les démographes rappellent que le taux de natalité marque un nouveau déclin. Beaucoup appréhendent des conséquences catastrophiques sur le fonctionnement de la famille et de la société.

En fait, la conjoncture économique est très favorable. Tous les employeurs souhaitent embaucher des femmes, travailleuses dociles et capables, dont le seul défaut est une tendance à la grossesse, à l'accouchement, au maternage. De leur côté, les responsables politiques, rassurés par le baby-boom, moins anxieux de « faire naître » veulent stimuler la croissance économique. Ces bonnes dispositions des décideurs sont à coup sûr déterminantes.

La loi Neuwirth est donc votée, le 28 décembre 1967. Elle déçoit celles et ceux qui l'attendaient avec tant d'impatience, car elle multiplie les obstacles matériels et psychologiques. Les contraceptifs autorisés ne peuvent être vendus qu'en pharmacie, la cliente étant inscrite sur un registre. Aucun remboursement n'est prévu, la publicité demeure interdite, les mineures de dix-huit ans doivent avoir l'autorisation de leurs parents. L'effet dissuasif de ces dispositions est aggravé par les lenteurs administratives qui bloquent les décrets d'application : Lucien Neuwirth parle de sabotage. Il faudra cinq ans pour qu'un dernier décret, en avril 1972, précise enfin les conditions d'agrément et de fonctionnement des centres d'information et de planification. Autre déception, le comportement de nombreux médecins, qui sont encore en grande majorité des hommes (10 % de médecins femmes en 1962, 29 % en 1989) : nullement préparés à accueillir des consultantes qui ne sont pas malades, ils ne sont pas tous, loin s'en faut, favorables à la liberté des femmes. L'Ordre des médecins a d'ailleurs longtemps refusé de s'intéresser à la question ; il ne s'est converti que pour accroître le pouvoir médical.

De la contraception à l'IVG

Ces réticences provoquent une radicalisation du militantisme féministe au moment même où la grande bourrasque de 1968 active l'expression et la diffusion des opinions les plus audacieuses. Les disciples de Simone de Beauvoir en viennent à désacraliser la maternité, à la dénoncer comme une aliénation, un esclavage. Le désir d'enfant n'est pas naturel, disent-elles : il est inculqué aux femmes par la culture patriarcale ; le « sujet femme » doit pouvoir s'exprimer ailleurs et autrement que dans la maternité. La plupart n'admettent l'enfantement que comme épanouissement narcissique du moi féminin, comme jouissance personnelle, à condition que le « choix de donner la vie » soit dégagé de toute consigne, de toute influence.

Les expressions courantes « maîtrise de la fécondité », « contrôle des naissances » ne distinguaient pas entre la contraception et l'avortement[17]. C'est la revendication féministe des années 1950 et 1960 qui les dissocie explicitement, imposant une élucidation des concepts et de leur dimension éthique.

C'est alors que l'avortement émerge au premier plan de la scène publique. En avril 1971, 343 « salopes » se vantent d'avoir avorté, par provocation : parmi elles des personnes de réelle notoriété, comme Simone de Beauvoir en personne. En octobre 1972, se déroule le procès de Bobigny, hyper-médiatisé, où Gisèle Halimi obtient l'acquittement de Marie-Claire et de ses « complices ». Paul Milliez, nom illustre de la médecine française, ancien résistant, engagé dans de nombreux combats de justice et de paix, a pesé de toute son autorité morale dans ce procès, dénonçant le mépris qui stigmatise les avortées clandestines. Ces années sont marquées par des affrontements d'une extrême violence. Le film *Histoire d'A*, réalisé en 1973, nargue une police impotente : interdit, pourchassé, il connaît, pendant plusieurs mois, une diffusion intense ; chaque projection est l'occasion de débats véhéments, dénonçant le pouvoir médical et la société patriarcale. En avril 1973, le MLAC (Mouvement pour la libération de l'avortement et de la contraception) voit le jour : ses adhérentes se mettent à pratiquer des avortements illégaux un peu partout, parfois en public, toujours dans une ambiance quasi mystique.

> « Quand j'ai rencontré le MLAC pour moi ça a été un truc fabuleux, c'est ce que je cherchais depuis fort longtemps. Ça représentait une utopie, un idéal de vie, une mise en commun, un partage de plein de choses… je l'ai senti la première fois où je suis allée à la permanence du MLAC, j'ai senti ça, cette espèce de courant et de chaleur fabuleuse qui passait à travers tous ces gens. Il y avait beaucoup d'émotion, beaucoup de choses qui étaient dites à ce moment-là, qui pouvaient être dites parce que le climat était chaleureux. Et puis souvent, c'était la première fois que les femmes se sentaient vraiment prises en compte, je crois que ça c'était la chose la plus fabuleuse. »

Le « droit à l'avortement », proclamé, réclamé à cor et à cri, est d'ailleurs désormais présenté comme le complément indispensable du droit à la contraception. En effet la liberté de

« choisir » conduit à un véritable retournement éthique : avant, la femme n'avait pas le droit de refuser une naissance, à présent elle n'a plus le droit de laisser naître un enfant non désiré. Le droit d'être aimé est, disait-on, opposable au droit de vivre. Cette exigence morale dépasse la contraception : elle légitime l'avortement dans tous les cas où la contraception échoue, dans tous les cas où un événement imprévu compromet un projet d'enfantement.

Alors ressurgit le problème qui, au XVIIe siècle, avait nourri les grandes controverses autour de l'opération césarienne : quels sont les droits du fœtus ? La question se pose en termes nouveaux. Les défenseurs du fœtus – en majorité des catholiques dont beaucoup adhèrent à l'association Laissez-les vivre – n'invoquent plus son âme, ni son droit au baptême et au salut éternel. Signe des temps et de la médicalisation : on s'en tient au biologique, au droit à la vie. La question centrale devient : quand commence la vie ? Selon le professeur François Jacob (prix Nobel), elle ne commence jamais, elle continue, l'embryon n'est pas plus vivant que l'ovule ou le spermatozoïde. Quand commence sa vie autonome ? Il n'est viable qu'au sixième mois de gestation : jusque-là, il n'est donc qu'un fragment du corps de sa mère. Quand commence sa vie humaine ? Laissez-les vivre soutient qu'il est humain dès qu'il est conçu. Selon ceux qui acceptent l'avortement, l'humanisation de l'embryon est liée au désir de la mère. L'amour de la mère est la première relation humaine, c'est aussi la meilleure chance de survie d'un embryon, d'un fœtus, d'un enfant. Le débat dépasse la libération des femmes, il s'élève jusqu'à l'ontologie et la métaphysique. Il est inépuisable et ne peut guère donner lieu qu'à des dialogues de sourds. Les féministes les plus radicales dénoncent l'embryon comme un « agresseur », et l'avortement devient la « légitime défense » des femmes. Argument récurrent…

En vérité, dans le mouvement des femmes, si divers, si complexe, aucune tendance ne prend l'avortement à la légère : toutes dénoncent sa violence, et la vive souffrance physique et morale qu'il inflige aux femmes. Quelques groupes, à Paris et en province, ont conduit une réflexion systématique sur cette souffrance. Ils affirment qu'avorter est une expérience d'aliénation : aucun aménagement hygiénique ou anesthésique ne peut atténuer cette impression accablante. Des militantes s'indignent à l'idée que l'avortement pourrait être imposé aux femmes pour servir à la régulation démographique ou au contrôle social. L'avortement, non plus que la contraception, ne saurait être un moyen suffisant de libération pour les femmes ; l'un et l'autre peuvent au contraire servir à leur mystification. Les hommes, gauchistes aussi bien que bourgeois, n'hésitent guère à « chosifier » le corps des femmes, « tous partisans d'une sexualité modernisée et normalisée, où l'on aménage notre utérus comme on aménage le territoire ».

Faut-il une loi ? Les féministes sont divisées. Les plus radicales ne veulent d'aucune loi, chaque femme devant disposer d'une entière liberté. Les plus prudentes redoutent que, faute d'une loi, trop de femmes soient victimes de charlatans que personne ne pourrait poursuivre. C'est bien pour mettre fin à l'avortement illégal, incontrôlable, qu'une nouvelle loi est donc élaborée. On sait de quel courage dut faire preuve Simone Veil pour faire aboutir son projet, face aux attaques les plus viles et aux injures les plus ignobles. Elle a su mettre au point un compromis acceptable. L'avortement reste en principe interdit (ce n'est pas un nouveau droit), sauf dans des conditions définies par la loi. La femme en situation de détresse peut demander une interruption de grossesse ; la notion de détresse, vague à souhait, permet de détourner tout contrôle. Pourtant l'IVG – nouvelle désignation – ne devrait pas être banalisable, car les obstacles dissuasifs restent nombreux. L'opération ne peut être réalisée que pendant les dix premières semaines de la grossesse, elle est obligatoirement médicalisée, précédée d'un entretien d'information et de conseil, ainsi que d'un délai de réflexion ; elle n'est pas remboursée par la Sécurité sociale. C'est une loi de liberté : tout médecin peut refuser son concours pour clause de conscience.

La loi Veil, promulguée le 15 janvier 1975, n'est applicable que durant cinq ans : elle est donc remise en discussion en 1979. Les mouvements de femmes paraissent alors essoufflés. Pourtant, en octobre 1979, cinquante mille femmes défilent dans Paris pour obtenir la confirmation de l'acquis.

Le « libre choix »

L'IVG a donc été, est encore pour bien des gens, un drapeau du féminisme. Aussi les militantes réclament-elles sans cesse et obtiennent-elles souvent un meilleur accès à cette liberté spécifique.

À leur service les techniques se font de plus en plus accessibles. Après le succès (relatif en France) de la méthode par aspiration (dite de Karman), la biochimie a pris le relais : aujourd'hui les médicaments abortifs rivalisent avec la chirurgie. La Mifépristone, fruit des recherches du médecin français Étienne-Émile Beaulieu (RU 486) pourrait permettre à celles qui en ont le courage d'interrompre leur grossesse discrètement chez elles. Mais les Françaises ne semblent pas pressées de s'approprier ce procédé. Ailleurs dans le monde, le Misoprostal, prostaglandine peu coûteuse, est de plus en plus utilisé.

Au plan juridique, les associations les plus militantes – à savoir la Coordination des associations pour le droit à l'avortement et à la contraception (CADAC), le Mouvement français du planning familial (MFPF) et l'Association nationale des centres d'interruption de grossesse et de contraception (ANCIC) – ont obtenu du gouvernement la révision de la loi Veil. En janvier 2001, un nou-

veau texte, élaboré par le cabinet du ministère de Martine Aubry associé au secrétariat à la Santé et aux Droits des femmes, préparé dans le cadre d'une très large consultation animée par la Délégation aux droits des femmes présidée par la députée Martine Lignières-Cassou, est voté par l'Assemblée nationale.

Il est suivi en mai 2002 de la publication de décrets précisant les modalités de mise en œuvre de la loi. Ses caractéristiques principales sont, d'une part, l'unité du cadre législatif concernant les différents aspects de la maîtrise de la reproduction : contraception, avortement et stérilisation volontaire. D'autre part, la dépénalisation de l'avortement bénéficie de la reconnaissance législative. Ne sont plus condamnées que les personnes coupables d'avoir imposé un avortement. Enfin, la limite de terme pour pratiquer l'avortement est repoussée jusqu'à quatorze semaines d'aménorrhée du seul fait de la demande de la femme ; elle est également accordée, au-delà de ce terme, dans le cadre des interruptions médicales de grossesse pratiquées en raison de menaces graves sur la santé de la femme ou de pathologies fœtales ne pouvant bénéficier d'une thérapeutique efficace. Ces possibilités reconnues dans la loi précédente sont étendues et facilitées par la loi de 2002. Il faut ajouter à ces trois modifications essentielles la disparition de l'obligation d'autorisation parentale pour les mineures, celle de l'entretien social pour toute femme majeure, et l'accès libre à la stérilisation volontaire pour celle-ci. D'autres dispositions concernent la démédicalisation de la contraception d'urgence et la possibilité de pratiques ambulatoires de l'avortement médicamenteux. Tout cela est considérable et affirme ainsi la reconnaissance inconditionnelle du droit des femmes à disposer de leur corps et à donner librement la vie. Il s'agit très concrètement d'un bouleversement culturel, anthropologique ou de civilisation, disent d'autres, qui remet en cause les « valences différentielles des sexes », c'est-à-dire la dominance du principe masculin sur le féminin, décrit par Françoise Héritier[18]. *« Si la fécondité est le lieu central de la domination du masculin, il s'ensuit que la prise par les femmes du contrôle de leur propre fécondité, revient pour elles à sortir du lieu de la domination. »*

Tout est-il donc pour le mieux ? Les femmes ont-elles acquis « droit de vie et de mort sur les sociétés occidentales » comme le dit Louis Roussel ? Rien n'est moins sûr, car ce droit, elles ne parviennent pas à se l'approprier, même si elles en ont en apparence tous les moyens. Ainsi, elles ne maîtrisent nullement la production et le coût des médicaments qui leur sont nécessaires : ceux-ci sont fabriqués par des firmes multinationales bien plus soucieuses de leurs intérêts économiques que de la liberté féminine. Et d'un autre côté les femmes, dans leur écrasante majorité, restent très vulnérables, car leur désir d'amour et leur désir d'enfants les maintiennent en dépendance. L'avenir reste incertain.

PUISSANCE ET IMPUISSANCE DES FEMMES, PUISSANCE ET IMPUISSANCE DES LOIS

De nombreux intellectuels, philosophes, psychanalystes, démographes ou médecins sont inquiets. Désormais dans ce bouleversement, ce n'est plus simplement de mesures de santé publique, de justice ou de compassion qu'il s'agit, comme il avait pu paraître en 1975, mais bien d'un progrès sans précédent dans l'histoire humaine, puisque même le concept très émancipateur de démocratie s'accommodait jusque-là de l'oppression universelle d'une moitié de l'humanité. Les enjeux sont bouleversants, inquiétants même pour « l'ordre hiérarchisé actuel de nos catégories mentales. En effet, il ne peut plus continuer à être aussi prédéterminé qu'il l'est encore actuellement, par une idée contraignante qui fait des femmes une catégorie subordonnée et domestique car soumise et sujette au bon vouloir du masculin, en raison de leur fécondité en général et de leur aptitude à faire des fils en particulier ».

À nouveau, le thème récurrent de la menaçante toute-puissance des femmes réapparaît. Souvent d'ailleurs énoncé sous sa forme inversée et la plus habituelle : la tragédie d'une liberté solitaire, sans limite, sans « repère », sans référence philosophique ou religieuse à la Loi, en un mot nihiliste. Affirmation, plus qu'interrogation d'ailleurs, qui resurgit à propos des droits des femmes, et qui mérite pour le moins une forte attention. D'où nous vient cette conception d'une liberté irresponsable, si ce n'est du vieux dispositif d'oppression qui refuse, ou met sous surveillance, la liberté en raison même de l'irresponsabilité affirmée de l'assujettie ? Quelle philosophie peut sous-tendre une telle conception, alors que les bases de ce qu'il est convenu d'appeler la « philosophie des Lumières » se fondent sur la capacité reconnue à chacun d'entre nous d'être responsable de ses actes, d'en être comptable et d'ainsi participer à l'édification de sociétés faites d'individus libres, égaux et fraternels.

Une autre critique largement reprise surgit également. Vingt-cinq ans après la promulgation de la première loi autorisant l'avortement volontaire et médicalisé et plus de trente ans après celle défendue en 1967 par Lucien Neuwirth et permettant l'usage, la délivrance et la diffusion des moyens anticonceptionnels, la fréquence du recours à l'avortement reste presque identique (chacun reconnaissant toutefois l'amélioration sanitaire importante apportée par sa médicalisation). Une telle situation aurait pour origine l'insuffisance des moyens mis en œuvre pour diffuser la contraception. Les nouvelles dispositions législatives ne seraient en définitive que pis-aller, ou pis, fuite en avant, dissimulant notre propre impuissance à combattre l'avortement. Est-ce bien raisonnable ? Admettons tout d'abord qu'aucune femme, à aucun moment de sa vie, ne fait interrompre une grossesse par légèreté ou insouciance, mais bien en raison d'un échec de la contraception qu'elle utilise, quelle qu'elle soit par ailleurs, ou de l'impossibilité de poursuivre une grossesse initialement voulue ou acceptée, pour des raisons que nul n'est en capacité de juger. Aujourd'hui le recours à l'avortement est finalement bien rare : en moyenne, moins d'une fois dans la vie d'une femme. Et cela pour trente ans de vie fertile, équivalent en moyenne de trois cents à quatre cents cycles spontanés. Ainsi, toute femme fertile est confrontée au moins une fois dans sa vie à une grossesse non prévue et une fois sur deux elle va l'accepter[19]*. Il est vrai par contre que 15 à 20 % des femmes fertiles vont recourir plusieurs fois à l'avortement volontaire. Exceptionnellement plus de trois fois.*

Cependant Françoise Edmonde Morin nous rappelle dès 1982, dans La Rouge Différence ou les rythmes de la femme, *les limites de la contraception moderne. Elle en fait plus un facteur d'asservissement que d'émancipation, évitant au fond la véritable maîtrise de son corps par la femme elle-même. Pour l'auteure, la contraception hormonale, le stérilet, et plus gravement encore la stérilisation tubaire éloignent les femmes de la compréhension de leur corps, de sa physiologie, et constituent donc une dépendance douce certes, mais aliénante.*

De telles questions ne peuvent être éludées.

En effet, la forte réduction de la natalité, qui va de la fin du XVIIIe siècle à la première moitié du XXe, inverse le rapport entre mortalité et natalité, du seul fait de la liberté d'une communauté humaine, indépendamment des grandes hémorragies démographiques liées aux famines, aux épidémies ou aux guerres. Phénomène remarquable, cette réduction démographique se fait sans le recours à des moyens artificiels autres que celui modifiant volontairement la vie sexuelle. Les travaux de Jean-Louis Flandrin développent l'idée que le retrait finit par s'imposer à la fin du XVIIIe siècle, en raison d'un très long apprentissage rendu néces-

saire par la pratique du mariage tardif dans la société française. Mais qu'en est-il de la participation active de la femme dans la pratique du retrait ? Nos origines gréco-latines permettent, semble-t-il, à travers quelques œuvres d'art, d'évoquer assez précisément la part de la femme dans cette pratique sexuelle[20].

Que le poids de la domination masculine soit considérable à ce sujet est évident, mais il n'empêche que l'on ne peut expliquer la réussite à la fois privée et collective de cette pratique que par une assez forte contribution des femmes elles-mêmes. Dans la France aristocratique et libertine des XVIIe *et* XVIII e *siècles, les témoignages, indirects certes, concernant la vie de Ninon de Lenclos sont sans mystère. Cultivée et libre, cette intellectuelle proche de Marion Delorme, vraisemblablement morte des suites d'un avortement volontaire, proclame le lien possible entre érotisme et contraception*[21].

Il nous faut constater que, malgré des politiques contraceptives actives permettant un accès simple et généralisé à ces formes modernes et bien tolérées, la persistance d'un taux d'avortement identique à celui de la période précédant la loi de 1975 laisse planer un doute sur la réelle acceptabilité de ces moyens. Ainsi, à contrario, les critiques portant sur la loi autorisant l'avortement ont pour effet une remise en cause des acquis de la contraception de la fin du XX e *siècle. C'est bien la légalisation de l'interruption volontaire de grossesse qui constitue une rupture dans le statut socioculturel des femmes, et non comme beaucoup l'ont cru, la contraception moderne.*

Trop d'avortements ?

Le 28 octobre 2003, un nouveau-né mort est trouvé dans les toilettes du lycée de Contrexéville (Vosges). La mère est une élève de seize ans. Personne ne s'est aperçu qu'elle était enceinte ni qu'elle accouchait. Elle est mise en examen pour meurtre. Même si, assurément, elle est coupable, elle n'est pas la seule. Un enfant se fait à deux : où est le père ? Qui recherchera les responsabilités de sa famille, de son entourage, des enseignants ? Notre société a manqué à tous ses devoirs d'éducation et de solidarité : elle est coresponsable de ce meurtre.

Il eût été préférable certes que cette jeune fille puisse faire une IVG. Mais il eût été infiniment préférable qu'elle ne se trouve pas enceinte contre son gré. Trop de femmes en France sont encore réduites à se débarrasser d'un « fruit » encombrant. Si l'infanticide est devenu rare, par contre on pratique encore, dans l'Hexagone, environ 220 000 avortements par an. C'est regrettable. L'IVG est certes une composante de la liberté féminine, à ce titre elle doit absolument être maintenue, et peut-être même élargie. Ce fut, certes, un symbole glorieux durant les années 1970. Mais, depuis, trente années ont passé : il faut aujourd'hui regarder vers l'avenir. L'IVG n'est plus une victoire pour celle qui s'y trouve réduite : c'est une épreuve. Pour la société, c'est un malheur, et c'est aussi une dépense qu'on pourrait éviter.

Les Françaises pourraient être beaucoup mieux protégées contre une telle éventualité. Voici l'exemple d'un pays proche. Les Pays-Bas ont à la fois la loi la plus libérale du monde (on peut interrompre une grossesse tant que le fœtus n'est pas viable, soit jusqu'à la fin de la vingt-deuxième semaine), et le taux d'avortement le plus bas. Ce succès est le produit de quatre facteurs : une attitude très libérale à l'égard de la sexualité en général et de la sexualité adolescente en particulier : on propose aux jeunes, sans jamais les culpabiliser, toutes les informations et tous les services qu'ils peuvent désirer ; la démédicalisation de la première consultation (la crainte de l'examen gynécologique freine la quête de contraception des plus jeunes) ; la gratuité des consultations et des contraceptifs ; la formation du corps médical et des sages-femmes, qui sont méthodiquement préparés à accompagner les filles d'Ève dans tous les choix qu'elles font. En France, les médecins sont mal formés ou pas du tout dans ce domaine. Le gouvernement lance périodiquement des campagnes de publicité en faveur de la contraception : elles devraient être beaucoup mieux relayées dans les établissements scolaires, dans la presse pour les adolescents, dans les quotidiens régionaux, dans les cabinets des généralistes.

Et, par-dessus tout, il faut déplorer que, malgré les efforts méritoires de quelques militant(e)s, l'éducation sexuelle des jeunes demeure indigente, dérisoire. Elle le restera tant qu'on fera semblant de croire qu'elle relève de spécialistes, alors que tous les adultes sont concernés.

En ce qui concerne les adolescentes, le drame de l'avortement serait d'une intensité particulière : marque définitive, souffrance réactivée en cent occasions, regrets éternels... et surtout d'une excessive fréquence ? Comment l'apprentissage de la vie sexuelle, de l'incroyable et fascinante découverte de l'autre, n'entraînerait-il pas quelques vertiges ? Émancipatrice, la vie sexuelle de l'adolescent permet cette rupture vitale d'avec ses géniteurs et constitue la première grande expérience de sa propre liberté. Qui peut prétendre que cette aventure de la responsabilité, souvent vécue comme excessive, se fasse sans heurt, sans erreur ? Plus de 80 % des premiers rapports sexuels s'accompagnent de mesures contraceptives[22]. *Adultes, nous faut-il faire beaucoup d'efforts de mémoire pour réaliser ce que recouvre de transformations, de progrès du sens des responsabilités, ce chiffre peu imaginable voilà trente ans ? La raison est-elle toujours convoquée lors de nos premiers ébats sexuels ? Tout l'indique, il y a moins de grossesses chez les adolescentes qu'il y a vingt-cinq ans*[23]. *Stagnation récente ? Peut-être. Interrogeons-nous ou, mieux, écoutons les adolescents nous dire leurs difficultés, leurs souhaits et donnons-leur, si nous le pouvons, les moyens nécessaires. À commencer par une meilleure information, plus cohérente, peut-être aussi moins inquiétante, plus ouverte, plus respectueuse de leurs choix personnels. Faut-il impliquer les garçons ? Sans doute, car après tout l'apprentissage du respect de l'autre ne passe-t-il pas désormais justement par la vie sexuelle et la reconnaissance qu'elle implique, du droit reconnu aux femmes de la maîtrise de leur fécondité et de leur corps ?*

Elles ne savent pas ce qu'elles veulent...

Trop d'avortements ? Qui peut répondre à cette question ? Allons-nous réécrire l'histoire à notre goût ? Les femmes ont payé d'un prix exorbitant le « privilège » de donner la vie humaine, d'humaniser les phénomènes biologiques de la reproduction, d'inscrire chaque personne dans une histoire, dans une filiation. D'en faire un individu dont la singularité fonde la dignité et le respect qui lui est dû. Il existe maintenant une grande diversité de moyens contraceptifs et les femmes y ont de plus en plus recours[24]*. Leur accessibilité n'est pas parfaite, leur efficacité parfois prise en défaut, mais ces limites n'expliquent peut-être pas ce qui nous apparaît comme d'inexplicables échecs. Marie-Magdeleine Chatel*[25] *et bien d'autres psychanalystes nous ont aidés à les comprendre. Nous avons beaucoup à écouter et à apprendre des femmes qui nous demandent d'interrompre leur grossesse. Surtout si elles en renouvellent la demande. Les informations contraceptives n'ont pas, loin s'en faut, la clarté nécessaire et restent marquées par les arguments d'autorité, l'abus du contrôle préventif, la confusion maintenue entre maîtrise de la fécondité et prévention des maladies sexuellement transmissibles. Surtout, et la pratique médicale* *du nord de l'Europe nous apporte beaucoup sur ce point, informer n'est pas imposer. Une des causes de la désaffection souvent constatée de la contraception moderne n'est-elle pas justement qu'elle apparaît, paradoxalement, contraignante, menaçante même ? Conquête des femmes, elle ne peut que leur appartenir. Ce qui n'est pas encore le cas. Libre aux hommes par ailleurs d'adopter leur propre contraception s'ils ne souhaitent pas être pères ou tenus pour responsables d'une grossesse. Le succès obtenu par le Sildénafil (Viagra) est plutôt l'illustration de la prolongation du rêve de virilité, sinon de domination. Affaire de couple, certes, mais dans un rapport nouveau des sexes, et une rupture culturelle consciente.*

À la croisée des chemins

Contrairement à ce que beaucoup d'entre nous ont cru, femmes et hommes, la contraception moderne, fruit de la biochimie et de l'endocrinologie des années 1930 et 1940, puis des préoccupations malthusiennes des pays occidentaux, n'est peut-être pas à l'origine du bouleversement anthropologique en cours qui remettrait en cause la domination masculine. C'est sans doute en fait un long processus multiséculaire d'émancipation et de luttes qui a rendu possible cette rupture. Ne peut-on pas considérer que les sommets de l'horreur atteints par le siècle passé ont laissé percevoir dans la conscience humaine l'impérieuse nécessité de ce bouleversement ? Aldous Huxley[26] avait, dit-il dans la préface à l'édition de 1946 du Meilleur des mondes, *sous-estimé en 1932 (date de la première édition de sa fiction anticipatoire), les conséquences technologiques des découvertes de la physique nucléaire. Mais il n'avait pas envisagé cette transformation du rapport entre les sexes, en définitive plus prévisible et surtout bien plus considérable. Ni Sigmund Freud d'ailleurs dans son* Malaise dans la civisation[27].

La partie est-elle gagnée ? Rien ne le prouve, répétons-le. Dix ans après avoir aboli le mariage et légalisé l'avortement en 1923, l'URSS (on l'a vu plus haut) accomplit un retour autoritaire à l'ordre ancien qui ne concerne pas seulement le statut des femmes. Ce n'est sans doute pas une simple coïncidence. De même aux États-Unis, malgré l'arrêt de la Cour suprême de 1973 déclarant contraire à la Constitution l'interdiction de l'avortement, on voit cette question être à nouveau un enjeu électoral, tandis que se développent les pires violences contre les centres d'orthogénie et leur personnel et surtout que de nombreux États ne permettent pas aux femmes d'exercer leur droit. L'expérience de la Roumanie en 1966 constitue un modèle de régression fréquemment rappelé. Celui de la Pologne en 1990 est également à souligner. Dans le monde, l'accès à la contraception reste difficile pour la majorité des femmes. En Afrique et en Amérique latine, les pressions vaticanes sont encore efficaces. Pourtant les prévisions démographiques sont à la baisse dans la presque totalité des pays du monde, avec ou sans pilule, confirmant qu'il ne s'agit pas seulement des effets de ce petit comprimé magique. D'ailleurs, est-ce bien souhaitable ou seulement raisonnable de lier le sort de l'humanité en général et des femmes en particulier à un médicament ?

À Kaboul, Bogota, Dublin ou Douala, des femmes, de plus en plus nombreuses, luttent pour la reconnaissance de leurs droits et tout particulièrement la libre disposition de leur corps. Mais qu'en est-il à Paris, Londres ou Chicago ? Des moyens de contrôle et de domination des femmes ne se mettent-ils pas en place sous des formes nouvelles ? Multiplications injustifiées des procréations médicalement assistées, systématisation réglementaire du diagnostic prénatal, industrialisation de la naissance, qui peut dire jusqu'où ira le diagnostic pré-implantatoire ?

Progrès ! Et pour qu'il n'y ait pas à en discuter, inéluctable, ajoutons-nous. Qui sait ? Le clonage thérapeutique nécessite des donneuses d'ovocytes. Un commerce déjà promotionné aux États-Unis. Ce serait mieux, dit-on, que la vente d'organes… N'échapperait-on pas aux prophéties du Meilleur des mondes *? Non, rien n'est joué, bien sûr, et l'insoupçonnable pugnacité des femmes viendra sans doute à bout de la logique liberticide de toutes ces nouvelles formes d'oppression.*

6

Naissances artificielles

Le désir d'enfant est peut-être originel, mais son expression est toute récente ! Naguère, désir d'amour et désir d'enfant restaient officiellement confondus. Faire l'amour en évitant de procréer, c'était « tricher », on ne s'en vantait pas. Aujourd'hui, c'est presque l'inverse. Les couples s'aiment librement ; ce n'est qu'après un certain temps que leur « désir d'enfant » se déclare : alors ils « commandent » un bébé.

Cela dit, aujourd'hui comme autrefois, la stérilité peut compromettre un « projet parental ». Elle est toujours ressentie comme une épreuve cruelle. À la déception de ne pas voir naître et grandir un petit, s'ajoute l'humiliation de ne pas transmettre la vie reçue, d'interrompre une lignée, de décevoir une famille. Autre tourment, peut-être encore plus affligeant : mettre au monde un enfant anormal, nous disons aujourd'hui handicapé. Le chagrin de voir grandir cette progéniture souffrante s'accompagne d'une vive inquiétude au sujet de son avenir ; et, pour les ménages modestes, la charge matérielle de l'éducation paraît écrasante.

Les médecins et les biologistes de la fin du XXe siècle ont conjuré les périls et apaisé les craintes. Mais pour y parvenir, ils ont dû violer le mystère de la fécondité, transgresser des règles sacrées, oser fabriquer eux-mêmes un embryon humain, faire des sélections parmi les embryons. Les conséquences de cette profanation se révèlent aujourd'hui, à leur tour, menaçantes. S'agit-il d'améliorer l'espèce humaine ? De mettre en place un nouvel ordre génétique ?

L'ASSISTANCE MÉDICALE À LA PROCRÉATION

Un moyen de pallier la stérilité avait été découvert dès le XVIIIe siècle : le naturaliste et anatomiste italien Spallanzani avait réussi à inséminer artificiellement des batraciens. Mais appliquer cette technique à des humains était alors impensable. La Révolution française, en sécularisant les idées et les mœurs, a levé l'interdit symbolique. À partir de là, l'histoire des procréations assistées se laisse raconter en quatre étapes qui sont autant de transgressions...

Les quatre transgressions

Première étape, première transgression : l'insémination artificielle a été transportée du monde animal à l'espèce humaine. Dès 1777, les expériences de Spallanzani révélaient que le rapport sexuel n'était pas nécessaire à la fécondation. Cette évidence étant acquise, des essais ont été sans doute proposés aux couples inféconds dans le secret des cabinets médicaux ; mais ils étaient tenus pour immoraux. Le fait qu'un tiers (même médecin), s'immisçât dans l'intimité sexuelle d'un couple paraissait scandaleux. Un procès a été intenté en 1880 à Bordeaux contre un médecin coupable de cette faute (« l'affaire Lejâtre ») ; et le Vatican a condamné l'insémination artificielle en 1897. La réprobation morale constituait une forme puissante de contrôle social[1]. C'est pourquoi l'insémination artificielle par conjoint (IAC) n'a pu sortir de l'ombre que lors des débats relatifs à la contraception et à l'avortement – débats qui révélaient l'implication réelle des médecins dans les problèmes de sexualité et de procréation.

Deuxième étape, deuxième transgression : l'insémination artificielle avec donneur (IAD) est réalisée grâce au sperme d'un homme étranger au couple, lorsqu'un mari se révèle infertile. Cette pratique, elle aussi, existait bien avant d'être reconnue, et elle posait des problèmes moraux encore bien plus graves que l'IAC : des censeurs vertueux y voyaient un « adultère moral », et dénonçaient notamment le risque d'inceste involontaire.

L'inceste, tabou fondateur d'humanité, n'en est pas moins fort répandu. Longtemps, le savoir humain a entretenu cette flatteuse illusion d'une supériorité nous distinguant sans conteste des autres espèces animales toutes innocemment incestueuses[2]. Il n'en est rien et nous le savons mieux désormais. D'abord, en dehors de la captivité et de la domesticité, la reproduction de la plupart des espèces animales échappe à l'inceste. Le « tabou » ne procéderait curieusement que d'un comportement d'évitement « naturel » – à l'exception justement de l'espèce humaine qui a dû prendre des mesures coercitives pour l'imposer. Aussi les sociétés organisent-elles la reproduction de manière à en exclure les risques incestueux. Il est donc important d'identifier clairement les procréateurs. Illusion au fond très naïve mais pourtant paraissant suffisante pour exorciser le malheur. Aussi coercitive soit-elle, aucune société ne peut assurer le contrôle biologique des paternités. Le droit romain, on l'a vu, l'avait fort bien compris. Ce qui ne signifie pas que le monde gréco-latin négligeait l'inceste. A fortiori les sociétés ayant la réputation de permissivité, comme la nôtre, n'ont aucune volonté d'assurer l'authenticité génétique des pères. Pourtant elles le peuvent doublement, par l'accès à la connaissance des caractères génétiques des individus et d'autre part par l'assistance médicale à la procréation. Une proportion non négligeable d'enfants, et on le sait assez précisément par différentes enquêtes génétiques, a un père déclaré différent de leur père biologique. Ils l'ignorent le plus souvent l'un et l'autre.

Ainsi le risque d'inceste entre un frère et une sœur est-il bien plus réel par ce jeu fréquent et « naturel » des procréations humaines que dans le cadre de l'insémination artificielle avec don de sperme anonyme. C'est pourtant dans cette circonstance rare que réapparaît la question de l'inceste. Gageons que cette crainte en révèle une autre bien plus obsédante : celle justement de l'énigme permanente et refusée de la paternité.

Pour pallier le risque d'inceste, l'IAD a été institutionalisée à la fin des années 1970 : des CECOS (Centres de conservation du sperme) recueillent les précieuses semences, les congèlent et contrôlent leur utilisation. L'insémination a lieu hors du domicile des conjoints et sous une surveillance médicale rigoureuse. Entre autres normes, les CECOS imposent l'anonymat du donneur : disposition bien intentionnée qui vise à éviter tout conflit, toute rivalité, entre le géniteur et le « père social ». Pourtant elle n'a pu empêcher un pénible ébranlement de l'identité paternelle. En effet, d'un autre côté, à la même époque l'invention des empreintes génétiques permettait de désigner à coup sûr le géniteur, et de disqualifier le non-géniteur : l'incertitude biologique de la paternité pouvait être levée. Rappelons que, depuis le *paterfamilias* romain, les hommes avaient joué de cette incertitude : ils choisissaient leurs enfants et n'élevaient que ceux qu'ils voulaient bien reconnaître. Cette liberté masculine est remise en cause. Dès lors que la vérité biologique de la génération devient accessible, une question se pose : doit-on, peut-on cacher à un enfant la réalité de ses origines ? Si la réponse est non, comment gérer l'anonymat du donneur de sperme ? Si la réponse est oui, comment gérer la relation de l'enfant avec son géniteur ? (En réalité c'est surtout à propos de l'accouchement sous X que le secret des origines a été bruyamment dénoncé[3].)

Troisième étape, troisième transgression. L'insémination artificielle est réalisée hors du corps de la future mère : c'est la fécondation *in vitro* (FIV). Les gamètes s'unissent dans une éprouvette, un embryon apparaît, que le spécialiste transplante dans l'utérus. Lorsqu'il annonce avec émotion : « Madame, vous êtes enceinte ! », son rôle est comparable à celui de l'ange Gabriel. Il faut pourtant souligner la lourdeur de l'intervention sur le corps de la femme, qui doit subir, souvent à plusieurs reprises, des stimulations ovariennes et des ponctions d'ovocytes, traitements pénibles et incertains. La loi française interdit l'usage de gamètes fournies par des donneurs, mais la loi américaine l'autorise ; auquel cas, si l'implantation réussit, la femme assurera sinon la génération, du moins la gestation et la parturition de son enfant : manière de vivre la maternité charnelle.

La quatrième transgression, l'ICSI (injection intracytoplasmique du spermatozoïde), consiste à injecter, *in vitro*, un spermatozoïde par effraction de la zone pellucide de l'ovule (on a parlé de « viol de l'ovule »). Cette prouesse technique représente une révolution dans le traitement de l'infertilité masculine, elle est en passe de détrôner le recours à l'IAD. Un seul spermatozoïde suffit pour qu'un homme ait la certitude de transmettre ses gènes, de devenir père biologique, en attendant d'être père social. Le succès a été immédiat : actuellement plus de la moitié des naissances par AMP sont le produit d'une ICSI. Là encore l'expérience, anodine pour l'homme, est agressive pour la femme, puisqu'il faut passer par la FIV, traitement hormonal et prélèvement d'ovocytes. En outre l'infertilité masculine est déniée : en cas d'échec, la responsabilité est reportée sur la femme ; il n'y a pas de mauvais spermatozoïdes, il n'y a que de mauvais ovocytes[4].

L'émergence des problèmes « éthiques »

L'AMP a fait émerger ce qu'on a appelé des problèmes éthiques[5]. Pourquoi éthiques plutôt que moraux ? Le langage médical préfère les mots d'origine grecque. Peut-être pour rester dans la ligne d'Hippocrate, peut-être aussi parce que « la morale », en Occident, est trop marquée par le christianisme...

Soulignons d'abord que la procréation assistée accuse brutalement et sans scrupule l'asymétrie entre maternité et paternité. Mais puisque les femmes sont consentantes, on ne saurait les considérer comme des victimes...

Il y a plus grave. Présentée comme un traitement palliatif de l'infécondité, l'AMP a transformé les médecins et les biologistes en géniteurs d'un nouveau genre. Au niveau d'efficacité qu'ils ont atteint, la charge des responsabilités devient parfois accablante : quand la conception ne relève plus du hasard, elle exige des choix difficiles. Par exemple : toutes les demandes sont-elles recevables ? Celles qui étaient présentées par des femmes seules, des homosexuel(le)s, ou des personnes porteuses de graves handicaps héréditaires ont suscité la méfiance des magiciens de l'AMP. Mais de quel droit les repousser ? De telles questions ont fait surgir des « comités d'éthique » dans les CECOS, puis dans de nombreux hôpitaux, et un « Comité national d'éthique » a été constitué. En 1985, à Paris un grand colloque national pluridisciplinaire, « Génétique, procréation et droit », a longuement débattu sur ces nouveaux problèmes de société, sans apporter de réponses vraiment décisives. Les comités d'éthique sont supposés arbitrer, en cas de conflit entre les demandeurs et les praticiens, mais on leur reproche d'être à la fois juges et parties, car les médecins y sont toujours largement majoritaires.

La loi du 29 juillet 1994 a réglementé l'AMP. Ceux qui l'ont élaborée ont pratiquement réservé l'assistance aux couples hétérosexuels stables : ils pensaient rester ainsi au plus près de « l'ordre naturel ». Mais cet ordre supposé « naturel » n'est rien d'autre qu'une norme sociale dominante dans la culture occidentale. Laquelle norme est justement battue en brèche par les apprentis sorciers qui transforment les hommes et les femmes en simples pourvoyeurs de cellules. Le sort toujours incertain des « embryons surnuméraires » (obtenus pendant la FIV, mais non transplantés, et congelés pour conservation) est un autre signe des insuffisances de la loi de 1994. Aussi sa révision est-elle annoncée, mais elle tarde.

En somme les prouesses scientifiques et techniques de l'AMP tendent à « désexualiser » et à « décorporéiser » la procréation ; leur prolongement logique, c'est le recours à l'utérus artificiel (ectogénèse), solution que telle juriste extrémiste appelle de ses vœux[6]. La conception d'un être humain serait alors un processus autonome de fabrication, sans rapport avec la rencontre d'un homme et d'une femme : une telle éventualité, déjà imaginée par Aldous Huxley, commence à devenir plausible. Qu'adviendrait-il alors de la naissance ? Qui accueillerait le nouveau-né à sa sortie de l'utérus artificiel ? Sans doute les médecins et les biologistes qui l'auraient produit…

Tout récemment, de nouveaux problèmes liés eux aussi à l'AMP ont surgi : certaines naissances ont fait scandale. Benoît-David, né en mai 2001, est le fils d'une mère ménopausée âgée de soixante-deux ans. La médicalisation rend possible la maternité d'une femme ménopausée, et aucune loi n'indique d'âge limite pour une procréation assistée (un arrêté du 25 janvier 2000 qui prétendait fixer l'âge limite à quarante-trois ans a été balayé par l'opposition des usagers, et annulé par le Conseil d'État).

Pourtant Jeanine Salomone, devenue mère à soixante-deux ans, a provoqué un peu partout des réactions d'une extrême violence. On sait que cette personne est allée à Los Angeles pour profiter des libertés américaines : un médecin du Pacific Fertility Center l'a aidée à produire un embryon grâce à l'apport des ovules d'une donneuse rémunérée et du sperme d'un donneur ; elle a reçu et porté cet embryon dans son utérus puis a mis au monde un garçon, son fils. Pour augmenter les chances de succès, un autre embryon, de même provenance, fut implanté dans le corps d'une porteuse rémunérée, qui mit au monde Marie-Cécile, en mai 2001 également… Le scandale atteignit un sommet lorsqu'on sut que le donneur de sperme était le frère de Jeanine : celle-ci, par ce moyen, voulait transmettre indirectement son patrimoine génétique à l'enfant à naître. Dans un livre témoignage[7] elle explique sa conduite par l'immense souffrance de n'avoir pas enfanté. Des personnalités politiques, médicales, éthiques ont lancé contre elle l'anathème… Avec du recul, leurs arguments n'apparaissent plus tellement décisifs. Pourquoi mettre au point des techniques miraculeuses s'il faut ensuite en interdire l'emploi aux libres citoyen(ne)s ?

Autre cas limite ; celui des gays et des lesbiennes[8]. L'homosexualité a été longtemps perçue comme un refus de procréer, et ses adeptes avaient intériorisé cette conséquence. Mais l'assistance médicale a révélé que la rencontre physique entre un homme et une femme n'était pas indispensable à la procréation. À la même époque, l'épidémie de sida invitait à la prudence tous ceux qui pratiquaient la libre sexualité : des « couples » homo se sont stabilisés, tant parmi les gays que parmi les lesbiennes. « Le désir d'enfant, dit l'une, je l'éprouve depuis longtemps [...] Il prend de la résonance, de l'importance quand je suis en couple, et non pas quand je suis célibataire. C'est le couple et le fait d'être bien dans ma vie amoureuse et sentimentale, de me sentir épaulée et équilibrée, qui font remonter en moi ce désir d'enfant. » Le vote du Pacte civil de solidarité (PACS) par l'Assemblée nationale en 1999 a accéléré cette prise de conscience, et depuis on assiste à une sorte de baby-boom lesbien. Les candidates à la maternité pourraient adopter un enfant, mais la plupart désirent vivre la « maternité biologique » et se débrouillent pour obtenir, en France ou à l'étranger, une insémination artificielle ; la compagne de la mère biologique se dit mère, elle aussi, mais elle joue plutôt un rôle de marraine très proche. Si deux compagnes souhaitent l'une et l'autre enfanter, c'est la plus âgée qui commence ; pour resserrer le lien familial, elles demandent le sperme du même donneur... D'autres lesbiennes préfèrent que leur enfant puisse connaître et aimer son père. Alors la médicalisation est écartée : un couple de femmes et un couple d'hommes s'associent pour procréer au moyen d'un « pot de yaourt » (tenu et transporté avec ferveur par le compagnon du futur père) et d'une seringue (manipulée avec jubilation par la compagne de la future mère)... La naissance d'un enfant opère souvent le miracle de réconcilier les familles : des parents offusqués par l'homosexualité de leur fille (de leur fils) sont tout heureux d'accueillir le petit-fils ou la petite-fille qu'elle (il) leur propose. Et la fête de Noël est alors célébrée avec une chaleur et un éclat renouvelés.

Ceux qui protestent contre de telles procréations invoquent en général l'intérêt de l'enfant. Mais où sont les critères objectifs de l'intérêt de l'enfant ? La Déclaration des droits de l'enfant (1989) ne donne pas d'éléments qui permettraient de condamner et d'interdire ces pratiques. Il serait d'ailleurs bien difficile de prouver qu'elles comportent pour l'enfant plus de risques que les procréations ordinaires. Et les interdits prononcés dans un cadre national resteraient lettre morte face à la mondialisation (comme l'a démontré Jeanine Salomone).

Restent bien d'autres soucis éthiques : par exemple celui du bébé-médicament que l'on fait naître pour pouvoir soigner son frère ou sa sœur... D'une manière générale, la recherche sur l'embryon humain recèle le meilleur et le pire : le meilleur, c'est le progrès de la connaissance ; le pire, c'est le risque de détournements, de marchandisation. Sa Majesté l'embryon rivalise avec Sa Majesté le bébé. Une nouvelle loi de bioéthique est en préparation, en France, pour remplacer celle de 1994. Mais « le progrès de la science » peut-il s'arrêter aux frontières de l'Hexagone ? Il faut désormais compter avec la mondialisation.

La médicalisation de la naissance posera peut-être plus de problèmes qu'elle n'en a résolu.

Dès que les mystères de la fécondation sont percés, il n'est guère difficile d'imaginer conjointement son contrôle et les réponses apportées à ses défaillances. En Grande-Bretagne, aux États-Unis, en Australie, en France et ailleurs, de nombreuses équipes de biologistes, vétérinaires et médicaux, se mettent à l'ouvrage. En raison même de la disponibilité du « matériel expérimental » et des intérêts économiques en jeu, ce sont les biologistes, travaillant sur différentes espèces de petits mammifères, qui précèdent par leurs travaux et leur succès les biologistes de l'espèce humaine[9]*. De la fécondation in vitro obtenue dans plusieurs espèces de rongeurs (1954 : lapin, 1963 : hamster, 1968 : souris), puis dans l'espèce humaine en 1969, à la réimplantation d'un très jeune embryon chez le lapin en 1959 et l'humain en 1978, on en arrive très vite, à la fin des années 1970, à la première naissance humaine résultant de telles techniques. Ainsi le 25 juillet*

1978 naît dans la banlieue de Manchester une fillette conçue hors du corps de sa mère, l'ovule ayant été fécondé dans une éprouvette d'un laboratoire de Cambridge. L'effet est considérable, comparable à celui produit, dix ans plus tôt, par la première greffe de cœur en Afrique du Sud. Vont suivre des naissances en Inde, en Australie, puis en France pour la première fois le 24 février 1982. Vingt ans plus tard, au pays d'Amandine, on approche des 10 000 naissances par an obtenues par ce procédé et ceux qui vont en découler.

Rien de très compliqué pourtant. D'abord prélever un ou plusieurs ovocytes dans un ou plusieurs follicules ovariens, petits kystes d'environ 20 micromillimètres de diamètre, saillants et très visibles à la surface d'un ovaire qu'on observe dans un premier temps par cœlioscopie, puis plus simplement par échographie, et que l'on ponctionne à l'aide d'une aiguille et d'une seringue. Leur nombre et leur degré de maturation sont actuellement maîtrisés par des freins et stimulations hormonaux. Ensuite les recueillir dans un milieu d'accueil proche des conditions physiologiques permettant aux spermatozoïdes, dont la collecte est le plus souvent aisée, d'assurer la fécondation. Et le « miracle » se produit sous nos yeux ébahis. L'ovocyte capte l'élu, chromosomes et gènes se livrent à une secrète chorégraphie, s'apparient et constituent ainsi la première cellule fondatrice du futur et prodigieux édifice embryo-fœtal, génétiquement totalement nouvelle, ébauche encore incertaine, aléatoire d'un futur enfant. Inaugurant une vie nouvelle, la voilà divisée, dans les vingt-quatre heures qui suivent, en deux, puis quatre cellules totipotentes identiques, dont l'un est susceptible d'être prélevée à des fins de diagnostic préimplantatoire lors d'une pathologie génétique familiale. Ce petit « embryon » composé de trois ou quatre cellules est alors introduit dans l'utérus maternel. Deuxième miracle ! Cet amas cellulaire va assez souvent se nicher dans l'endomètre si celui-ci possède les conditions requises. Le destin de ce petit œuf est-il identique à celui de ses semblables plus « naturellement » admis ? Il est finalement assez proche, du moins si nous nous en tenons au constat épidémiologique d'une pratique d'un quart de siècle.

Une différence notable est toutefois liée au nombre d'embryons implantés, non dans le but de multiplier les enfants obtenus, mais seulement d'accroître les chances d'en obtenir un seul. Ici surgit la première complication médicale de cette « merveilleuse technique » qui peut faire naître assez fréquemment plus de bébés que ses futurs parents ne le souhaitent ou ne sont en capacité d'accueillir. D'autant que les grossesses multiples sont peu physiologiques dans l'espèce humaine et que l'utérus supporte très mal la cohabitation de plus de deux fœtus. Situation paradoxale qui menace d'excès cette future mère souffrant de longues années d'absence d'enfant.

Vingt ans d'expérience vont aboutir au cri d'alarme d'un observatoire obstétrical français qui déplore l'accroissement du taux de grands prématurés lié à l'assistance médicale à la procréation[10]. Dans les techniques de fécondation in vitro traditionnelles ou ayant recours à l'injection intracytoplasmique d'un spermatozoïde (ICSI), les recommandations actuelles sont en faveur de la réimplantation d'un nombre réduit d'embryons.

Les embryons en excès sont congelés et permettent des réimplantations ultérieures à la demande, sans recours cette fois à la fécondation in vitro. Nous obtenons ainsi des conditions théoriques idéales : un couple, plus précisément une femme et un homme, peut, après les diverses et malgré tout assez laborieuses manipulations précitées, mettre en réserve pour ses « projets parentaux » quelques embryons prêts à être nichés dans l'utérus maternel et s'il le faut préalablement sélectionnés. Ce n'est pas le « meilleur des mondes », mais peu s'en faut.

Cependant quelques failles apparaissent dans ce génial dispositif. Quel sort en particulier réserver à ces embryons devenus orphelins du désir de leurs cogéniteurs ? Les donner à d'autres futurs parents malchanceux ? En faire un matériel d'expérience en vue d'améliorations de la technique elle-même ou de progrès dans la connaissance des mystères de la génétique et de l'embryologie ? D'un procédé ayant pour objectif de permettre à une femme stérile, puis grâce à l'ICSI à un homme stérile d'obtenir un enfant, on en est arrivé, du fait même des effets collatéraux des thérapeutiques utilisées à des fins d'hyperstimulation, à « produire » des moyens, en l'occurrence des embryons, ou plutôt ce que l'on nomme désormais des pré-embryons afin de ne pas heurter certaines consciences, destinés à résoudre d'autres problèmes. Ainsi évolue la science dirons-nous. D'autant que ces problèmes sont évidemment importants. Pourquoi alors ne pas favoriser une telle « reproduction » ?

La raison humaine est-elle apte à répondre à de telles questions ? Sans doute ne peut-on laisser aux seuls spécialistes le soin d'y répondre. La fascination qu'exerce sur eux très directement le paradigme du « progrès scientifique », tel qu'il a été défini par Auguste Comte au XIX*e siècle, leur retire paradoxalcment cette indispensable modestie critique. D'autant que la technologie médicale est devenue un enjeu économique capital. Tout est mis en œuvre par les firmes en voie d'acquérir le monopole de la recherche, au prix de la disparition des organismes publics, pour obtenir des scientifiques, et au-delà, de l'ensemble du personnel médical, la plus forte collaboration, volontairement acceptée comme il se doit. Au point qu'on voit les grandes publications internationales mettre en garde les chercheurs contre les pressions exercées directement ou non par les financeurs de leurs travaux*[11].

Au total, la fécondation in vitro et sa partenaire l'ICSI ont permis en France la naissance de près de 50 000 enfants en vingt ans, représentant environ 3 enfants pour 1 000 nés au cours de cette période. La progression du recours à cette technique n'a cessé de croître dans la plupart des autres pays occidentaux.

C'est à la fois considérable pour des milliers de familles qui sans cette technique n'auraient peut-être pas accueilli d'enfants, et bien peu au regard du grand nombre de couples qui, malgré et parfois à cause de « ces moyens », n'en auront jamais. Sommes-nous autorisés à émettre de telles réserves ? Ce bonheur d'un couple qui vient de donner la vie à un enfant rendu possible par l'assistance médicale à la procréation ne vaut-il pas d'être payé d'un prix qu'au jour des échecs on peut considérer comme exorbitant et même inacceptable ?

C'est bien un appel à la raison qu'a lancé le Comité consultatif national d'éthique à propos de l'extension considérée comme abusive des indications de l'insémination intracytoplasmique du sperme[12]*.*

Pour une efficacité réduite d'environ 20 % (rapport du nombre d'enfants sur le nombre de ponctions d'ovocytes nécessaires), comportant des risques d'hyperstimulation ovarienne, de grossesses multiples et de leur cortège de prématurités, elles-mêmes source de handicaps neurosensoriels, d'embryons surnuméraires orphelins, l'assistance médicale à la procréation a entraîné dans son sillage la multiplication des stimulations ovariennes, hors FIV, et de leurs conséquences rédhibitoires. La folie de la recherche des origines génétiques n'est-elle pas aussi l'avatar de l'assistance médicale à la procréation ? Or l'énigme de la paternité est à l'origine de l'humain parce qu'elle est l'expression la plus forte du mystère de l'autre, et à ce titre de la vie amoureuse sous toutes ses formes.

De telles innovations intervenant au cœur même de l'histoire des individus, dans sa dimension la plus intime, posent évidemment des problèmes considérables aujourd'hui sans réponse.

Elles justifient une extrême mobilisation de tous et la remise en cause des pouvoirs excessifs des élites scientifiques et sociales dont la vigilance semble déjà engourdie par le triomphalisme scientiste et la marchandisation du vivant. L'hypnose nous gagne tous d'ailleurs, tant « l'inexorabilité des progrès scientifiques » nous aveugle.

Les réactions des femmes

La science de la procréation peut-elle être qualifiée de masculine ? Relève-t-elle du seul « pouvoir médical » ? Dans quelle mesure et de quelle manière les femmes s'y sont-elles impliquées ? De plus en plus nombreuses sont aujourd'hui les femmes médecins, les femmes biologistes, capables de participer aux recherches. Celles qui atteignent aux plus hauts niveaux d'initiative et de responsabilité ne se distinguent guère des hommes, elles sont captées par l'ivresse de la connaissance.

Mais les progrès scientifiques et techniques qui viennent d'être évoqués concernent la masse des femmes d'une autre manière : en affectant la fonction maternelle. Sur ce point, il faut reconnaître que la procréation assistée a suscité un enthousiasme imprévu.

Il y eut, à la fin des années 1970, une panique soudaine de stérilité. La pilule permettait aux jeunes femmes de retarder les naissances, parfois trop : quand elles se décidaient à devenir mères c'était trop tard. Certaines, en multipliant les partenaires, contractaient parfois une infection par chlamydia (qui rend stérile). Or la contraception avait créé l'illusion d'une maîtrise absolue : « Un enfant si je veux, quand je veux ». Si, « quand je veux », l'enfant ne vient pas, la déception est d'autant plus scandaleuse qu'elle est perçue comme une sanction de la nouvelle liberté.

Sanction inacceptable ! Les victimes passent du désir d'enfant, désir subjectif, à une demande de plus en plus pressante. Le corps médical vole à leur secours, car il escompte des bénéfices personnels : d'abord bien sûr la satisfaction des patientes et leur gratitude, mais aussi le progrès de la science, la notoriété personnelle et même le profit financier. Leur zèle élève le désir d'enfant au rang d'une exigence sacrée. Au seuil des années 1980, la fécondation *in vitro* (FIV), prouesse technique, fait l'objet d'une prodigieuse valorisation médiatique. L'offre stimule la demande et réciproquement.

Un espoir fou, celui de la dernière chance, enthousiasme les femmes stériles. Les services hospitaliers, stupéfaits, sont envahis, les listes d'attente s'allongent démesurément, imposant des délais de plusieurs années. Ce qui surprend, c'est l'acharnement de celles qui s'engagent. Leur désir est présenté comme une détresse comparable à celle qui justifie l'avortement. Une femme médecin a vu une patiente qui en était à sa vingt-deuxième tentative d'insémination ! Même pour une intervention lourde, risquée, aléatoire, comme la fécondation *in vitro*, certaines ne voulaient entendre aucun avertissement. « Même si je n'ai que 1 % de chances, je veux tenter l'expérience. Je la tenterai même si je n'ai aucune chance. Au moins j'aurai tout essayé, je n'aurai pas de regret. »

Le désir s'exprime bientôt comme un « droit à l'enfant » ; « enfant prothèse, enfant greffe », enfant objet pour la mère, enfant possédé plutôt que désiré. Revendication de plus en plus individuelle, de plus en plus subjective. Dans de tels cas, « le sperme évince le père » : des demandes émanent de femmes célibataires, vierges, homosexuelles, ménopausées. Une association, Alma mater, organise des « prêts d'utérus ». Pourquoi pas ? disent les uns. Horreur ! s'écrient les autres… Le désir d'enfant des femmes ne connaît plus aucune limite, et plonge en plein désarroi les sages des comités d'éthique.

Les nouvelles techniques ne posent pas seulement des problèmes éthiques. Elles connaissent de nombreux échecs. Soit la fécondation n'a pas lieu, et des déceptions successives plongent dans la déréliction des femmes qui ne peuvent plus faire le deuil de l'idylle maman-bébé. Soit la stimulation ovarienne déclenche une grossesse multiple : pour celle qui rêvait de choyer un joli poupon, c'est accablant de mettre au monde des triplés ou des quintuplés. Pis : les enfants FIV naissent souvent prématurés, donc fragiles. Un néonatologue, en grande colère, fait savoir qu'il dépense 7 000 à 8 000 francs par jour pour soigner chacun de ces nouveau-nés, alors qu'il en « jette à la poubelle » – c'est son expression – cinq ou six chaque année.

D'un autre côté, émergent de troublantes questions d'identité. Autrefois la mère était désignée par la grossesse et l'accouchement ; seul le père restait incertain. Pendant les années 1980, la situation se renverse... Désormais qui est la mère ? Celle qui donne un ovocyte ou un embryon ? Celle qui prête son utérus, porte et accouche ? Celle qui nourrit ? Celle qui allaite[13] ? Les féministes, sidérées et perplexes, tardent à réagir. Quelques-unes s'enthousiasment : on guérit une souffrance morale réputée insoutenable, et on met au service des femmes une « médecine du désir ». D'autres s'irritent devant cette exaltation de la « vocation maternelle ». Bientôt des colloques mûrissent la réflexion. « Maternité en mouvement » en 1986, puis « L'ovaire-dose » en 1988. Alors les féministes prennent la défense des femmes avec vigueur et lucidité. Elles exigent l'évaluation de ces techniques aventureuses qui connaissent, au début, 80 % d'échecs, et qui constituent donc un leurre pour la plupart des patientes. Elles dénoncent l'occultation des effets nocifs. C'est le biologiste Jacques Testart qui le dit : « Les gynécologues traitent les femmes comme aucun garagiste n'oserait traiter les voitures. » Bref les nouvelles techniques jettent une lumière crue, cruelle, sur un désir sauvage, aveugle, passionné, sur la folie de certaines femmes, éternelles complices de leur propre sujétion. Chacun, chacune constate qu'on doit compter avec l'irrationnel, qu'on doit parfois défendre les femmes contre elles-mêmes.

Il devient urgent de chercher la bonne mesure.

Il est vrai que le désir d'enfant, enraciné dans le corps et le cœur des femmes, est un des plus exigeants qui soient. Vrai aussi que la maternité constitue un passage socialement très valorisé dans la vie d'une femme. Vrai encore que l'enfantement reste un discriminant majeur entre les sexes et que c'est peut-être la seule permanence du « féminin ». Mais faut-il tout céder au désir d'enfant ? Il échappe désormais à la vie privée, il est socialisé, il a une dimension politique. Or la parité invite les femmes au civisme. Il faut qu'elles apprennent ensemble à objectiver leurs désirs, à les assumer non plus seulement comme soucis personnels, mais comme élément d'une dynamique collective. Au XXIe siècle, le désir d'enfant et l'avenir de la reproduction humaine relèvent de la citoyenneté féminine : il appartient aux femmes d'en mesurer et d'en négocier la juste place.

UN NOUVEL EUGÉNISME : FONDEMENTS SOCIOHISTORIQUES DU DIAGNOSTIC PRÉNATAL

Le diagnostic prénatal (DPN) est moins médiatisé, il a moins de retentissement auprès du public que l'AMP, alors que ses conséquences sociales sont tout aussi importantes, et qu'il y a une étroite corrélation entre les deux démarches.

C'est en 1951 que la génétique médicale est reconnue officiellement par la Faculté de médecine de Paris : une chaire de clinique est alors créée à l'Hôpital des enfants malades pour le professeur Maurice Lamy, disciple et ami du professeur Robert Debré. Conscient des risques de dérive eugéniste, M. Lamy se montre prudent et discret : il affirme sa rupture radicale avec les conceptions nazies, son objectif étant tout au plus d'informer, de conseiller, parfois de traiter des individus ou des couples venus consulter spontanément. Mais l'essor de cette discipline est dans l'air du temps[14].

Des associations de parents d'enfants handicapés voient le jour après la Libération. Ces parents comptent sur les ressources (qui paraissent alors quasi illimitées) de la Sécurité sociale pour tenter de soigner des infirmes que, jusque là, les familles préféraient dissimuler. Or, en 1956, la découverte par l'équipe du professeur Turpin de la trisomie 21, responsable du « mongolisme », attire l'attention sur la génétique médicale et sur les mesures de prévention qu'elle pourrait proposer. À la même époque, grâce à l'amniocentèse (ponction du liquide amniotique), il devient possible de prélever des cellules fœtales sur les femmes enceintes ; peu après, de nouvelles techniques permettent de réaliser des études de caryotype à partir de quelques cellules fœtales. On peut alors diagnostiquer la trisomie 21, et bientôt une dizaine d'autres maladies chromosomiques. Mais que faire face à ces anomalies, en un temps où la loi française n'autorise l'avortement thérapeutique qu'en cas de menace vitale pour la mère ?

De fait l'essor du DPN date surtout des années 1970, pour deux raisons. D'une part, à cette date, l'échographie (exploration par ultrasons) permet de voir le fœtus dans le ventre de sa mère. Grande émotion ! Médecins et parents sont émerveillés ! Et le repérage de certaines anomalies en est facilité. D'autre part la loi Veil dépénalise l'avortement : les médecins osent donc le proposer aux parents menacés de mettre au monde un enfant infirme. La possibilité d'échapper à cette malédiction fait croître la demande d'examens. La surveillance de toute grossesse inclut bientôt plusieurs échographies obligatoires ; les obstétriciens, et non plus seulement les généticiens, prescrivent des examens pour DPN.

Cependant, à mesure qu'il se banalise, le DPN, lui aussi, multiplie les problèmes éthiques. Car le diagnostic n'est pas toujours assuré : il ne donne parfois des indications qu'en termes de probabilités, et il ne permet pas toujours de prévoir la gravité des malformations redoutées. L'avortement préventif risque parfois d'éliminer un fœtus en bon état. L'éradication du mongolisme semble faire l'objet d'un très large consensus social (ce qui peut blesser cruellement les parents d'enfants frappés de cette infirmité). Mais l'incertitude de l'image échographique conduit parfois à pratiquer une amniocentèse qui risque de provoquer une fausse couche. Et quand des doutes subsistent, ils génèrent des dilemmes très douloureux pour les parents et très difficiles à gérer pour les médecins : faut-il, oui ou non, avorter ?

Évoquons aussi rapidement la chirurgie fœtale, qui est susceptible de traiter certaines anomalies du fœtus. Cette forme d'intervention, d'abord très médiatisée, fait à présent l'objet de controverses. En effet ses succès demeurent modestes : environ 50 % des fœtus qui « bénéficient » de l'intervention décèdent. En outre, pour soigner le fœtus, il faut presque toujours ouvrir le ventre de la mère que l'on met ainsi en danger.

Permettre à un couple « à risque » d'avoir un enfant sain constitue certes un indiscutable progrès. Mais les généticiens se prétendent désormais confrontés à une aspiration de plus en plus répandue : le désir des parents de ne mettre au monde que des enfants « parfaits ». Nous serions donc déjà engagés dans un eugénisme de fait. Ce qui ne dissuade pas les généticiens d'inventer sans cesse de nouveaux tests de dépistage et de développer de nouveaux secteurs d'activité.

LE DIAGNOSTIC PRÉNATAL, FONDEMENTS MÉDICAUX

Qui est ce futur enfant, qu'en connaît-on ? Communique-t-il avec sa mère et au-delà avec ses proches ? Nous n'en savons rien. Ou si peu qu'au XXe siècle on a fait de cette ignorance l'origine de toutes les négligences dont aurait eu à souffrir le nouveau-né et l'enfant jusqu'à son sacre récent[15]. Curieux renversement.

Ce petit a jusqu'à récemment été très fragile. Pas toujours « désiré » ni nécessairement accepté, il a connu un accueil qui manquait parfois de chaleur, dans les conditions plus ou moins difficiles que pouvaient vivre sa mère, mais aussi sa famille. Et pourtant, nous le savons aujourd'hui, l'éthologie humaine nous l'apprend[16], « l'instinct maternel » ne saurait expliquer la survie de l'espèce. Pour vivre, ce petit ne peut se passer d'une extrême attention et d'une vraie mobilisation affective. Petit mammifère, il n'existe que dans un étroit rapport à ses semblables. Pour ce petit humain, pourvu d'un appareil neurosensoriel d'une infinie complexité, l'apprentissage de la vie, la connaissance du monde ne sont envisageables qu'à travers des liens affectifs longuement et patiemment tissés. En l'absence de ce dialogue intime, et à bien des égards mystérieux, secrètement mis en place entre la femme et son futur petit, il n'aurait pas été possible pour notre espèce d'atteindre le XXe siècle. Il est le surprenant alliage de l'imaginaire maternel, et à ce titre parental, et d'une réalité physiologique aussi discrète que volcanique, s'enracinant dans le corps et le cœur de sa mère, s'y développant avec un dynamisme invasif mais pourtant apaisant. Ce petit, désiré comme l'a été et peut-être l'est encore par cet homme avec qui ce désir fut partagé, est candidat à l'investissement affectif de ses géniteurs. Mais étranger, il peut l'être aussi. Il peut ne pas trouver place dans le cœur de cette femme, alors qu'il s'est pourtant niché dans son corps, après y avoir été conçu. Violées, forcées, réduites à l'état de reproductrices, idéalisées ou non, des femmes ont aussi vécu cela. Et l'amour n'était pas au rendez-vous. Aboutissant même au tragique de l'infanticide, réduisant définitivement au silence ce dialogue singulier[17].

Tout est possible dans l'entrelacs de nos désirs, mais quelle qu'en soit la place, ce petit s'inscrit dans le « fil rouge »[18] *de l'histoire de ses procréateurs. Singulièrement nouveau, il n'est en rien créé ex nihilo.*

Bien avant de naître, ce petit, cet autre, communique bruyamment avec les siens. Chaque culture exprime différemment cette présence. Tout trahit cette future mère dont le comportement le plus quotidien se transforme[19]*. Activités, sommeil, alimentation, habillement, humeur, témoignent de ce bouleversement. Craintes, envies, superstition des futurs parents et de leur communauté persistent jusqu'à nos jours, attestant de l'importance attachée à ce futur enfant. Attendue ou redoutée, heureuse ou non, la grossesse est un événement aussi considérable qu'elle est en définitive simple et banale. Ce petit « tressaille » dans le ventre d'Élisabeth lors de la visite de Marie venue lui annoncer sa propre grossesse*[20]*. Isaac si longtemps attendu parle fréquemment, ce qui ne paraît d'ailleurs pas miraculeux à ceux qui l'entendent.*

Quant aux médecins, philosophes ou théologiens, ils élaborent dans notre aire culturelle, d'Hippocrate à Aristote, de Thomas d'Aquin à Léonard de Vinci, mille théories fascinantes sur la vie intra-utérine et particulièrement sur les mouvements fœtaux. Érasme ne considère-t-il pas que l'éducation de l'enfant commence durant la grossesse[21] *?*

Infiniment fragile, ce petit peut mourir et sa mortalité constitue une violence d'autant moins supportable que la naissance attendue peut aussi entraîner dans la mort sa propre mère. Il témoigne de la propre « finitude » des siens. Mais quand la vie l'emporte, il est là, dans le ventre de sa mère, porteur de tous nos projets, messager d'espoir, bâtisseur d'avenir.

Or si sa mystérieuse vie intra-utérine fascine, sa connaissance est également digne d'intérêt. Il bouge, c'est certain, mais qu'en est-il des liens anatomiques et physiologiques avec l'organisme maternel, de la rapide maturation de ces différentes fonctions ? Leur méconnaissance est quasi totale jusqu'au XXe siècle.

Un cœur qui bat, une oreille qui l'entend

Son cœur bat et est entendu, rapporte-t-on dès le XVIIe siècle[22]. Jacques-Alexandre Lejumeau de Kergaradec, élève de Laennec, propose de l'écouter à des fins cliniques avec le stéthoscope, bel instrument inventé par son maître. Adolphe Pinard en donnera la version la plus diffusée dans le monde, aujourd'hui réhabilitée contre toute attente après trois décennies d'hégémonie électronique.

C'est à ce même obstétricien que l'on doit le concept de « puériculture intra-utérine ». Il souligne avec passion les besoins de repos et la qualité de vie nécessaire aux femmes enceintes pour mettre au monde de plus beaux enfants. Cette fois, et très explicitement, la santé du futur bébé devient un objectif sanitaire.

Quelques décennies plus tard, c'est l'activité électrique du cœur fœtal qui est captée et enregistrée à partir d'électrodes placées sur l'enfant lui-même par Claude Sureau, en 1956[23]. À ce procédé invasif va être préférée une technique ultrasonique d'enregistrement des battements cardiaques[24] revenant dans son principe à la perception auditive traditionnelle. Simultanément les variations de la pression intra et extra-utérine sont saisies sur des appareils nommés cardiotocographes (Monitor). Roberto

Caldeyro-Barcia en Uruguay en 1950[25] *et Hon*[26] *aux États-Unis en 1959, s'attachent à préciser le retentissement des contractions utérines sur le rythme cardiaque fœtal et plus largement des signes cardiotocographiques de la souffrance fœtale chronique avant le travail et aiguë durant le travail.*

Ce concept nouveau de souffrance fœtale précise les modifications du comportement fœtal, sa « souffrance », face aux réductions du débit de la circulation fœto-placentaire aboutissant à une hypoxie fœtale, également et improprement appelée anoxie ou asphyxie. Manning[27] *a plus précisément décrit et objectivé ces modifications, proposant un indice de bien-être fœtal. Celui-ci est basé sur l'appréciation échographique des mouvements fœtaux, de la trophicité*[28]*, de la quantité de liquide amniotique témoin de la qualité de la perfusion rénale du fœtus et du débit circulatoire des artères ombilicales. Les premières manifestations de cette souffrance sont par ailleurs la couleur du liquide amniotique liée à l'expulsion de méconium avant la naissance, facilement constatée lors de la rupture des membranes, et la diminution de la perception qu'a la mère des mouvements actifs, ou le clinicien directement par la palpation ou indirectement par l'observation échographique. Viennent ensuite l'audition du cœur fœtal puis l'enregistrement des variations du rythme cardiaque fœtal, et enfin les modifications biochimiques du sang fœtal obtenu par divers prélèvements, avant le travail par ponction de la veine ombilicale sous échographie*[29] *et pendant le travail par ponction transcutanée au niveau de la présentation, ou application d'une sonde mesurant la saturation d'oxygène du sang fœtal*[30]*.*

Malheureusement les cardiotocographes sont des appareils encombrants, immobilisant de longues heures la femme, en position allongée. Par ailleurs les valeurs prédictives des informations fournies par ces appareils sont encore insuffisantes. Couplées à celles apportées par les prélèvements ou analyses directes de sang fœtal, ces données ne peuvent être améliorées qu'au prix de gestes invasifs aggravant la dépendance de la future mère aux machines.

L'« irrésistible ascension » de telles contraintes technologiques est apparue rapidement incompatible avec les conditions sanitaires de la majorité des pays et insupportable à des nombreuses femmes attachées à leur autonomie et soucieuses du respect dû à leur rôle dans le travail et la mise au monde de leur enfant, à leur intimité personnelle, conjugale et familiale.

Des travaux ont alors permis d'alléger le dispositif de surveillance fœto-maternelle et ainsi mieux respecter la physiologie du travail et de la mise au monde. Il est désormais admis scientifiquement que les accouchements dits « de bas risques » – survenant dans le dernier mois de la grossesse en l'absence de pathologies fœtales ou maternelles, d'un enfant unique, de poids moyen, en présentation du sommet, chez une femme ayant un bassin normal – ne justifient pas une surveillance fœtale continue. Cette situation correspond à plus de deux tiers des naissances.

Rappelons cependant que la multiplication du taux de césariennes au cours des vingt-cinq dernières années a « mécaniquement » généré un surcroît de pathologies pour les grossesse suivantes, polluant ainsi massivement tout le dispositif sanitaire pour la période en cours[31].

Le conflit materno-fœtal

Le bébé vit, il bouge, sa mère le perçoit, les professionnels l'entendent, apprécient sa santé par l'étude de son rythme cardiaque. Mais son « berceau », pourtant destiné à le nourrir, à assurer son bien-être, peut ne pas jouer son rôle, voire devenir un dangereux lieu de réclusion. Ainsi l'hérédosyphilis apparaît aux professionnels du XIX*e siècle et du premier tiers du* XX*e siècle comme le plus grand fléau, après la misère sociale, pour les fœtus, en raison même des liens étroits, y compris pathogènes, qu'ils contractent avec l'organisme maternel. Malformations de toutes sortes, morts in utero, pathologies néonatales sont abusivement mises sur le compte des maladies vénériennes et particulièrement de celle-ci. Cependant cette pathologie est bien réelle, sexuellement transmise, et on a très justement compris qu'elle est, comme d'autres, découvertes plus tard, susceptible de contaminer gravement l'enfant durant sa vie fœtale. Ce n'est qu'avec la pénicilline de Fleming, découverte avant la Deuxième Guerre mondiale, qu'un véritable traitement anténatal d'une grande efficacité administré à la femme enceinte permettra de la guérir ainsi que son enfant.*

Rapidement, vont alors se succéder d'importants progrès dans la connaissance de pathologies fœtales sévères et fréquentes. C'est le cas de la rubéole, dont la responsabilité, dans un grand nombre de malformations congénitales, est comprise et décrite par l'ophtamologiste australien Greeg en 1941[32]*. À la suite d'une épidémie en 1964 aux États-Unis, 30 000 enfants ayant été atteints par cette embryopathie fœtale, débute un chapitre radicalement nouveau de l'histoire des naissances, que l'on va appeler un peu plus tard fœtologie ou médecine fœtale. Une aventure médicale d'autant plus prodigieuse qu'elle est couronnée d'un véritable succès. En effet, une efficace prévention vaccinale de cette embryo-fœtopathie virale est mise au point en 1966. Et si l'on doit durant plus de vingt ans procéder à de très nombreuses interruptions de grossesse, tant sont graves les atteintes fœtales dans cette pathologie, la quasi-certitude d'une totale prévention rend ce drame plus acceptable.*

Une autre victoire laisse présager une réelle efficacité de cette médecine : le traitement, et surtout la prévention des conséquences mortelles ou graves des incompatibilités sanguines fœto-maternelles du groupe rhésus. Anasarque fœto-placentaire, anémie néonatale sévère et ictère nucléaire tuaient ou handicapaient gravement nombre d'enfants victimes de ce conflit. Une fois reconnus les grands groupes sanguins érythrocytaires, les conséquences fœtales et néonatales de certains affrontements immunologiques entre le sang maternel et celui du futur enfant vont être comprises. Traitée dans un premier temps à la naissance, puis à la fin des années soixante durant la vie fœtale par transfusion[33] ou exsanguino-transfusion[34], cette maladie au traitement difficile va également presque disparaître par l'injection systématique après chaque grossesse d'un anticorps spécifique anti-D chez les femmes de rhésus négatif[35].

Cette succession rapide et sans précédent de telles réussites thérapeutiques explique sans doute en partie cette foi des professionnels de la naissance dans leur prodigieuse capacité à mettre un terme aux drames des aléas de la reproduction humaine, ce sentiment d'une inexorable progression scientifique et technique dont ils seraient à la fois les concepteurs et les utilisateurs, fiers d'apporter une contribution décisive au bonheur de l'humanité.

À ces découvertes et réponses thérapeutiques, va correspondre la multiplication des investigations cliniques et biologiques encadrant toute grossesse. Après la Deuxième Guerre mondiale nous entrons dans l'ère de la surveillance prénatale systématique. Favorisant la natalité, les allocations prénatales sont obtenues sous conditions d'examens cliniques, sanguins et urinaires en cours de grossesse. Vingt ans plus tard, au début des années 1970, l'accès à la connaissance de la santé fœtale porte alors l'appellation précise de diagnostic prénatal.

Naître dans le meilleur des mondes

Deux grandes avancées techniques y concourent et se superposent dans l'histoire : la cytogénétique et les applications obstétricales des ultrasons.

En premier la connaissance et l'accès au caryotype humain, à ses anomalies puis à l'organisation génétique au sein des structures chromosomiques. En second – et plus du point de vue historique que par la portée des bouleversements culturels et psychoaffectifs qu'elle entraîne dans les rapports entre les mères, les parents, « le monde des humains » et l'embryon, puis le fœtus –, l'utilisation médicale des ultrasons, précisément l'échographie obstétricale.

De l'ultrastructure cellulaire

C'est à William Bateson, en 1926, que l'on doit l'invention du nouveau concept de « génétique[36] ». Curieuse paternité si l'on rend à Johann Gregor Mendel (1822-1884) ce qui lui revient : la première formulation scientifique des lois de l'hérédité. En fait Hugo De Vries (1848-1935) va avec d'autres chercheurs retrouver les « lois de Mendel », leur validité et surtout leur universalité dans le monde vivant. En effet, Mendel, fils d'horticulteur, ecclésiastique enseignant l'histoire naturelle à Brno (Moravie) avait, dans ses expériences sur l'hybridation végétale, résolu la question jusque là insurmontable de la « bigarrure des formes ». Il a eu l'intuition de la discontinuité du patrimoine héréditaire. Il ne pense plus race, mais caractère. Son travail et ses conclusions scientifiques, bien que communiquées et publiées en 1865 (« Recherche sur les hybrides végétaux »), furent totalement ignorés. À l'époque les chromosomes n'étaient pas encore découverts.

Cela ne va plus tarder. Cytologiste et généticiens vont alors se rencontrer.

Ainsi le mécanisme de la fécondation de l'œuf étant connu, les chromosomes furent rapidement considérés comme les porteurs des caractères transmissibles baptisés « gènes » par le pharmacologue danois Wilhelm Johannsen. C'est Thomas Hunt Morgan (1865-1945) à New York qui poursuit l'œuvre de Mendel. Il utilise cette fois une mouche très répandue, la drosophile mélanogaster, qui offre l'avantage considérable, pour l'étude de l'hérédité, de se reproduire à la fois très vite et très abondamment dans des conditions d'élevage des plus simples. Deux mille générations furent ainsi observées ! De telles conditions permettent à l'équipe de Morgan d'affirmer que les gènes localisés sur un chromosome sont liés (linkage) et se transmettent ensemble ; et aussi que, lors de la formation des gamètes, les chromosomes homologues échangent une partie de leur matériel génétique par rupture et reconstruction (crossing over) entraînant des recombinaisons génétiques. Ce phénomène permet ainsi la localisation des caractères génétiques. Il est alors possible de dresser les cartes chromosomiques, ce qui fut bientôt fait chez la drosophile (quatre paires de chromosomes), et le maïs (dix paires de chromosomes), mais plus lentement chez les mammifères et particulièrement chez l'homme[37].

Restait à comprendre comment un gène se transforme en un caractère précis chez l'individu qui en hérite. Autrement dit, par quel mécanisme ce fragment de chromosome fabrique une fonction précise de l'organisme vivant. Il fallait pour répondre à cette question essentielle connaître la structure biochimique des gènes, ce qui fut réalisé au début des années 1950[38].

Se succèdent désormais rapidement, grâce aux améliorations conjointes des technologies nécessaires à ces travaux, de multiples et fructueuses recherches sur les mécanismes les plus intimes de la reproduction du vivant (agencement moléculaire de l'acide désoxyribonucléique (ADN), autorégulation de la fonction génétique, décryptage du code génétique...)

Nous connaissons maintenant la localisation d'un grand nombre de gènes et plus précisément encore leur séquençage, c'est-à-dire la disposition des acides aminés qui les composent. Les gènes s'inscrivent sur les chromosomes comme les lettres d'un alphabet constituent le matériau de base d'une lecture. Cet alphabet a quatre lettres, quatre acides aminés, qui se juxtaposent en mots dont la disposition dans le cadre d'une syntaxe permet la formation de phrases. Celles-ci vont permettre l'expression phénotypique du génotype par le jeu de leur interrelation et des relations environnementales et sociales contractées par l'individu porteur de ce message, de cette histoire écrite. Il est désormais possible de reconnaître un gène, mais surtout d'y déceler des anomalies, appelées mutations, « fautes d'orthographe » dans l'ordre des acides aminés. Le changement apporté dans la disposition des lettres modifie le sens du message, sa transmission, bouleversant alors jusqu'à son expression phénotypique. Dans l'histoire de la vie, notre génotype a été le siège, et continue de l'être, de multiples microséismes modifiant l'ordre précédent des acides aminés.

Ainsi, dans la mucoviscidose, nous connaissons le gène transcrivant la disposition des molécules constitutives d'une protéine responsable de la fonction sécrétoire de nombreuses cellules bronchiques et digestives en particulier, indispensables à la qualité de notre respiration et digestion. Nous en savons également les erreurs. Nous pouvons donc déterminer chez un individu s'il est porteur d'une des très nombreuses mutations de ce gène, et plus précisément s'il en est doublement porteur par héritage maternel et paternel. Il est alors homozygote et sa fonction broncho-pulmonaire peut être gravement et précocement altérée. À l'inverse, et c'est le cas chez un individu sur 25 environ, une personne peut naître porteuse de la mutation transmise par un seul de ses parents. Hétérozygote, il est dans ce cas indemne de la pathologie.

En effet, certaines mutations génétiques ne s'expriment que si elles sont héritées des deux parents. Ce gène porté par un chromosome non sexuel, appelé autosome, est alors responsable dans la forme dite homozygote d'une pathologie appelée autosomique récessive. Par contre, si le sujet n'a hérité de la mutation que d'un de ses parents, il est alors dit hétérozygote, non porteur de la pathologie, mais il transmet cette mutation à 50 % de ses héritiers.

À l'opposé, certaines maladies s'expriment s'il existe une seule mutation. Celle-ci est alors dominante par rapport à son double, son allèle, hérité de l'autre parent. C'est le cas par exemple de l'achondroplasie, de la polykystose rénale de type adulte, du syndrome de Bourneuville, des neurofibromatoses de type I et II... Et pour s'en tenir aux formes les plus habituelles, les mieux et les plus anciennement connues, certaines mutations intéressent des gènes appartenant au chromosome sexuel X. Elles sont alors dites « liées au sexe » et s'expriment le plus souvent chez le seul garçon (myopathie de Duchesne, maladie dite de l'X fragile, insensibilité aux androgènes, d'importantes lésions ophtalmologiques...).

Si de nombreuses mutations génétiques ont une expression phénotypique assez stéréotypée (maladie de Lesch-Nyhan, maladie de Tay-Sachs, achondroplasie, nanisme tanatophore...), à l'inverse pour d'autres mutations l'expression clinique peut être d'une grande variabilité, allant des plus graves dommages pour l'individu à l'absence totale d'expression durant une partie parfois longue de la vie. La maladie de Huntington est un des modèles de cette mutation dominante à expression clinique toujours grave, mais survenant la plupart du temps à l'âge adulte et parfois même tardivement. Celui qui la transmet en hérite toujours d'un de ses parents, dont il a eu la plupart du temps connaissance de la maladie. Connaissant son caractère dominant, il sait que le risque d'être lui-même atteint par cette pathologie est de 50 %.

Les mutations génétiques peuvent être très anciennes dans l'histoire de l'espèce humaine et de ce fait transmises d'une génération à l'autre. Elles peuvent être également récentes. Dans ces cas de « néomutations », contemporaines de l'un des géniteurs, l'âge paternel est considéré comme l'un des facteurs du risque de néomutation. L'achondroplasie en est un des meilleurs exemples. 80 % des cas sont sporadiques et consécutifs à une néomutation. Cette pathologie du squelette n'affecte aucune autre fonction de l'organisme. Pourtant la réduction importante de la taille qu'elle entraîne, ainsi que les modifications de la forme du crâne et des proportions relatives des membres et du tronc ont abouti à une forte et irrespectueuse marginalisation sociale des personnes porteuses de cette mutation.

Les surdités congénitales ont également connu une stigmatisation désastreuse jusqu'à la fin du XIX*e siècle. Il a fallu la compréhension par quelques philanthropes, dont le plus ancien et le plus connu est l'abbé de L'Épée (1712-1789), pour qu'enfin soit reconnu, au seuil de notre siècle, le véritable progrès culturel constitué par le langage des signes. De nombreuses résistances à prétentions égalitaristes, mais en définitive élitistes et bien peu républicaines, ont pourtant tenté d'imposer « l'oralité » aux intéressés et à leur famille.*

Certaines caractéristiques génétiques constituent les marques d'une susceptibilité à la survenue de la plupart des maladies chroniques : diabète, hypertension artérielle, psychose, cancer…

Nous nous acheminons lentement mais sûrement vers l'établissement de la carte génétique de chaque individu. Pourtant chaque jour nous apprend l'extrême variabilité de l'expression des gènes, d'autant que leur mutation constitue dans certaines circonstances un facteur d'adaptation, de résistance à des conditions défavorables de l'environnement. C'est le cas de la drépanocytose, mutation génétique modifiant la structure de l'hémoglobine et rendant l'individu porteur de cette mutation résistant au paludisme.

La gravité des conséquences de certaines mutations génétiques et la possibilité d'avoir accès à leur connaissance chez l'embryon, dès les premiers jours suivant sa conception, vont entraîner le développement de techniques de diagnostic prénatal toujours plus précoces et précises, les deux étapes ultimes étant dans l'immédiat le diagnostic pré-implantatoire et, dans un futur assez proche, la recherche du matériel génétique fœtal dans la circulation maternelle.

De la connaissance des chromosomes et des gènes à son application clinique

C'est à Lund en Suède le 26 janvier 1956 qu'est découverte la véritable composition du caryotype humain : il est alors possible d'observer la forme et le nombre des chromosomes et de les appareiller. Ainsi le 26 janvier 1959, Marthe Gautier, Jérôme Lejeune et Raymond Turpin font part à l'Académie de médecine de Paris de l'existence d'un chromosome supplémentaire (chromosome 21) dans les cellules des personnes présentant un syndrome décrit en 1866 par Down et appelé « mongolisme » en France[39]*.*

La même année C.E. Ford découvre le déficit chromosomique cette fois (absence d'un X) dans la pathologie décrite par H. Turner en 1938. Toujours en 1959, P.A. Jacobs et J. A. Strong mettent en évidence le chromosome X en excès[40]*, qui concerne la stérilité* *masculine, dont le tableau clinique a été rapporté en 1942 par Klinefelter.*

L'amiocentèse : « primum non nocere »

Fallait-il encore – et un tel projet médical n'allait évidemment pas de soi pour proposer le diagnostic anténatal des anomalies chromosomiques ou génétiques – franchir cette frontière jusque-là inviolable et isolant durant neuf mois le fœtus humain dans son milieu aquatique à l'intérieur du ventre maternel ? C'est Bevis[41] *en 1956 qui le fait. Pour lui il ne s'agit nullement d'accéder au secret du patrimoine génétique de ce futur enfant, mais bien de se porter au secours d'un fœtus gravement malade. En ponctionnant le liquide amniotique par une simple aiguille, Liley permet ainsi son étude spectrophotométrique et l'évaluation pronostique d'une incompatibilité entre le groupe rhésus de la mère et celui du fœtus.*

Il est alors possible d'avoir accès à la connaissance du milieu de vie propre au fœtus, l'examen et l'étude du liquide amniotique apportant d'importantes informations sur la santé du futur enfant. Cependant, cette intrusion dans l'intimité materno-fœtale n'est pas sans danger. 2 % des grossesses sont interrompues au début de la pratique de l'amniocentèse, et 0,5 % trente ans plus tard, à la fin du XXe *siècle.*

Au début des années 1970, l'analyse du caryotype fœtal dans les cellules en suspension du liquide amniotique est entreprise et systématiquement proposée en France aux femmes de plus de quarante ans, dès 1973, puis à celles de plus de trente-huit ans dix ans plus tard. Elle est étendue ensuite à d'autres indications dans les années 1990. En France cet examen est désormais pratiqué dans plus de 10 % de la totalité des grossesses. Cette extension des indications du caryotype fœtal, également pratiquée par biopsie du trophoblaste et ponction directe du sang fœtal dans le cordon ombilical, accessible dès le cinquième mois de la grossesse, va entraîner la découverte de particularités du caryotype non recherchées et de pronostic parfois très incertain, source d'inquiétudes pour les futurs parents.

L'amniocentèse, pratiquée à partir de la quinzième semaine d'aménorrhée, consiste à introduire une aiguille de ponction dans le sac amniotique à travers la paroi abdominale de la mère et d'en retirer de 10 à 30 cm^3 de liquide. Dans celui-ci sont présentes en suspension des cellules exfoliées du revêtement fœtal : épiderme, tube digestif, vessie... Mises en culture elles seront observées dix jours plus tard environ et à nouveau de cinq à dix jours plus tard. Peu ou pas douloureuse, cette ponction est habituellement pratiquée sans anesthésie. Elle requiert une asepsie rigoureuse, une expérience suffisante principalement basée sur le compagnonnage et l'apprentissage de la surveillance échographique de l'extrémité de l'aiguille de ponction.

Le prélèvement de villosités choriales

Pratiquée de façon plus précoce au cours de la grossesse, cette technique a également pour objectif le recueil de cellules ayant les mêmes caractéristiques chromosomiques et génétiques que l'embryon lui-même, à quelques différences près envisagées ci-dessous.

L'embryon est entouré dès le début de sa vie d'une couronne, d'un tissu dense, dépendance de l'œuf, appelée couronne trophoblastique et constituée de deux types de cellules : syncytiotrophoblastiques et cytotrophoblastiques. Cette enveloppe, véritable organe, est destinée à assurer les échanges respiratoires, nutritifs et excrétoires entre l'organisme maternel et l'embryon en cours d'édification. L'unité anatomique assurant cette fonction est appelée villosité choriale. Elle est constituée par l'extrémité de fines arborisations du « chevelu » trophoblastique. C'est un axe vasculaire fœtal recouvert de la double couche cellulaire précédemment citée. Cet ensemble constitue une enceinte de protection et d'alimentation et renferme le liquide amniotique, assez proche de l'eau sur le plan physico-chimique, dans lequel vit l'embryon relié à cet organe par le cordon ombilical constitué entre la sixième et la huitième semaine d'aménorrhée. Jusqu'à douze semaines environ, le trophoblaste entoure totalement l'œuf. Il est bien visible en échographie, dense, « échogène », épais et homogène. On peut, sous contrôle ultrasonique direct, en temps réel, soit y introduire une aiguille à travers le ventre maternel (1986)[42] *et en aspirer quelques millimètres cubes avec une seringue, soit utiliser une pince amenée au contact de l'œuf à travers le col utérin, cette fois par voie vaginale, et retirer par biopsie une quantité équivalente de tissus*[43] *(1987, Dumez, Domergue). Peu douloureuse, cette technique comporte un risque d'interruption de la grossesse à peu près identique à celui de l'amniocentèse. Son véritable inconvénient réside en la possibilité non exceptionnelle (environ 1 %) de découverte d'anomalies chromosomiques confinées au placenta et non présentes chez le fœtus : mosaïque (coexistence de caryotypes différents) ou anomalie de nombre comme la trisomie 22, obligeant à un contrôle cette fois par amniocentèse.*

Par contre, le prélèvement de villosités choriales a l'avantage de recueillir des cellules en divisions, c'est-à-dire en mitoses. Cela permet une première observation immédiate et un résultat rapide dont on a précisé les limites. Après douze semaines, les deux tiers de la couronne trophoblastique se désertifient, se réduisant aux deux membranes : l'amnios et le chorion, fines, souples, translucides et avasculaires, qui constituent l'essentiel de l'enveloppe fœtale. Elles ne doivent se rompre qu'à la fin de la dilatation, lors de l'accouchement. On dit alors qu'il s'agit d'une rupture tempestive des membranes appelée à ce moment poche des eaux. Le tiers restant devient ce que l'on nomme le placenta à cette période de la gestation. Ses fonctions restent celles du trophoblaste du début de la grossesse. Il est d'ailleurs également accessible au prélèvement au cours des deuxième et troisième trimestres.

La ponction de sang fœtal

Pratiquée à partir du cinquième mois, elle nécessite une plus grande expérience. Initialement réalisée sous contrôle de la vue par la fœtoscopie, technique invasive[44], elle est à partir de 1983 effectuée sous échographie[45]. Ses indications se sont considérablement réduites au cours des dernières années du fait du développement des techniques de biologie moléculaire. La ponction est pratiquée dans la veine du cordon à proximité de son insertion placentaire. Si le principe en est simple, la minutie du geste, les conditions anatomiques imposées par la localisation placentaire et la position fœtale peuvent rendre sa réalisation particulièrement difficile. D'autant que cette « agression » n'est pas toujours bien tolérée par un fœtus déjà malade. Rupture des membranes et déclenchement parfois très prématuré de l'accouchement risquent de compliquer ce prélèvement. Mais cette technique peut apparaître nécessaire lorsque l'on découvre tardivement des anomalies cliniques ou échographiques en faveur d'une aberration chromosomique ou d'une pathologie infectieuse. En effet, le résultat du caryotype est ici plus rapide et plus sûr : au cours du troisième trimestre, les cellules en suspension du liquide amniotique peuvent ne plus se cultiver ; elles sont souvent mortes ou inaptes à la multiplication.

À l'étude des chromosomes fœtaux obtenus par les différentes techniques de prélèvement précitées s'ajoutent de nombreux examens biologiques qui sont venus enrichir nos possibilités diagnostiques et pronostiques concernant la santé du futur enfant.

Biochimiques tout d'abord, ces contrôles visaient, il y a trente ans, à apprécier la maturité pulmonaire du fœtus et ainsi autoriser son extraction dans les circonstances où sa santé était gravement menacée. Cet examen n'a désormais plus d'intérêt, mais d'autres ont pris sa place, dosant les hormones secrétées par le fœtus, certaines protéines dont l'élévation du taux constitue un bon indicateur de malformations digestives ou neurologiques, les métabolites en excès ou en défaut de protéines dont la synthèse est bloquée en l'absence de certaines enzymes...

Aujourd'hui, la biochimie est très largement remplacée par la biologie moléculaire qui permet, de façon directe ou indirecte, de reconnaître la présence d'un gène, normal ou non, dans les cellules embryonnaires, le plus souvent obtenu par prélèvement des villosités choriales. La technique d'ampliation génique (ou polymeris chain reaction, PCR) facilite encore le diagnostic à partir de très petites quantités d'ADN. Les affections concernées par ce type de diagnostic sont les maladies monogéniques, autosomiques ou récessives, liées ou non à l'X. La pathologie la plus fréquemment recherchée est actuellement la mucoviscidose (autosomique récessive présente dans 4 % de la population européenne, mais correspondant à plusieurs centaines de mutations). Cette pathologie souvent grave, et dont l'expression clinique habituelle est une insuffisance respiratoire progressive et inéluctable, fait aujourd'hui l'objet d'un dépistage systématique à la naissance.

Recherche virologique et bactériologique

La contamination maternelle par certains virus – rubéole, varicelle, herpès, cytomégalovirus, parvovirus B19 en particulier – ou parasites, la toxoplasmose étant la pathologie fœtale d'origine infectieuse de loin la plus fréquente et surtout la plus grave, entraînant des risques d'atteinte d'importance variable, justifie des moyens diagnostics invasifs. C'est dans le liquide amniotique qu'est recherché l'agent infectieux, plus rarement dans le sang fœtal.

Aux cultures encore récemment utilisées, se sont récemment substituées des techniques de biologie moléculaire, tout particulièrement la PCR, qui permet la reconnaissance d'une très petite quantité d'un fragment d'ADN spécifique de l'agent infectieux incriminé par sa duplication « à l'infini » et très rapide.

Le diagnostic souvent difficile de la toxoplasmose fœtale s'est ainsi transformé. Il en est de même pour les contaminations virales. On y associe parfois, par ponction de sang fœtal, la recherche de signes biologiques de l'infection proprement dite.

Miracle de la vision ultrasonique

Elle est une application des propriétés des ultrasons, d'un intérêt médical considérable. L'échographie permet la visualisation en temps réel d'images d'une grande précision (résolution désormais inférieure au millimètre). Obtenues par des sondes à balayage mécanique ou électronique, ces images reproduisent non seulement des coupes d'organes, mais également le déplacement de ceux-ci : activité cardiaque, mouvements thoraciques, mouvements des membres, ainsi que la circulation du sang à l'intérieur des vaisseaux et de l'organisme tout entier chez l'embryon et le fœtus. Aux données anatomiques proprement dites s'associent des évaluations fonctionnelles telles que les mouvements de déglutition, les mictions, la qualité des mouvements fœtaux…

Enregistrées, ces images, dont l'interprétation en temps réel est très liée à l'expérience de l'observateur, peuvent être soumises à des réexamens diversifiés et critiques à l'abri des pressions émotionnelles propres à la confrontation subjective des futurs parents et de l'observateur. L'examen est pratiqué à l'aide de sondes abdominales le plus souvent. Il peut l'être également et fréquemment au premier trimestre par voie vaginale.

On est surpris par la tolérance à la banalisation de cette dernière pratique. La conviction quasi unanime du progrès médical constamment apporté par l'innovation en fait d'ailleurs une obligation quel qu'en soit le prix. Le principe de précaution est ainsi pris au piège. Il est clair dans ce cas qu'un tel principe peut facilement se transformer en son contraire, ou les applications qui en découlent s'y opposer. Dès la fin du premier trimestre, l'analyse morphologique du fœtus est déjà d'une grande précision. Squelette et extrémités des membres en particulier, cavités cardiaques, appareil urinaire, en fait les principaux organes peuvent faire l'objet d'une analyse souvent satisfaisante. La mesure de l'épaisseur de la nuque fœtale et les exigences méthodologiques qui la sous-tendent obligent l'échographiste à une grande rigueur et de ce fait à l'extension de ses observations. Celles-ci étant par ailleurs soumises, à tort ou à raison, à des pressions médico-légales.

Au deuxième trimestre, vingt-deux semaines d'aménorrhée, l'examen ne tolère plus l'imperfection. Il bénéficie d'améliorations techniques continues qui s'orientent semble-t-il vers une quasi-automatisation dont on perçoit tous les avantages si ce n'est la nécessité. Après plus de vingt ans d'expérience, la communauté médicale a une connaissance anatomo-physiologique suffisante pour en faire un véritable et solide acquis scientifique. Les prin-

cipales données biométriques, morphologiques et fonctionnelles pourraient être ainsi livrées à l'objectivité de nos prodigieuses machines. L'affranchissement des limites et contraintes de l'artisanat et de la subjectivité n'est-il pas souhaitable ? Contrôle de qualité, ô combien légitime, oblige.

Au troisième trimestre, l'échographie systématique est-elle bien nécessaire ? Oui, à condition de la considérer comme une vérification possible des conclusions de la précédente. Reste, et c'est peu discutable, la surveillance du retentissement sur le fœtus des pathologies maternelles : diabète, hypertension, pré-éclampsie principalement ; ainsi que des pathologies propres au fœtus : incompatibilité fœto-maternelle, contamination infectieuse materno-fœtale par le cytomégalovirus, la toxoplasmose, la varicelle, l'évaluation de certaines malformations ou particularités anatomiques préoccupantes comme la dilatation modérée, stable et isolée des ventricules cérébraux.

D'autres méthodes d'imagerie fœtale sont en cours d'évaluation. La résonance magnétique nucléaire ou imagerie par résonance magnétique (IRM) permet un diagnostic d'une plus grande précision des anomalies des structures cérébrales au début du troisième trimestre[46]*. Rien ne s'oppose à l'observation d'autres organes par l'IRM mais la qualité des images échographiques progresse, tout comme les techniques déjà réalisées de la reconstruction automatique, rapide et facile à saisir, d'images ultrasoniques en trois dimensions.*

En 1973, la communauté médicale, et au-delà la communauté nationale, a très majoritairement apprécié, non pas le diagnostic prénatal de la trisomie 21, mais l'éradication possible de cette pathologie, s'autorisant même sans débat à interrompre, jusqu'au terme de la grossesse, la vie des fœtus qui en étaient porteurs. Il est d'ailleurs certain que les promoteurs de cette proposition en France, Joëlle et André Boué, étaient et demeurent très attachés au respect dû à toute personne avant sa naissance, qu'il soit porteur ou non de 46 chromosomes dans chacune de ses cellules nucléées. À l'époque, les médecins n'ont pratiqué cet examen qu'avec l'accord préalable de la future mère pour procéder à un avortement si une trisomie 21 était découverte. Si pour d'autres anomalies chromosomiques graves, et le plus souvent létales comme les trisomies 13 et 18, la question ne se posait guère, qu'allions-nous faire pour d'autres particularités fortuitement découvertes dans les mêmes circonstances, de pronostic bien différent et surtout très imprécis, les parents n'étant pas prévenus de ces éventualités ? C'est le cas du syndrome de Turner (45XO) responsable d'une petite taille, inférieure le plus souvent à 150 centimètres, et d'une stérilité, ou du syndrome de Klinefelter, cette fois chez l'homme, associant stérilité et grande taille, ou de la trisomie X très majoritairement indemne de toute anomalie morphologique ou retard mental.

Chaque jour nous connaissons avec une grande précision la structure de chacun des chromosomes, sans en connaître toujours la valeur diagnostique. Il en est ainsi de la micro-délétion du bras long du chromosome 22, retrouvée dans un ensemble polymalformatif portant le nom de syndrome de Di George, complexe et grave, mais aussi chez des individus ne présentant que des particularités phénotypiques mineures, et parfois même aucune[47].

Or cette imprévisibilité diagnostique et pronostique[48]*, et par conséquent l'absence de fait d'un véritable « consentement éclairé materno-fœtal », se retrouve tout aussi « structurellement » dans l'examen échographique. Ces images, expression phénotypique du fœtus, nous ne savons que partiellement les interpréter. La plus modeste particularité : profil du visage, implantation des oreilles, nombre et forme des doigts, par analogie à différentes situations pathologiques, va entraîner une cascade d'investigations menaçantes pour la relation materno-fœtale, suspendue quand elle n'est pas rompue par un tel traumatisme.*

En effet, 6 à 10 % des enfants présentant une malformation de tout type ont une anomalie chromosomique associée. Dans de telles conditions, l'indication de l'analyse du caryotype est le plus souvent portée. Décision renforcée aujourd'hui par la crainte de la sous-estimation pronostique d'une anomalie quelle qu'elle soit. Ainsi, l'examen quantitatif et qualitatif du caryotype fœtal est-il proposé aux parents dans certaines conditions[49].

LE DIAGNOSTIC PRÉ-IMPLANTATOIRE

C'est en Grande-Bretagne qu'est obtenue la première naissance après fécondation in vitro et diagnostic pré-implantatoire d'une mucoviscidose en 1991[50].

Le principe en est simple. Après fécondation in vitro, au deuxième ou au troisième jour avant la réimplantation, une ou deux cellules sont prélevées sur un embryon de quatre à huit cellules, permettant l'analyse génétique et/ou caryotypique, afin de ne réimplanter que celui ou ceux (un ou deux le plus souvent) ne présentant pas l'anomalie recherchée. Les cellules embryonnaires au cours des premiers jours de vie sont totipotentes. Aussi la réimplantation d'un embryon amputé d'une de ses cellules ne retentit pas sur son développement ultérieur. Il est admis que les différentes cellules composant l'embryon à ce stade sont génétiquement identiques. Ainsi, après cette « sélection », l'enfant attendu, indemne de l'affection familiale redoutée, ne sera plus l'objet d'investigations tardives aboutissant, en cas de diagnostic positif, au choix douloureux de l'interruption médicale de grossesse.

Une telle technique présente d'indispensables « avantages » pour les familles éprouvées par la précession d'un enfant gravement malade et/ou de la répétition d'avortements médicaux plus ou moins tardifs. Sur les plans psychique et affectif, mais également éthique, pour la femme concernée, le couple et les professionnels eux-mêmes, les gains semblent l'emporter sur les dangers, tout particulièrement ceux attenant à la fécondation in vitro.

D'ailleurs le poids actuel de cette contrainte n'apparaît sans doute acceptable qu'aux couples affectés par de graves pathologies génétiques. Mais il n'en est pas moins clair que la fascination culturelle exercée par ces manipulations sur les professionnels, comme sur les futurs parents, les perfectionnements rapides dont elles sont l'objet et l'intérêt marchand généré par cette pratique constituent un fort risque d'extension sinon de généralisation tentant dans nos sociétés consuméristes. Cette technique peut en effet être étendue à toute future grossesse et permettre une véritable sélection embryonnaire. Prophète de malheur, Jacques Testard avait annoncé cette menace dès 1986[51] et il s'est depuis toujours opposé par principe au diagnostic pré-implantatoire.

En France, son autorisation est récente (juillet 1999), sa pratique très encadrée, ses indications limitées et réservées pour une période de cinq ans à trois centres : Paris, Strasbourg et Montpellier. Une telle pratique médicale a fait l'objet de nombreux communiqués et recommandations du Comité consultatif national d'éthique. La loi dite de bioéthique, votée en 1994, devait être rediscutée au Parlement en 1999. Cinq ans plus tard, on peut penser qu'une telle loi fera l'objet de renvois successifs en raison de l'extrême difficulté des problèmes soulevés, mais également des innovations permanentes dont la procréation et la médecine plus largement sont l'objet.

Le diagnostic pré-implantatoire est l'une des pièces importantes de ce dossier, aussi réduite qu'en soit aujourd'hui la pratique. Sans une extrême attention de tous à cette question, notamment *des spécialistes, les plus grandes inquiétudes éthiques sont sans doute permises.*

L'analyse des cellules fœtales présentes dans le sang maternel

Nous savons avec certitude que des cellules fœtales (trophoblastiques, érythroblastiques ou leucocytaires) sont présentes dans la circulation maternelle dès la sixième semaine d'aménorrhée. Nous pouvons les identifier et plus précisément y reconnaître et analyser l'ADN fœtal libre (non nucléaire) et déterminer ainsi le groupe sanguin du futur enfant[52], son sexe[53] et peut-être déjà quelques pathologies génétiques.

Cependant de nombreuses difficultés techniques encore non résolues – celles liées à la rareté de ces cellules et surtout à leur persistance après une grossesse, ou tout particulièrement après des fausses couches (souvent elles-mêmes en rapport avec une anomalie chromosomique[54]), celles liées à la nécessité de distinguer le matériel génétique maternel du matériel génétique embryo-fœtal – constituent des obstacles dont on peut penser qu'ils ne resteront pas indéfiniment infranchissables. Or la possibilité d'assurer un diagnostic prénatal pour un grand nombre d'affections génétiques par une technique précoce, non invasive pour le fœtus, apparaît évidemment comme un progrès considérable. Une telle technique ferait disparaître les complications parfois lourdes, inhérentes aux autres méthodes. On imagine simplement que la systématisation s'imposerait alors sans doute rapidement[55].

À l'orée du XXIe siècle, après quinze ans de travaux répartis dans des laboratoires publics et privés du monde entier, le génome humain est pratiquement connu. Il nous reste à identifier les gènes, sur les moins de 40 000 constituant notre patrimoine, impliqués dans les différentes pathologies transmises. Hors de la pathologie, il faut également préciser les fonctions de chacun des gènes et des protéines dont il préside à la synthèse. Grosse déception toutefois, nous ne possédons finalement que moins de la moitié des 100 000 gènes que nous nous attribuions au début de cette aventure. Passionnant programme certes, mais aussi épreuve considérable à laquelle est désormais soumise la liberté des humains sur le point de disposer des clés de leur propre développement.

Jamais les médecins n'avaient jusque là connu aussi précisément les risques de la toute-puissance et son retournement contre eux-mêmes. La justice, après l'arrêt rendu par la Cour de cassation le 17 novembre 2000 au sujet de l'absence de diagnostic prénatal de rubéole congénitale chez l'enfant Nicolas Perruche, mais également de cas d'enfants porteurs de trisomie 21, le leur a durement rappelé. Au-delà de la judiciarisation de l'acte, c'est bien la confiance de la future mère qui est en cause. Ici le soupçon de trahison réciproque a dénaturé la qualité d'une relation essentielle dans la démarche propre au diagnostic prénatal. Le couple materno-fœtal devient potentiellement dangereux pour le médecin et réciproquement, confortant la fuite intrusive du praticien et l'exigence de perfection illusoire de la future mère à l'égard de son futur enfant, comme à celui de l'examinateur.

L'arrêt Perruche menace-t-il l'échographie obstétricale ?

Ne s'agit-il pas plutôt d'une remise en cause du diagnostic prénatal ? Du dépistage systématique de la trisomie 21 à la recherche chaque jour plus précise de la moindre imperfection fœtale, qu'elle soit morphologique, fonctionnelle ou génétique, on en est arrivé inéluctablement à l'exigence de perfection médicale.

Le diagnostic prénatal introduit dans la pratique sanitaire une rupture fondamentale avec les principes hippocratiques considérés comme universellement admis. Le patient, en l'occurrence le fœtus, ne sollicite en effet aucunement les soins d'un médecin, d'autant que, dans la grande majorité des cas où celui-ci l'observe, il n'est nullement malade. Bénéficiera-t-il de soins, sera-t-il soulagé, sinon guéri ? Le plus souvent, c'est son existence qui est mise en cause par la découverte de signes indiquant, avec une probabilité parfois incertaine, ou suggérant un avenir problématique. Ses parents eux-mêmes l'ont-ils souhaité ? Ce qui peut paraître aujourd'hui évident mérite également réflexion.

La démarche de diagnostic prénatal est dans la plupart des cas prédictive, et non préventive. En effet, l'échographie obstétricale révèle, avec une précision qui s'accroît d'année en année, la morphologie fœtale. Quasi anatomique, en milieu de grossesse, cet examen permet la découverte à ce terme de 40 à 60 % de la totalité des 3 % de malformations affectant le fœtus humain. Elle en apprécie moins bien le pronostic, l'observation possible de l'évolution de la pathologie impliquant dans ces situations la poursuite de la grossesse.

À l'inverse, la gravité d'une malformation est souvent d'autant plus difficile à diagnostiquer que la grossesse est récente. Mais d'ores et déjà, vers douze semaines d'aménorrhée, on peut découvrir des particularités anatomiques de gravité diverse. À cela s'ajoute un marqueur de la trisomie 21, la clarté « nucale », systématiquement mesurée à ce terme. Enfin, le doigt surnuméraire, l'anomalie des lèvres ou autre signe mineur, suspecté ou réel, peuvent constituer à tout moment de la grossesse une des caractéristiques phénotypiques d'une anomalie chromosomique ou génétique grave.

Deux caractéristiques de cet examen doivent être soulignées. Outre l'originalité de la pratique française qui, dès la fin des années 1970, l'a intégré dans la surveillance systématique et non discutée du fœtus, le regard échographique constitue une intrusion forte et répétée dans l'intimité d'une relation respectable parce qu'humanisante, mystérieuse, relevant de l'affectivité et non de la seule rationalité. D'autre part, en raison de la suspicion qu'elle introduit dans la qualité de ce futur enfant, et par là même dans cette relation, l'examen échographique intervient au cœur même du processus d'humanisation en l'interrompant par ce qu'il faut bien appeler l'objectivation du fœtus. Rien de comparable à la prise de la tension artérielle, à un examen bactériologique ou radiologique. Ici, nous examinons un morphotype fœtal en l'extrayant artificiellement d'une relation qui fonde son humanité, la réalité très concrète de son existence. D'ailleurs, l'approche clinique du patient, en l'occurrence du fœtus, est-elle possible, c'est-à-dire féconde, sans son accord ? Et l'accord même de la future mère pour accéder à la connaissance de ce petit autorise-t-il en fait son objectivation ?

Dans cette démarche novatrice, n'est-il pas dangereux pour les professionnels d'apparaître comme possesseurs d'un savoir illimité qui leur donnerait en définitive un pouvoir de vie et de mort ? Une telle possibilité ne peut, à terme, que se retourner contre leurs éventuels auteurs. Ni parfait, ni tout-puissant, le médecin n'est évidemment pas celui qui a pour fonction de définir la perfection fœtale. Il ne le peut et ne le veut pas. Il sait, comme chacun d'entre nous, qu'il n'est de « handicap » que ce qu'en définit, à un moment de son histoire, toute société humaine.

Trois conséquences s'imposent aujourd'hui après les décisions récentes de la Cour de cassation concernant le diagnostic anténatal :

— L'accès à la connaissance de la santé fœtale par un soignant doit être préalablement autorisé et demandé par les futurs parents, en premier par la future mère ; à cette demande explicite

doit d'abord répondre l'information la plus exhaustive sur les objectifs de chacune des investigations entreprises, les moyens mis en œuvre et leurs diverses conséquences ;

— une telle information n'est possible qu'à la condition expresse de réinstaurer la confiance entre les soignants et les parents, loin de la logique sécuritaire, destructrice qui prévaut aujourd'hui dans toute démarche sanitaire, tant politique qu'individuelle ; les médecins, humains parmi les humains, ne savent pas tout, ils se trompent collectivement souvent et individuellement parfois ;

— toute personne humaine, quelles que soient ses capacités neurosensorielles, ses spécificités cognitives et comportementales ou ses particularités anatomiques, est membre à part entière de la communauté humaine et participe à son épanouissement ; à ce titre, elle a droit à toutes les marques concrètes de respect : égalité d'accès aux soins, à la culture, et au bien-être social.

Diagnostic prénatal et interruption de grossesse

La dérive eugénique liée aux possibilités d'accès au diagnostic anténatal, dite de « l'enfant parfait », est apparue sur le devant de la scène à l'occasion du débat sur l'interruption de grossesse dans les années 2000-2001. D'ailleurs la récurrence des propos hostiles à l'avortement volontaire n'éclaire-t-elle pas la nature des contradictions propres au diagnostic prénatal ?

Lors de la première décision nationale en 1973 d'autoriser l'interruption de toute grossesse porteuse d'un fœtus trisomique, l'accord professionnel et national était largement consensuel, à l'exception de Jérôme Lejeune, médecin codécouvreur de la nature chromosomique de cette affection, et de son équipe. À la même période, la bataille faisait rage dans le pays, à propos du droit des femmes à interrompre volontairement leur grossesse sans autorisation médicale. Parmi les plus farouches opposants, on trouve alors de nombreux médecins, le respect absolu de la vie étant le principal argument avancé par ces professionnels. Pour eux, la seule position de repli possible était l'impérieuse nécessité d'un encadrement social et médical de la femme.

En fait, il n'y a pas d'autre légitimité à l'avortement volontaire en toute circonstance que le respect de la liberté de la femme. Cette relation humanisante avec l'embryon, puis le fœtus, elle en connaît seule, absolument seule, l'existence, les qualités et l'aptitude à faire vivre… Elle est créatrice et auditrice de cette conversation mystérieuse qui introduit cet embryon dans la communauté des humains. Or, l'embryon n'est pas humain du fait de la volonté ou des projets de ses parents, ni même de la femme qui le porte et le fait vivre. Il est humain parce qu'il appartient à l'espèce humaine, qu'il en a les caractéristiques génétiques. Mieux, il est unique du fait des spécificités biologiques de la reproduction sexuée.

Humain certes, cet embryon l'est, mais pas « individu », pas « personne humaine ». Ce qui le personnifie, c'est la relation à l'autre, en l'occurrence pour l'embryon humain, la relation à la femme sans laquelle il n'a pas d'existence. Plus encore, il ne peut être membre de la communauté des hommes, à commencer par la relation au père, que par cette médiation. Le droit de donner librement cette vie est bien un droit fondamental. Et la reconnaissance absolue de ce droit constitue sans doute une vraie rupture culturelle, grosse de transformations des relations humaines et donc sociales pour l'avenir. Ce qui fonde le droit d'interrompre une grossesse, ce n'est pas la détresse, c'est l'aptitude qu'a la femme à percevoir et enrichir à chaque instant ce dialogue dont elle est la source, sans lequel il n'est pas d'« existence ».

Il n'y a pas non plus de diagnostic prénatal possible sans cette reconnaissance du rôle des femmes. Le praticien ne peut accéder à la connaissance de la santé embryo-fœtale que par la médiation de la future mère.

Porteur d'une particularité anatomique ou fonctionnelle qui le distingue de beaucoup d'entre nous, le fœtus « malformé » ou « handicapé » n'en est pas moins d'abord celui qui partage très profondément la vie, le destin de cette femme. Seule, elle peut nous apprendre, avec son cœur, son regard, ses mots peut-être, jusqu'où cette relation peut aller. « L'enfant in-utero », cet enfant malade, nous est en définitive largement mystérieux, les liens qu'il a contractés avec nous, la communauté humaine, ont été secrètement tissés par cette femme à qui il est si intimement uni. Elle seule a le « pouvoir » de les délier. Le respect que l'embryon nous impose est sans doute la condition indispensable à la possibilité – l'autorisation – qui nous est donnée de mettre fin à sa vie.

Pouvoir exorbitant ? Exigence nouvelle sûrement. Il nous faut aujourd'hui apprécier nos capacités d'accueil de ce petit malade, « handicapé » dit-on, en fait différent, c'est-à-dire « autre », et son aptitude future à vivre parmi nous. Questions auxquelles nous ne pouvons que très imparfaitement répondre, tant sont contradictoires les éléments qui mûrissent notre décision. Aucun cadre juridique ne peut déterminer les « indications » de l'avortement médical, parce qu'il ne saurait constituer une sanction extérieure à la volonté d'une femme ou d'un couple. Il reste toujours une décision personnelle, accompagnée ou partagée, liée à l'histoire singulière d'un être coauteur d'une histoire dont il est la source.

D'ailleurs, l'avortement médical, souvent appelé « thérapeutique », ne peut respecter les protagonistes de ce drame, et ainsi préserver l'avenir en rendant possible le deuil, la séparation d'êtres qui s'aiment, que s'il est accompagnement d'une fin de vie. Si cet enfant ne peut vivre, que soit préservée l'intimité de la relation qu'il a établie avec sa mère. Nos impératifs thérapeutiques, aussi contraignants soient-ils, sont secondaires à cette condition essentielle. Présence, écoute, silence ne sont possibles que si les techniques utilisées le permettent. L'abandon, une trop grande souffrance chez cette femme déchirée, angoissée, perdant la disponibilité affective dont elle a besoin pour vivre les derniers moments d'une relation amoureuse, sont intolérables.

Ainsi comprend-on mieux peut-être la détresse médicale face aux vertiges des pratiques actuelles du diagnostic prénatal. « Dérives eugéniques », « désir d'enfant parfait ». D'où nous viennent ces cauchemars qui hantent nos consciences depuis plus d'un siècle, mais qui ressurgissent plus douloureusement ces temps derniers ? En partie, semble-t-il, des séquelles tenaces et toujours actives des vieux dispositifs patriarcaux d'oppression des femmes, toujours perçues comme menaçantes en raison de leur fécondité, de cette aptitude à donner la vie. Cette rupture nécessaire avec l'ordre masculin n'est-elle pas justement une des clés de l'accès au respect de l'autre, c'est-à-dire à la différence, bouleversant l'élitisme et la violence eugénique qui en découle, préservant l'avenir et l'espérance ?

Qu'en est-il alors d'une grossesse voulue par une femme avec un homme de son choix ? Est-elle source d'une nouvelle toute-puissance, d'un retour au matriarcat de notre imaginaire paléoanthropologique ? Curieuse inquiétude, à laquelle répond peut-être la forte extension de l'assistance médicale à la procréation. En dissociant sexualité et reproduction, ce qui est déjà potentiellement réalisé dans la contraception, la femme peut redevenir porteuse d'embryon telle que la concevait Aristote. Et cette fois très réellement, la paternité relevant alors principalement du biologique.

« Il y a un fossé croissant entre la réflexion éthique articulée sur les principes fondateurs de la dignité humaine et l'irruption des bio-

technologies. Ce fossé n'est pas simplement un affrontement idéologique, il est simultanément lié à une indifférence croissante pour les valeurs d'humanité, jugées peu opératoires, et au désir sécuritaire de protection. La sécurité nie la solidarité. Au nom du principe de précaution, le politique privilégie les mesures destinées à calmer l'inquiétude suscitée par les biotechnologies plutôt que d'inciter au respect des personnes. La réflexion bioéthique devrait tendre à réinscrire la recherche et les biotechnologies dans une quête de sens, comme un nouveau rapport au monde[56]*...* »

TROISIÈME PARTIE

PERSPECTIVES

Le temps des questions

Les sociétés « post-modernes » (« ultramodernes », dit Pierre Legendre) consacrent toute leur énergie à produire et à consommer, la reproduction restant à l'arrière-plan de leurs préoccupations. Une sorte de dogme implicite veut que la procréation relève de la liberté individuelle, donc de la sphère privée. Mais la médicalisation s'est montrée envahissante : les frontières entre le privé et le public ne cessent de se déplacer. À long terme, les conséquences de ce phénomène demeurent imprévisibles, encore que l'utopie caustique d'Aldous Huxley (*Le Meilleur des mondes*, 1932) se révèle de plus en plus plausible. Jusqu'où nous mènera la science du vivant, dans son expansion peut-être incoercible ? Jusqu'à la fabrication industrielle d'êtres humains programmables ?

À court terme, les effets de la médicalisation sont prévisibles et même observables. Ils débordent déjà largement le domaine de la biologie. Dans la sphère privée, ils affectent d'abord l'enfant mis au monde et ses deux auteurs : une sorte de réaction en chaîne transforme de fond en comble la fonction symbolique de la mère et du père, donc aussi leurs identités respectives, leur relation à l'enfant, leur relation de couple. Dans la sphère publique, les nouvelles manières de naître posent des problèmes imprévus.

Problèmes d'ordre économique, particulièrement lourds : il faut gérer les usines à bébés, leurs équipements toujours plus sophistiqués, leurs personnels jamais assez nombreux. Problèmes d'ordre politique : il faut redéfinir le rôle de l'État qui se voulait naguère sereinement nataliste, et qui doit aujourd'hui réinventer la protection sociale. Problèmes éthiques enfin, liés surtout aux perspectives vertigineuses ouvertes par les procréations assistées.

Autant de soucis qui conduisent à des remises en cause fondamentales. Le dernier chapitre de ce livre focalise sur le travail actuel d'associations très motivées par ces questions. Parents, professionnels, féministes, écologistes se préoccupent de la naissance humaine, condition première et fondamentale du renouvellement de notre culture. Pourront-ils s'entendre, et se faire entendre ?

7

La naissance : affaire privée

Dans quelle mesure la naissance demeure-telle une affaire privée ?

La médicalisation, c'est certain, a fait apparaître de nouveaux espaces de liberté individuelle : elle permet d'éviter – ou du moins de raréfier – les enfantements non souhaités, et *a contrario* de pallier les stérilités involontaires. Moyennant quoi les bébés viennent au monde en sécurité, sans mettre en danger la vie de leur mère. Ils ont désormais toutes chances d'avoir été « désirés », par une « femme libérée » des antiques sujétions du deuxième sexe, et par un « nouveau père » disposé à pouponner avec enthousiasme. Reste à savoir comment tous ces changements sont vécus et ce qu'ils représentent pour les personnes concernées. La distance est parfois importante entre les discours et le vécu, entre ce qu'on espère et ce qu'on éprouve.

L'enfant « désiré »

« Quand je regarde le bébé, si présent et si étrangement séparé de moi, et si déterminé face au monde, gigotant, goûtant, écoutant, palpant bille en tête dès la couveuse, je vois surtout que son existence c'est lui qui l'a décidée. » La romancière Marie Darrieussecq, observant son bébé, exprime une impression fréquente chez les jeunes mères. Les anthropologues, les éthologues parleraient plutôt de la pulsion impérieuse qui impose à toutes les espèces vivantes de transmettre leurs gènes pour se perpétuer. Depuis les débuts de l'hominisation, cette pulsion de vie a été investie par la conscience et par la culture, elle s'est muée en désir d'enfant, un désir désormais dissociable de la sexualité. L'embryon engendré volontairement acquiert un surcroît de personnalité. Le lien entre sa mère et lui est de plus en plus précoce, antérieur même à la procréation. Ce lien est aussi plus exigeant : la responsabilité imputée à la gestante ne date pas d'hier, mais elle est aujourd'hui étroitement contrôlée par des spécialistes, médecins et psychologues.

L'invention et la pratique de l'échographie ont confirmé et accéléré ce processus. Même si la généralisation de l'examen le banalise, tempérant l'enthousiasme des débuts, reste que le fœtus est bel et bien devenu une personne ; et l'embryon aussi : Christine Boutin, militante très hostile à l'IVG, évoque l'« embryon citoyen ». Mieux encore qu'une personne : un personnage, qu'on attend comme le Messie. Tout au long de sa gestation, ou du moins dès qu'il bouge, on lui parle, on chante pour lui, on prend contact par le toucher, on l'appelle, on le déplace : celles, ceux qui pratiquent l'haptonomie en parlent avec émotion et enthousiasme ! Le futur enfant est déjà dissocié de sa mère, il la supplante. Le corps médical se mobilise, soucieux de dépister sans retard les « grossesses à risques ». Grossesse « à rixe », dit une patiente[1], soulignant ainsi les conflits d'intérêt entre elle et le fœtus qu'elle porte. Des objectifs économiques puissants soutiennent désormais une politique systématique de prévention ; il y a consensus, par exemple, en ce qui concerne l'éradication du mongolisme. Résultat de cette vigilance : le nombre des interruptions médicales de grossesse augmente, un bébé sur cinq (en France) naît par césarienne, un bébé sur dix commence sa vie dans un service de néonatologie. À propos de la césarienne, rappelons qu'elle fut autrefois fantasmée comme voie noble d'entrée en ce monde, réservée aux héros et aux saints : la démocratisation marche ici à grands pas.

On s'étonne, dans ces conditions, de voir croître le nombre des naissances prématurées (c'est l'une des principales causes de la mortalité infantile). Les médecins sont-ils assez curieux à ce sujet ? Mis à part les cas liés aux procréations assistées, ne devrait-on pas soupçonner des formes de maltraitance ? Certains médecins de PMI, certaines sages-femmes le disent en termes de plus en plus clairs. Maltraitance du fœtus par une gestante qui boit et/ou qui fume. Maltraitance subie par la future mère elle-même. Pourquoi continue-t-elle à boire et à fumer au mépris de tous les avertissements, sinon pour compenser, pour oublier son mal-être ? Femme battue ? Femme malmenée par la vie ? Difficile d'attirer l'attention des soignants sur des phénomènes que beaucoup préfèrent ignorer.

Gynécologues, obstétriciens et sages-femmes ne sont pas seuls en piste. L'armée des psys, médecins ou non, intervient souvent pour accompagner la future mère, les futurs parents, dans l'intention de prévenir des troubles relationnels après la naissance. On cherche à favoriser l'attachement, nouveau cordon ombilical. Le « corps à corps » est à la mode : dès la naissance on place bébé sur le ventre de sa mère, pour l'inviter à chercher le sein, à découvrir l'autre ; blotti contre sa mère, dans ses bras, près de son cou, il perçoit les battement du cœur, découvre l'odeur, reconnaît la voix. Si pour raisons chirurgicales, maman est indisponible, papa serrera bébé nu contre son torse nu… Ces contacts initiaux seront, paraît-il, déterminants pour son développement psychique et relationnel. Même les prématurés en couveuse sont attentivement reliés à leurs parents.

Soulignons au passage l'audience croissante du discours psy, jusque sur les plateaux de télévision[2]. C'est le discours savant qui correspond le mieux à la culture de masse contemporaine. On peut dire que les psy jouent autour de la naissance un rôle comparable à ce qu'était autrefois celui des religieux.

Le nouveau-né ne se souviendra de rien, et pourtant on lui manifeste de plus en plus d'égards. Les soignants explorent le petit corps avec vigilance ; des psychologues s'indignent de ce que, profitant de son amnésie, les médecins lui infligent parfois des interventions sans anesthésie. Tous se persuadent que, loin de relâcher l'attention après la naissance, il faut au contraire se mettre à l'écoute, se concentrer sur l'observation : que l'enfant tète sans conviction, en détournant les yeux, peut signifier une relation difficile avec sa mère. Il est important de respecter son rythme et ses mouvements. Seul de tous les mammifères, le petit d'homme naît inachevé, en état de dépendance totale et durable. Prendre en compte cette spécificité menaçante, c'est le seul vrai moyen de soutenir la compétence de sa mère ; car c'est lui, par sa faiblesse même, qui va tisser des liens avec elle.

Cet investissement massif, intense rend de plus en plus intolérable la mort du nouveau-né. Le « deuil périnatal », comme on dit, est cruellement affligeant. Certes, il l'a toujours été ; mais jadis, les croyances et les cérémonies religieuses pansaient la peine : le tout-petit, baptisé, accédait directement aux béatitudes ; non baptisé, il trouvait refuge dans les limbes, protégé de toute souffrance. À présent, de telles consolations n'opèrent que rarement, le deuil est sans recours. Face à ce malheur, l'attitude des soignants a récemment changé ; naguère, ils écartaient les parents, croyant hâter le deuil. Aujourd'hui, au contraire, ils insistent pour que les parents voient leur enfant mort. Spontanément d'ailleurs, nombreux sont les parents qui demandent que leur bébé décédé soit vêtu de la layette préparée pour lui ; ils le photographient ; ils veulent le voir figurer dans leur livret de famille (cela même parfois s'il s'agit d'un fœtus avorté par accident).

D'un autre côté, pour certains, de redoutables problèmes de filiation et d'identité peuvent aujourd'hui se poser. Les enfants les plus « désirés » n'en sont pas exemptés, dès lors qu'ils ont été procréés grâce à l'assistance médicale. Quand la mère a été inséminée avec le sperme d'un donneur, l'identité du géniteur reste un mystère, puisque la loi française impose l'anonymat du don : l'enfant ne saura jamais quel homme l'a engendré. Peut-il (elle) vivre dans cette ignorance sans en souffrir ? Avant les procréations assistées, cette question n'était pas posée, le silence cachait des secrets de famille ; si l'enfant en pâtissait, tant pis, on ne savait pas comment le protéger ; en tout cas l'honneur, la tranquillité de la famille étaient censés assurer la sérénité de tous ses membres. Mais à présent les psychologues dévoilent cette souffrance et les dégâts qu'elle produit, non seulement dans le psychisme de l'individu victime du secret, mais aussi parmi son entourage et sa descendance. L'anonymat implique d'ailleurs un risque d'inceste[3] : il a fallu imaginer quelques dispositions techniques et réglementaires pour le pallier, la toute-puissance médicale se trouvant ainsi renforcée.

Mais surtout de grands débats se développent aujourd'hui à propos de la *pluriparentalité* qui pose en fait deux questions différentes. *Primo*, définissons-nous la parentalité comme strictement biologique, ou acceptons-nous sa dimension sociale ? La réponse est en principe déjà donnée par la loi concernant l'adoption plénière : nous acceptons la parentalité sociale. *Secundo*, faut-il anonymiser les parents biologiques, au profit des parents sociaux ? Rappelons que le droit romain permettait à l'enfant de reconnaître les uns et les autres (en fait les pères seuls étaient concernés). Il y a pire car les procréations assistées ont fait surgir une difficulté naguère impensable : la mère biologique elle-même se dédouble quand on fait appel à une donneuse d'ovocytes. Elle se dédouble encore si on requiert les services d'une mère porteuse, pratique interdite en France, mais permise ailleurs (utilisée couramment aux États-Unis), et qui dissocie la maternité de l'accouchement. Pour de nombreuses personnes, il est encore très difficile d'imaginer, d'admettre qu'un nouveau-né puisse avoir deux mères.

Autre problème. En dépit des contraceptifs, tous les enfants qui naissent ne sont pas désirés. Laissons de côté, pour l'instant, le cas si douloureux des enfants qui viennent au monde gravement handicapés, parce qu'aucun examen prénatal n'a décelé leur infirmité (le cas Perruche par exemple, déjà évoqué) : nous les retrouverons au chapitre VIII. Pensons plutôt ici à ceux que la mère abandonne dès la naissance. Une loi française, très attaquée, permet encore à une femme d'« accoucher sous X », c'est-à-dire dans l'anonymat absolu : le petit ne saura jamais qui était sa mère, ni qui était son père ; il est privé de généalogie, privé de racines, « enfant de personne »[4]. Cette disposition ressuscite en quelque sorte l'ancien « tour » des hospice. Elle ne concerne guère qu'environ 700 cas par an, et elle est ancrée depuis longtemps dans la pratique hospitalière. Mais on mesure mieux à présent ce qu'elle révèle sur l'ambivalence du lien mère-enfant. Certes le déni de grossesse et le déni de naissance suggèrent que celle qui accouche sous X n'a jamais eu l'intention de donner la vie, et l'accouchement ne suffit pas à la transformer en mère. Faut-il pour autant conclure que l'enfant né sous X n'a pas de mère ? Pourtant cette femme a pris la peine et le risque de porter cet enfant et de le mettre au monde, alors qu'elle aurait pu demander une IVG. Que sait-on des frustrations qu'elle a endurées ? Et d'un autre côté, pouvoir identifier ses auteurs compte désormais parmi les droits de l'enfant. Une loi récente permet à la femme de revenir sur sa décision pour permettre à l'enfant devenu adulte de rechercher ses origines s'il le souhaite. Les statistiques manquent encore pour savoir combien entreprennent cette démarche et avec quel résultat.

Les nouveau-nés abandonnés anonymement peuvent être adoptés. Faute de quoi, ils commencent leur vie dans des institutions censées les protéger, une « maison maternelle » ou une pouponnière. Ils y reçoivent un nom et un prénom choisis par le personnel, au hasard d'une imagination parfois dérisoire : l'enfant né un jour de grand froid est nommé Gelé, celui dont le lit jouxte la sortie est nommé Porte… Certains dont la mère en a exprimé le désir sont baptisés, mais à la chaîne, si l'on peut dire, au cours de baptêmes collectifs organisés chaque semaine ou chaque mois par l'institution, avec parrains et marraines de complaisance. « Je suis parrain de centaines d'enfants », dit en riant un jardinier, qui ne se soucie guère d'identifier ses filleul(e)s. De telles pratiques désacralisent, disqualifient, le projet symbolique du baptême chrétien : effacer la souillure du péché originel, passer de « naître » à « renaître » dans un monde socialisé, spiritualisé, civilisé. Saurons-nous imaginer des modes d'intégration qui mettent en valeur l'humanité de ces petits ?

La mère « libérée »

Le féminisme a promu et conquis l'émancipation du « sujet femme », notamment, répétons-le, en personnalisant la femme, dissociée de la mère, en séparant la sexualité de l'enfantement.

Cet ébranlement de certitudes millénaires a sidéré la plupart des gens : révélation brutale, très difficile à intégrer par les femmes comme par les hommes, et même par bien des féministes « modérées ». L'éblouissement empêchait de voir au-delà. Si bien que toute réflexion sur le désir d'enfant, sur la fonction maternelle, s'est trouvée soudain tarie ; elle est encore, d'ailleurs, systématiquement écartée par certaines doctrinaires qui redoutent d'être renvoyées à l'ancienne servitude.

Passionné d'autonomie donc, le nouveau féminisme a refusé toute observation sur la dépendance de fait que l'enfantement impose à toute femme. Aux yeux des militantes, la maternité n'a de raison d'être que comme épanouissement narcissique du moi féminin. Mais Narcisse ne voit que lui-même, et il en meurt. Alors que le « sujet femme » a besoin de la reconnaissance d'autrui, bien plus encore au moment du désir d'enfant : car elle est affrontée à la dialectique autonomie-dépendance, tiraillée entre l'obligation de se conduire en femme libérée et la tentation de s'abandonner aux soins de ceux qui l'entourent[5].

Au temps du baby-boom, le natalisme de l'État-Providence avait alourdi la pression sociale et familiale qui invite – ou qui contraint – les femmes à enfanter. Les « années mouvement » (années 1960-1970) ont rompu cette pression. Les féministes ont appris de Simone de Beauvoir (*Le Deuxième Sexe*) que la maternité non choisie aliénait les femmes au service de la famille patriarcale ; pour que l'égalité des sexes puisse advenir, la maternité doit être le fruit d'une décision personnelle, libre et réfléchie. Cette définition ramenait la naissance dans le cadre de la vie privée. La loi Neuwirth, qui dépénalise la contraception (1967), et la loi Veil, qui dépénalise, sous condition, l'avortement (1975) ont donné à toutes les moyens (notamment médicaux) de cette liberté individuelle. Elles en ont profité pour limiter le nombre de leurs enfants, non pour refuser la maternité :

presque toutes (95 %) souhaitent mettre au monde et élever au moins un ou deux enfants. Que ce désir leur soit inculqué par l'éducation ou qu'il traduise la vitalité de l'espèce humaine – qu'il soit acquis ou inné –, nous n'en débattrons pas ici : l'essentiel est que chacune croie à sa liberté Quels sont alors pour elle, dans son for intérieur, dans son intime conscience, les effets de la médicalisation ?

En prélude soulignons un paradoxe : tout se passe désormais comme si chaque enfantement ne relevait que de la seule volonté d'une femme. En 1994, 65 % des femmes entre 20 et 49 ans recouraient à la contraception et parmi elles 81,3 % employaient des méthodes où elles étaient seules impliquées (Insee 1995) : tout se passe comme si la contraception – et donc aussi la procréation – constituait un domaine réservé des femmes. Ce qui, au lieu de mettre en question la différence des sexes, la confirme au contraire et l'appesantit. La naissance affaire privée, la naissance médicalisée, c'est la naissance affaire des mères. D'aucuns, d'aucunes, voient là un excès de pouvoir : une femme peut priver son partenaire de progéniture en utilisant des contraceptifs, en interrompant sa grossesse, en accouchant sous X ; elle peut l'écarter d'un enfant qu'il avait reconnu mais non engendré si elle dispose de preuves biologiques (examen comparatif des sangs et des empreintes génétiques) ; elle peut aussi lui « faire un enfant dans le dos ». Tout cela est vrai : il y a, dans l'ordre de la procréation, renversement complet de la relation traditionnelle entre homme et femme. La responsabilité féminine est absolue, totalitaire.

Du moins en principe. Car en pratique celle qui se lie à un partenaire et envisage d'enfanter se trouve bientôt prise dans l'implacable dialectique autonomie/dépendance. Deux sortes d'embarras surviennent. *Primo*, selon des enquêtes récentes, la plupart des femmes, même les plus expérimentées, sont incapables de refuser un rapport sexuel, protégé ou non : la satisfaction de l'homme amoureux reste toujours prioritaire. On comprend qu'une femme hésite à écarter un homme qu'elle aime, ce serait à lui d'être discret ; mais souvent, au contraire, il affiche son insouciance : « Si tu tombes enceinte, c'est pas la mort, tu feras une IVG. » *Secundo*, bien des femmes éprouvent parfois leur liberté comme une charge, une forme de solitude : elles reprochent aux hommes, et à la société en général, de se déresponsabiliser, de les laisser sans appui, démunies, anxieuses, face à des décisions graves, dont elles redoutent de ne pouvoir assumer seules les lourdes conséquences... Trop souvent tout se passe comme si les jeunes femmes, les jeunes filles ne parvenaient pas à s'approprier franchement la contraception et l'IVG.

Les moments de choix difficiles sont nombreux pour elles au cours du processus qui mène à la naissance. Le premier seuil à franchir, c'est l'acceptation de la grossesse. Celle-ci n'apporte pas toujours les prémices de l'identité maternelle : elle peut résulter d'un « accident », préservatif déchiré, pilule oubliée. Ou bien, après des années de pilule, une jeune femme peut éprouver le besoin de vérifier sa fécondité (sans pour autant se sentir prête à faire naître un enfant). Quand la grossesse est commencée, la décision de l'interrompre est souvent difficile à prendre, mais la signification symbolique de cette décision est capitale : celle qui fait ce choix tue la mère en soi pour affirmer à jamais sa liberté de femme. C'est d'autant plus difficile, pourrait-on dire, si le géniteur refuse de s'impliquer, en déclarant noblement : « Tu es libre, à toi de décider. » La loi Veil (1975) imposait à la jeune femme, avant l'IVG, un entretien obligatoire avec une personne habilitée. Les inconvénients de cette obligation ont été maintes fois dénoncés. En pratique, l'entretien n'était demandé ni par les requérantes ni par les praticiens ; il était donc perçu au mieux comme superflu, au pire comme abusif, comme une pression culpabilisante ; en outre il marginalisait le géniteur. Il a été supprimé par la loi de 2002. Paradoxalement, cette suppression intervient à un moment où se multiplient, partout, à toute occasion, des cellules d'aide psychologique. Or la volonté ou le refus de donner la vie comptent désormais parmi les décisions les plus lourdes à assumer : l'écoute psychologique constitue un soutien, en tant que lieu de parole et d'empathie, elle répond souvent à un besoin. L'imposer était une erreur ; mais il serait bon que toute femme en comprenne l'utilité et puisse y recourir. Quand l'opération est effectivement décidée, l'obtenir dans les délais étroits fixés par la loi française est de plus en plus aléatoire ; la jeune femme est souvent réduite à envisager un déplacement à l'étranger, seule ou en groupe, avec l'aide d'une association, ou entièrement à ses frais. En tout cas, c'est son corps qui est éprouvé, c'est elle qui subit l'intervention, elle seule.

Celle qui désire devenir mère ne rêve pas, en général, de « faire un bébé toute seule », elle essaie de s'attacher un partenaire. Certains hommes refusent la paternité : « Je ne veux pas de gosse, débrouille-toi. Si tu tombes enceinte, ce sera lui ou moi. » L'avertissement est clair, mais pour autant monsieur ne veut prendre aucune précaution : il n'a souci que de son confort. D'autres hommes, là encore, se retranchent derrière la liberté proclamée du sujet femme : « C'est toi qui seras enceinte et qui accoucheras. Je ne veux pas peser sur ta décision. » Comment savoir si le désir de paternité est assez fort, s'il mûrira, si l'on peut compter sur la séduction du futur bébé ? Ou s'il vaut mieux changer de partenaire, révision déchirante ? Les années passent vite : une femme ne peut pas attendre bien longtemps.

Il arrive que la grossesse ne soit pas au rendez-vous du désir des conjoints. En viendront-ils à demander une assistance médicale ? Là encore tout passera par le corps de madame, même s'il s'agit de pallier la fertilité défaillante de monsieur ; c'est donc à elle, encore une fois, de décider en dernier ressort. On a vu (chapitre VI) combien ces techniques, surtout la FIV, sont agressives, éprouvantes, décevantes, combien la sexualité conjugale est maltraitée par l'intervention des spécialistes. En outre, pour celle qui s'engage dans ce processus, d'autres « choix » douloureux s'annoncent. Au cours de la FIV, on réimplante plusieurs embryons, et du coup les naissances risquent d'être multiples : la jeune femme qui rêve de choyer un joli poupon risque d'être accablée à l'idée de voir naître des triplés, ou pire. Les médecins proposent d'éliminer un ou plusieurs embryons, mais lesquels sacrifier ? et comment apaiser les scrupules et les angoisses de celle qui les porte ? Celui qui, enfin, vient au monde, est souvent prématuré, fragile ; on le met en couveuse séparé de sa maman ; vivra-t-il ? Certaines féministes ont vivement condamné ces prouesses : elles y voient une nouvelle et abusive prise de pouvoir des médecins sur le corps des femmes ; c'est oublier que bien des femmes revendiquent passionnément « un enfant à tout prix », et exigent à leur service une « médecine du désir ».

Quand il n'y a pas eu de problème, quand la grossesse s'est installée « normalement », quand elle est conservée de bon cœur, alors des soucis longtemps réputés futiles prennent soudain de l'importance : l'embonpoint par exemple. « J'ai pris vingt kilos, je m'en foutais, j'étais si heureuse d'être enceinte ! » Mais notre société accorde beaucoup d'attention aux apparences : les médecins invitent la gestante à ne pas prendre trop de poids. Les magazines récupèrent ce souci en inventant des régimes, des exercices, des pommades pour le ventre ou le visage, des modes vestimentaires. La future mère est en outre surveillée, examinée, submergée d'informations parfois contradictoires : responsable de la santé du futur bébé, elle se sent vaguement inquiète, peut-être coupable. L'échographie lui montre son fœtus, petite créature au cœur battant, étrangement active : grand moment d'émotion ! Mais que devient-elle si l'image révèle un handicap ? Certes elle est entourée de spécialistes compétents, capables de l'éclairer ; mais, une fois de plus, c'est à elle qu'il incombe de demander, ou non, une IVG. Hypersensible, anxieuse, la moindre particularité du fœtus (un orteil en trop par exemple) peut l'épouvanter comme signe d'anomalie : à défaut d'un enfant parfait, elle veut un bébé aussi conforme que possible aux canons officiels, exigence qui promet de beaux jours au diagnostic prénatal.

La future mère est « suivie », en général par « son gynéco » ou, plus souvent, « sa gynéco », ou par une sage-femme, dont le cabinet est devenu un lieu de parole, d'écoute, de confidences : là, une solidarité entre femmes se reconstitue, souvent rassurante. Autre lieu de parole, autre rite important : les séances de préparation à l'accouchement. Le plus souvent collectives, elles permettent, théoriquement, aux gestantes de dire leur angoisse, de questionner les personnes informées, de discuter avec des mères plus expérimentées. En réalité, « l'asepsie verbale » y fut longtemps de rigueur : il ne fallait pas évoquer les douleurs ni la violence de la parturition, par crainte d'épouvanter les primipares, on parlait seulement des « contractions ». C'est depuis l'existence de l'anesthésie péridurale, depuis que l'indolorisation est possible, qu'on ose dire la vérité. Ces séances ne sont pas obligatoires, c'est un choix, un de plus, et c'en est un autre d'y amener le futur père : faut-il insister pour qu'il vienne ?

On peut regretter que, pour traverser l'épreuve si redoutable de la parturition, la jeune femme doive presque toujours changer d'accompagnement (les gynécologues médicaux et la plupart des sages-femmes libérales n'assurant pas les accouchements), et se mettre entre les mains d'une équipe inconnue, ou mal connue. Pourra-t-elle compter sur la présence d'un proche ? La phobie des microbes a longtemps servi de prétexte aux médecins pour écarter les membres de la famille, notamment la mère de l'accouchée, particulièrement indésirable, en raison même de son expérience, mais aussi le père de l'enfant à naître. Aujourd'hui, les barrières sont abaissées, et la parturiente souhaite souvent (pas toujours) la présence de son compagnon. Seule ou non, elle doit prendre « librement » des dispositions importantes. Par exemple : souhaite-t-elle bénéficier d'une anesthésie péridurale ? Une primipare hésite à répondre : des études récentes[6] la montrent fragile, désemparée, influençable ; elle laisse les autres décider pour elle ; c'est souvent le futur père qui insiste pour qu'on ne la laisse pas souffrir. Quant à l'épisiotomie, les soignants en prennent seuls l'initiative ; de même pour la césarienne... (cependant, à propos de la césarienne, il faut nuancer, comme on le verra au chapitre VIII).

Son nouveau-né dans les bras, la jeune mère est supposée au comble du bonheur, même si des cicatrices la font souffrir. Il lui reste pourtant encore à affirmer son intention de donner le sein ou le biberon. Ce dernier choix n'est pas le plus facile, car elle subit souvent des pressions contradictoires. Le congé de maternité limite pratiquement l'allaitement maternel à huit ou dix semaines. Mais des associations se livrent à une propagande passionnée en sa faveur. La plus connue de ces associations, la plus répandue dans le monde, c'est la Leche League, fondée en 1956 par sept mères de famille de la région de Chicago, et qui s'active à présent dans soixante-six pays ; elle s'apparente au mouvement écologiste. Certes le lait de la mère est réputé préférable pour l'enfant ; mais le biberon, en relayant le sein nourricier, protège l'attrait érotique des mamelles : faut-il ménager le bébé ou le partenaire ? être plutôt mère ou plutôt amante ? Cette alternative, on l'a vu, tourmente les Occidentales depuis la plus haute Antiquité. Et désormais, pour compliquer les choses, un autre dilemme se pose : si la jeune mère exerce une activité rémunérée, choisira-t-elle de rester auprès de son bébé pour l'allaiter, au risque de gâcher sa carrière ? Ou bien reprendra-t-elle son travail, en laissant le petit à une gardienne qui le nourrira au biberon ? Le choix, quel qu'il soit, fera souffrir.

Bien d'autres doutes assaillent l'accouchée. Entourée de spécialistes nombreux et savants, osera-t-elle se sentir compétente auprès de son tout-petit ? Chaque année, une jeune mère sur dix (environ) échoue à nouer avec son bébé une relation « normale » : la maternité psychique ne suit pas toujours la maternité biologique, et les problèmes posés par le post-partum se révèlent de plus en plus fréquents. Pour expliquer ce lamentable dysfonctionnement, trois sortes d'interprétations sont avancées. Les physiologistes ne voient que le remue-ménage hormonal, le taux de potassium trop bas, une déficience thyroïdienne. Les psy rappellent que la grossesse et l'accouchement provoquent un ébranlement redoutable, une crise identitaire et narcissique ; des conflits anciens non résolus peuvent ressurgir ; l'hypermédicalisation altère et appauvrit l'événement. Les sociologues font état de la modification des rapports conjugaux : le couple égalitaire cesse de l'être lorsque l'enfant paraît, quelles que soient les bonnes résolutions prises auparavant. Le bébé exige une vigilance continue que la mère assume le plus souvent sans se poser de questions ; sa charge de travail s'alourdit, son temps se rétrécit, son sommeil est en miettes. Et l'anxiété gagne : je ne tiendrai pas le coup, je ne pourrai pas reprendre mes activités personnelles, ni rentrer dans ma propre vie… La mère humaine n'est pas une femelle qui met bas, son petit ne lui suffit pas ; elle a besoin d'un conjoint heureux d'être père, elle a besoin d'être elle-même maternée par d'autres femmes, et qu'on l'aide à décrypter les signaux du bébé ; bref elle a besoin d'un environnement familial et social chaleureux, gratifiant, qui accueille et fête la naissance.

Au fond une grave question se pose que nul ne songe à formuler. Combien de temps dure une naissance ? Combien de temps faut-il au nouveau-né pour « entrer dans la vie » ? À sa mère pour l'accueillir ? À son père pour l'adopter ? Personne n'en sait rien et chaque cas, sans doute, est particulier. On peut déplorer cependant que le congé dit de maternité (puis de paternité) n'ait jamais fait l'objet d'un débat scientifique. On a vu (chapitre III) quels problèmes politiques il a posés, pendant vingt-sept ans. Mais c'est aussi un problème de santé publique, ou du moins il faudrait le poser comme tel. Aujourd'hui, la travailleuse qui enfante a droit à seize semaines de repos, dont dix après la naissance. Or tous les gynécologues constatent combien le retour au travail est pénible : presque toutes cherchent des moyens de prolonger ce congé. Non seulement parce que l'apprentissage de la maternité leur inflige une grande fatigue physique et morale, mais aussi parce qu'elles trouvent trop brutale la séparation d'avec leur bébé. Certes, des pédopsychiatres affirment aujourd'hui que le bébé n'en souffre pas. Voire. Mais la jeune mère ne mérite-t-elle aucun égard ? La standardisation du congé de maternité est une erreur grossière et cruelle. Le code du travail devrait prévoir au moins des formes de transition.

Une initiative récente mérite attention. Vanina C., mère de famille lyonnaise de cinquante ans, vient de créer en France le métier d'« accompagnante à la naissance » qui existe depuis plusieurs années aux États-Unis et au Canada. Elle propose des séances d'écoute et de dialogue (durée 2 heures, tarif : 30 euros). « J'ai remarqué, dit-elle, que les femmes manquent du vécu d'autres femmes, à un moment où elles se posent mille questions. » En leur transmettant une expérience, on les aide à exprimer leurs soucis, et on peut les rassurer. L'accompagnante peut assister à l'accouchement, si la parturiente le souhaite ; et ensuite elle peut l'assister au moment du retour à la maison avec le bébé. On peut tout lui dire, elle ne juge pas, elle est tout empathie. L'importance de la demande a conduit Vanina C. à ouvrir une école pour former des consœurs, et la formation est prise d'assaut. Le succès de cette initiative traduit clairement un besoin croissant d'échange entre femmes, à distance du monde médical. S'il se confirme, il marquera un seuil dans l'histoire de la naissance et dans l'histoire des femmes. Affaire à suivre !

Toutes ces perspectives nouvelles intéressent aussi le nouveau père.

Le « nouveau » père

La médicalisation de la naissance a beaucoup contribué à la destitution symbolique du père : il a perdu la maîtrise de la procréation, et désormais la reconnaissance de sa qualité de père dépend du bon vouloir de sa compagne, d'aucuns disent de l'arbitraire dc la mère. En outre, l'heureux événement se produit en milieu hospitalier, sous le contrôle de spécialistes tout-puissants, qui traitent rarement le père en interlocuteur de premier plan. Cependant une réaction s'est annoncée dès le début des années 1980, marquée par une série de colloques et de nombreuses publications[7] : dans quelle mesure a-t-elle fait évoluer la condition paternelle face au « pouvoir médical » qui règne désormais sur la naissance ?

Les débats passionnés qui ont précédé le vote de la loi Neuwirth puis de la loi Veil montrent que les hauts responsables étaient conscients des enjeux. Mais pour monsieur Tout-le-monde, la contraception médicalisée du corps féminin signifiait un confort appréciable : n'avoir plus à « se retenir », retrouver une compagne toujours disponible et détendue, quelle chance !

Plus que jamais auparavant, la procréation est devenue l'affaire des femmes, et beaucoup d'hommes s'en sont fort bien accommodés. Dans les couples stables, le préservatif est passé aux oubliettes. Les Français recourent très peu à la vasectomie, sous prétexte qu'elle est irréversible, alors qu'il est possible aujourd'hui de congeler une provision de sperme à la disposition de celui qui voudrait conserver des chances d'engendrer. D'un autre côté, la loi française laisse tout homme libre de refuser une recherche de paternité au moyen des empreintes génétiques, libre donc d'échapper à sa responsabilité. Si un couple qui désire un enfant échoue à procréer, c'est d'abord la femme, supposée stérile, qui subit des examens, et souvent l'homme tarde à vérifier sa propre infertilité, qu'il ressent comme humiliante. En cas de procréation assistée, la souffrance de l'homme reste purement morale... Bref la médicalisation de la contraception et de la naissance confirme lourdement la différence des sexes.

Face à ces réalités, l'invention du nouveau père peut être interprétée comme une réaction féministe : au moment de s'engager dans l'aventure bouleversante de l'enfantement, les jeunes femmes éprouvent le besoin d'un « étayage affectif » (ainsi disent les psy), elles requièrent la présence, la participation du partenaire. Celui-ci, même s'il est d'accord, a parfois quelque peine à se relier à sa progéniture : il a besoin d'aide pour accompagner la grossesse. L'invention de l'échographie a été pour les futurs pères une étape décisive : ceux qui assistent aux séances en ressortent fascinés ; après quoi, ils viennent volontiers constater les mouvement du fœtus, ils communiquent avec lui grâce à l'haptonomie, ils osent lui parler. Beaucoup essaient de suivre avec la future mère la préparation à l'accouchement. De nombreuses maternités organisent à présent des rencontres, des groupes de parole exclusivement réservés aux futurs pères, afin qu'ils puissent exprimer librement leurs préoccupations les plus personnelles, sans laisser aux femmes toute la place. Des ouvrages, des articles leur sont spécialement destinés[8].

Leur présence en salle d'accouchement pose encore problème. Évincés au temps de l'hygiène pasteurienne, les pères sont revenus à la demande des mères, dès les premiers essais d'accouchement sans douleur. On est alors passé d'un extrême à l'autre : la présence du père au moment de la naissance est devenue une sorte d'obligation, c'est son absence qui choquait. Cette conversion n'allait pas de soi. Certains hommes se trouvent mal à la vue du sang, ou peut-être, disent les psy, à la vue du sexe maternel ; d'autres se sentent violemment offusqués, sans oser rien dire, par la présence dominante d'un autre homme, l'accoucheur ; d'autres encore ne supportent pas les plaintes de leur femme, ou la lenteur du processus. Pourtant la plupart s'apprivoisent. Armés d'un appareil photo ou d'une caméra vidéo comme alibi, ou bien fascinés par ces machines qui ont transformé la naissance en technique de pointe (affaire d'hommes), ils trouvent le courage de rester. Et venus à l'appel de la mère, ils sont séduits par le nouveau-né. Leur présence a fait apparaître de nouveaux rituels. Pour canaliser l'émotion du « primipère », on l'invite à couper le cordon et à baigner l'enfant, gestes révolutionnaires naguère réservés aux sages-femmes. Couper le cordon, c'est séparer l'enfant de la mère, symbolique brutale. Le père est supposé apprendre ainsi que son nouveau rôle symbolique consiste justement à « défusionner » l'enfant et la mère, pour permettre à chacun de trouver ou retrouver son identité propre. Donner le bain relève d'une pédagogie plus douce et sans doute plus efficace. Moment sensible où tout bascule : le père se découvre capable de tenir et manipuler le nouveau-né, il le touche, l'observe, lui parle, il se l'approprie, il y trouve du plaisir. Cette révolution des mœurs et des représentations a été d'abord célébrée avec enthousiasme, et les médias l'ont mise en images à profusion. Puis, vers le milieu des années 1990, un discret mouvement de reflux s'est esquissé. Quelques spécialistes, le docteur Bernard Fonty (obstétricien), le docteur Aldo Naouri (pédiatre) ont douté que cette présence paternelle soit toujours bénéfique. Quelques parturientes préféraient écarter leur conjoint : elles redoutaient son émotivité, ou bien elles se sentaient humiliées de subir l'épreuve en sa présence. Quelques hommes ont laissé voir leur réticence. Les médecins et les sages-femmes les plus avisés trouvent des prétextes honorables pour laisser monsieur dans le couloir, ou le faire sortir au bon moment.

Il arrive d'ailleurs que des rivalités inavouables s'éveillent à l'occasion de la naissance. Certains hommes acceptent mal que le bébé devienne le centre d'intérêt quasi exclusif de la mère, et ils ne savent comment se réapproprier leur compagne. D'autres développent une autre sorte de jalousie : c'est l'enfant qu'ils veulent s'approprier. Monsieur assiste à l'accouchement pour être le premier à voir le nouveau-né ; il a d'avance obtenu de sa compagne qu'elle refuse l'allaitement au sein, pour pouvoir lui-même donner le biberon et nourrir son petit ; au mieux, il accepte en alternance une tétée, un biberon. Ainsi s'exprime la volonté encore très neuve de réduire la différence entre les sexes, de limiter la priorité de la mère, d'assimiler autant que possible la paternité et la maternité.

Les soignants apprennent à aider les pères. Il s'agit de savoir reconnaître leur existence, de les accueillir comme on accueille les mères, de les préparer, eux aussi, à l'accouchement, ce moment si bouleversant où leur enfant vient au monde, mais, disent les psy, ceux qui veulent se préparer sont ceux qui en ont le moins besoin. On respecte désormais la liberté de ceux qui préfèrent rester à l'écart[9] ; leur nombre semble décroître : les pères assument de mieux en mieux leur rôle d'accompagnement.

Les pouvoirs publics prennent en compte cette transformation des rapports sociaux de sexe au sein de la *parentalité*. Un congé de paternité a été instauré le 1er janvier 2002 : onze jours (dix-huit jours en cas de naissances multiples) ajoutés aux trois jours déjà prévus par le code du travail peuvent être pris dans les quatre mois qui suivent la naissance ; ils sont accordés aux pères actifs ou chômeurs, salariés ou indépendants, la suspension du contrat de travail étant compensée par des indemnités que versent les caisses d'assurance maladie. La revue *Études et résultats*, publiée par les ministères de la Santé et du Travail, rend compte du succès de ce congé : en 2002, 59 % des pères concernés en ont bénéficié. Parmi les salariés, les cadres ont été plus nombreux que les ouvriers et les employés à ne pas s'absenter durant l'intégralité des onze jours ; parmi les indépendants, ce sont les artisans qui écourtent le plus le congé. Les parents se déclarent unanimement favorables à cette innovation : le père a « le droit » de participer à la naissance : de pouponner s'il le veut pour « se faire plaisir », d'assister la mère pour certaines tâches, pour les courses et les démarches. Rares sont ceux qui déplorent une perte de productivité au travail. La présence paternelle auprès du nouveau-né s'impose déjà comme une norme : la vie privée gagne sur la vie publique.

Cependant restons lucides. C'est bien au moment de la naissance que la différence des sexes s'affirme de manière incontournable. Cette constatation irrite quelques féministes doctrinaires qui rêvent de fabriquer les bébés en bocal. Si cette fabrication devient un jour possible, il appartiendra à nos descendants de dire s'ils la considèrent comme un progrès. En attendant, hommes et femmes de bonne volonté devront chercher ensemble les meilleurs moyens de pallier les inconvénients de cette flagrante inégalité.

Des rites à inventer

Signalons pour mémoire des manifestations qui semblent avoir un certain succès aux États-Unis : celles des No Kidding, ou Child Free, gens qui refusent de procréer, le plus souvent des *gays* ou des lesbiennes. Ils, elles, prétendent faire reconnaître leur droit de ne pas se reproduire, droit qu'aucune loi ne leur conteste. Attitude provocante, dont les motivations profondes demeurent obscures.

Au contraire, la naissance a toujours donné lieu, on l'a vu, à des célébrations symboliques, qui solennisaient l'accueil du nouveau-né, non seulement dans sa famille mais aussi dans la communauté humaine. La médicalisation n'a certes pas supprimé la symbolisation, mais elle en a complètement transformé l'expression. Les rites qu'elle a mis en place, sous forme de soins très élaborés et très coûteux, affirment la valeur du petit humain, le souci collectif de le protéger.

Pourtant quelque chose semble manquer à certains jeunes parents. « Je ne crois plus en Dieu, ni à rien de ce qu'on m'a appris au catéchisme. Et pourtant j'adorerais faire un baptême chrétien pour mon bébé. Mais ce serait du cinéma », déclare, à regret, une accouchée. Le baptême républicain est encore assez souvent demandé. Les municipalités de certaines villes en célèbrent quelques-uns chaque année avec solennité : le maire portant l'écharpe tricolore demande aux parrain et marraine de s'engager publiquement à « placer l'enfant sous la protection des institutions républicaines et laïques », à développer en lui les qualités indispensables au « bon citoyen, dévoué au bien public ». Parrain et marraine signent ensuite le registre des baptêmes civils ainsi que des certificats de parrainage. Les parents qui aujourd'hui demandent cette manifestation semblent en effet surtout désireux d'assurer à leur rejeton le soutien d'un parrain et d'une marraine. Pour certains c'est une manière de prendre des distances par rapport à leur famille. Mais des municipalités (celle de Toulouse par exemple) croient devoir refuser pour ne pas entretenir des illusions : car, contrairement à ce que d'aucuns s'imaginent, le baptême républicain n'a aucune valeur légale, il ne confère aucun droit, n'impose aucun devoir à quiconque, en particulier aux parrain et marraine.

Il faut souligner en effet que, dans le naufrage des traditions, les figures de parrain et marraine réussissent à survivre, comme si un doublement du couple parental restait souhaitable. Des recherches en anthropologie et en sociologie tentent d'approcher, d'explorer ce qui s'exprime à travers cette survivance. Les jeunes parents, pour la plupart, présentent leur nouveau-né à leurs familles respectives, à leurs amis, à leurs collègues de travail, au cours de réunions plus ou moins festives, grands banquets ou simples « pots ». Mais presque toujours, à un moment ou à un autre, ils tiennent à désigner des parrain et marraine, qui donnent officiellement leur accord. L'élection de ces personnes a été parfois longuement méditée, sans tenir compte des anciens usages (ainsi les liens de parenté sont rarement pris en considération, les prénoms ne sont pas transmis). Cependant il s'agit encore bien souvent de donner à l'enfant les meilleures chances en matière d'éducation et de socialisation. « Les parrain et marraine d'Abel sont nos amis, ils ont toute notre confiance ; mais nous les avons voulus différents de nous, avec des métiers différents, des talents différents, des curiosités différentes, afin qu'ils puissent l'enrichir, élargir son horizon, lui ouvrir d'autres perspectives », dit une mère à propos de son premier-né...

Autres cas, autres scrupules : des lesbiennes, devenues mères par IAD, donnent à leur fille deux parrains (et une seule marraine) avec l'espoir de compenser le déficit du masculin dans l'éducation familiale.

Il y a plus. On voit naître, ici et là, de nouvelles célébrations solennelles, inventées de toutes pièces, minutieusement préparées par de jeunes parents et par leurs proches. Le plus souvent l'union du couple a déjà fait l'objet d'une cérémonie : « Nous avons été élevés dans le christianisme, mais nous ne sommes plus croyants, les rites chrétiens n'auraient plus de sens pour nous. Nous avons préféré inventer de nouveaux rites qui expriment mieux nos engagements tels que nous les ressentons, tels que nous voulons les vivre. » La même exigence se renforce à la naissance de leur premier enfant. Ils demandent d'abord un baptême républicain pour intégrer leur enfant dans la communauté des citoyens. Ensuite ils préparent eux-mêmes une cérémonie originale (qui mobilise plus de cent personnes, parents et amis, et qui dure plusieurs heures), en vue de symboliser d'autres accueils, d'autres intégrations. Le père et la mère, les différents membres des deux familles, les parrain et marraine, lisent des textes, accomplissent certains gestes, qui signifient leur engagement. Les amis et connaissances manifestent eux aussi, par des gestes ritualisés, la joie et la bienveillance de la société. Les absents, les défunts, représentés par les flammes des cierges et des bougies, sont évoqués nommément. Des plantes, des animaux symboliques rappellent que l'enfant appartient aussi à la nature. Un tel folklore peut surprendre, susciter le scepticisme ou même la dérision. Il n'en témoigne pas moins d'une quête spirituelle qui va au-delà de la foi religieuse et des certitudes de la science. Cette élaboration symbolique, très personnelle puisque chaque famille peut la réinventer à son gré, a le mérite d'éviter tout enfermement dans des dogmes, dans des rites imposés ; elle ouvre sur le social le plus large, en écartant tout risque d'exclusion.

Sur un point au moins tous les jeunes parents sont unanimes : en réponse aux questions de leurs enfants, ils les informeront sur les réalités biologiques de la naissance. Plus de cigogne, plus de choux, plus de roses, plus de fées, plus de merveilleux ni de rêve. Soit. Mais pour qu'un petit humain soit heureux d'être au monde, il faut qu'il entende que sa naissance fut une fête !

8

Les naissances : affaire publique

Aujourd'hui, par l'effet de la médicalisation, la naissance, les naissances sont affaire d'État. Mais l'État n'a plus de politique déclarée dans ce domaine, car les missions qu'il s'était attribuées au XXe siècle sont frappées d'obsolescence. Son natalisme officiel a été disqualifié par le féminisme ; et, depuis la crise économique des années 1970, sa politique familiale a perdu le nord. Que lui reste-t-il ?

En démocratie, le premier devoir de l'État, c'est la protection des libertés individuelles. À propos de la naissance, ce devoir consiste à sauvegarder, au bénéfice de tout citoyen et de toute citoyenne, un double droit : le droit de ne pas procréer (et pour les femmes il s'agit là d'un véritable *habeas corpus*), mais aussi le droit de procréer dans les meilleures conditions. Et peut-être faudra-t-il bientôt commencer à réfléchir sur le droit de naître dans les meilleures conditions.

Il appartient en principe aux États « post-modernes » de développer la législation et d'organiser les institutions selon ces objectifs. Toutefois, à mesure qu'ils s'y emploient, des problèmes surgissent. Il y a d'abord des obstacles financiers, car le perfectionnement des soins médicaux induit des dépenses croissantes. Mais en outre la notion même de soin évolue : face aux souffrances psychiques de certaines familles, maltraitées par la vie, un accompagnement vigilant s'avère indispensable bien au-delà du biologique.

LA PROTECTION SOCIALE

Que veulent les pouvoirs publics ? favoriser les naissances ? les limiter ? rester neutres pour respecter la liberté des citoyens ? Mais, de leur côté, les citoyens et les citoyennes, que veulent-ils ? À l'heure présente, tout se passe comme si, aux yeux de tous, il était infiniment préférable de produire des richesses plutôt que d'élever des enfants. Pourtant l'inquiétude grandit.

Après des décennies de malthusianisme tranquille, le natalisme s'est éveillé en France au siècle dernier. Le recours à l'immigration a pallié un temps le manque de main-d'œuvre ; mais aujourd'hui, les États occidentaux conscients des problèmes sociaux et humains qu'elle pose préféreraient la contenir. Or l'Europe est menacée d'une surcharge de personnes âgées, surtout des femmes (le mamy-boom). Alors s'installe un autre souci : qui paiera nos retraites ?

Pourquoi les couples occidentaux font-ils peu d'enfants ? Par individualisme ? Pour vivre mieux et sans souci ? Parce que les femmes travaillent ? De telles réponses restent à la surface du phénomène. L'analyse de ce qui s'est passé dans un pays voisin permet d'affiner le diagnostic... Le gouvernement de l'ex-RDA, qui avait besoin de main-d'œuvre féminine, avait pratiqué à partir de 1972 un féminisme d'État permettant aux femmes de concilier les tâches de reproduction et les tâches de production : en allongeant le congé de maternité et en multipliant les crèches, il avait obtenu un redressement du taux des naissances en même temps qu'un bon investissement des femmes dans le travail salarié. La réunification des deux Allemagne après 1989 a sonné le glas de cette politique. Les crèches ont fermé ou sont devenues payantes à des prix exorbitants. Le libéralisme économique a imposé une concurrence telle que les entreprises soucieuses de rentabilité n'embauchent plus de femmes enceintes, ni de mères de jeunes enfants. Du coup certaines femmes se font stériliser et joignent leur certificat de stérilisation à leur demande d'emploi… Le taux de natalité s'est effondré dans les deux Allemagne : avec 1,1 ou 1,2 enfant par femme, le remplacement des générations est loin d'être assuré. C'est ce qu'on observe aussi en Italie et en Espagne.

Une première conclusion s'impose. Les femmes renoncent à enfanter dès lors que la maternité les prive de leur gagne-pain, et les naissances se raréfient là où l'État s'en désintéresse. Certes le congé de maternité indemnisé existe en France depuis 1913, et des lois successives en ont étendu la durée et l'indemnisation. Dans la fonction publique et dans les grandes entreprises les salariées profitent effectivement de ce congé, en sachant bien toutefois qu'il réduit les primes et freine l'avancement. Assimilé à l'absentéisme, il fait apparaître les mères comme peu fiables dans le travail. Telle femme cadre emporte ses dossiers jusque dans sa chambre d'accouchée. Ailleurs, c'est pire : une vendeuse de boulangerie, annonçant sa grossesse, se voit offrir par sa patronne de l'argent pour une IVG, au lieu d'un aménagement de son travail. Bien des femmes reprennent le collier avant la fin du congé de crainte d'être plus ou moins disqualifiées. Quant aux pères, on l'a vu, ils ont été ignorés dans le monde du travail jusqu'à ces toutes dernières années, sans subir de dommages professionnels. La procréation reste donc, il faut le souligner, un facteur majeur de discrimination non seulement entre les sexes, mais aussi entre les femmes. De nouvelles formes de solidarité sont devenues indispensables. La réduction du temps de travail constituerait déjà un progrès. Ce n'est peut-être pas par hasard que la France a connu un petit baby-boom au seuil du XXIe siècle : la seule annonce d'une loi réduisant la durée du travail a inspiré à de nombreux couples le désir de mettre au monde un bébé de plus. D'autres réformes seraient bienvenues. Le taux de natalité se maintient ou augmente là où une politique sociale cohérente rassure les jeunes femmes, les jeunes couples, là où elles (ils) sentent leur désir d'enfant étayé, relayé par celui de la collectivité. En simplifiant beaucoup on peut dire qu'il existe actuellement en Europe deux modèles de protection sociale concernant la naissance : l'un accorde des « droits dérivés » aux mères et aux enfants, l'autre leur reconnaît des « droits propres[1] ».

Le premier système, toujours en usage en France et en Allemagne, conserve la relation de famille, de mariage, de cohabitation : le travailleur paie une cotisation obligatoire et bénéficie de droits sociaux personnels qui lui assurent des prestations en cas d'accident, de maladie, de vieillesse ; en outre les membres de sa famille, considérés comme dépendant économiquement de son salaire, bénéficient eux aussi de prestations, au titre d'ayants droit. Ces principes font aujourd'hui l'objet de trois critiques. *Primo*, les droits dérivés instituent une dépendance : en cas de rupture, l'épouse perd ses droits sociaux ; d'ailleurs « le démariage » crée de nouveaux types de ménages qui appellent d'autres solutions. *Secundo*, les droits dérivés dissuadent les femmes de se présenter sur le marché du travail ; leur activité au foyer reste informelle, impossible à évaluer. *Tertio*, les droits dérivés sont source d'injustice ; en effet, une femme qui n'a jamais travaillé, si elle est veuve d'un conjoint à gros revenus, percevra une pension plus élevée que celle d'une femme qui a travaillé toute sa vie pour une faible rémunération, quel que soit le nombre d'enfants de l'une et de l'autre. En France, certaines allocations ont joué la neutralité vis-à-vis de la famille : par exemple, l'allocation de parent isolé (API, 1976) a été attribuée, sous condition de ressources, à des personnes élevant seules un enfant de moins de trois ans, des femmes en écrasante majorité, célibataires, veuves ou divorcées ; en fait, la prestation visait à retenir la mère auprès de son enfant, comme si elle était la meilleure éducatrice possible, sans lui imposer aucune activité, même de formation, et sans aucune réinsertion en perspective. De même l'allocation parentale d'éducation (APE) incite l'un des parents, en fait la mère, à quitter son travail pour élever son (ses) enfant(s). L'État se substitue au père pourvoyeur de ressources pour conserver un fonctionnement familial.

L'autre système individualise les droits sociaux, en remplaçant les droits dérivés par des « droits propres », universels. Le Danemark en présente aujourd'hui le modèle le plus achevé. Les droits sociaux y sont indépendants d'institutions telles que le mariage ou la famille : c'est la Sécurité sociale qui couvre l'ensemble de la population contre l'ensemble des risques. Toute personne en âge de travailler, qu'elle ait ou non des enfants, doit payer une contribution ; en contrepartie elle dispose de droits propres lui garantissant un minimum vital. Dès leur naissance les enfants ont un droit personnel à prestations, sans que le père ou la mère ait une contribution additionnelle à payer : c'est la solidarité nationale qui en prend la charge, pour affecter directement des sommes d'argent aux besoins de l'enfant, quelles que soient les ressources de ses parents ou la composition de la famille. La « citoyenneté sociale » fonde les droits sociaux universels. Autre caractéristique des pays nordiques (la Suède est souvent citée en exemple) : ils multiplient les dispositions en vue d'aider les parents à « concilier » les tâches parentales et les tâches professionnelles. Par exemple, le congé de naissance indemnisé est long (presque un an pour la mère, un mois pour le père), il existe des formules variées de travail à temps partiel, ainsi que de nombreuses crèches et garderies. Aussi ces pays affichent-ils un taux de natalité bien supérieur à celui des pays de l'Europe du Sud. Ce modèle a cependant le défaut d'être relativement fragile, car il repose en pratique sur le plein-emploi.

La Commission des communautés européennes étudie minutieusement les voies et moyens qui permettront de moderniser la protection sociale en Europe. On peut regretter que des questions d'intérêt public si importantes soient traitées de manière quasi confidentielle, entre spécialistes, comme si les citoyens étaient incapables d'y réfléchir. Pourquoi ne pas lancer régulièrement de grandes campagnes d'information et de consultation ?

L'avenir de la protection sociale constitue en effet un enjeu majeur : elle détermine pour une large part les variations du taux de natalité. Or la complexité de la situation actuelle et l'incertitude des lendemains invitent à une réflexion qui dépasse les sciences humaines : donner le jour à un enfant, à des enfants, ce n'est plus seulement un choix narcissique, c'est une décision de géopolitique. Notre planète porte plus de 6 milliards d'habitants, dont beaucoup sont démunis. Est-il prudent d'augmenter encore le nombre des vivants, de laisser naître tous les enfants désirés ? Mais à l'inverse est-il prudent de réduire les naissances au point d'empêcher, dans certaines zones, le renouvellement des générations ? Les femmes, les mères se posent rarement de telles questions ; pourtant ce serait bien à elles d'y répondre, car l'enfantement leur coûte plus qu'aux hommes.

LA QUALITÉ DES SOINS

La grossesse, l'accouchement, le post-partum, désormais assimilés à des accidents de santé, se déroulent sous le contrôle de soignants professionnels : le coût des soins, remboursé par la Sécurité sociale, pèse donc sur le budget de la Caisse nationale d'assurance maladie, et contribue sans doute à son déficit « abyssal ». Or cette charge ne peut que croître car d'une part les familles, de mieux en mieux informées par les médias, sont de plus en plus exigeantes ; d'autre part les progrès de la médecine et de la biologie permettent des innovations de plus en plus performantes, mais souvent onéreuses. Présentement, deux facteurs majeurs jouent dans ce sens.

Premier facteur : la distinction entre eutocie et dystocie tend à se brouiller. Dès qu'un accouchement traîne un peu, on pense à la césarienne[2]. Il y a seulement quelques années cette opération chirurgicale, bien remboursée, représentait pour certains établissements une manière de rentabiliser leur gestion. Aujourd'hui, elle est devenue si sûre, si bénigne que la tentation d'y recourir progresse rapidement. Des virtuoses la pratiquent en un temps record : 17 minutes et quelques secondes ; qui fera mieux ? Ils affirment qu'il y a moins de risques en salle d'opération qu'en salle d'accouchement, par exemple en cas d'accouchement par le siège ; du coup, on fait de moins en moins d'accouchements par le siège, on ne les enseigne plus, bientôt on n'en fera plus du tout. La césarienne évite aux accoucheurs l'apprentissage artisanal d'une discipline contraignante. Elle ménage, dit-on, le bébé en le dispensant d'un cheminement long et incertain. Programmée à l'avance, hors de toute indication, elle permet de choisir le moment de la naissance selon la convenance des parents et du chirurgien. Elle protège les chirurgiens contre des aléas qui pourraient les conduire en justice : c'est plutôt le défaut que l'abus d'intervention qui leur est actuellement reproché. On observe d'ailleurs que les femmes médecins et les épouses de médecins sont particulièrement nombreuses à subir (à bénéficier de) la césarienne. Un dernier facteur jouera peut-être en sa faveur : le féminisme. Ce mouvement social a toujours été pluriel. Il y a certes des féministes écologistes qui prêchent l'accouchement à domicile et l'allaitement au sein maternel ; mais à l'opposé il y a d'autres féministes qui aspirent à limiter le handicap de la maternité biologique afin de réduire la différence des sexes. Pour elles, la césarienne s'inscrit dans le prolongement de la contraception : cette dernière pratique, en dissociant la sexualité de la procréation, permet le libre épanouissement de la sexualité féminine, à l'égal de la sexualité masculine, mais au détriment de la procréation ; la césarienne, en ménageant certaines zones du corps féminin, concilie les deux, à sa manière : le bonheur d'enfanter n'altère plus la capacité de jouissance. On peut déjà imaginer cette opération comme une transition entre l'accouchement ancien, par voie basse, et la fabrication de bébés en bocal.

Second facteur : il y a souvent confusion des compétences et des responsabilités. Gynécologues et obstétriciens sont des médecins spécialistes, rétribués comme tels. En principe, leur présence ne s'impose pas auprès des gestantes et des parturientes en bonne santé, quand « tout se passe bien ». Naguère ils n'intervenaient que dans les cas de pathologie ou de dystocie, laissant aux sages-femmes tous les cas « normaux », lesquels représentaient et représentent toujours environ 80 % de l'ensemble. Cette répartition des tâches correspondait à une ancienne conception, admise par tous, de la différence des sexes et de leurs rapports sociaux. À présent, la répartition des tâches selon le sexe n'a plus de sens : il existe des hommes « sages-femmes » et des femmes obstétriciennes ; ces nouveaux intervenants bouleversent des traditions millénaires (à ce titre leurs comportements et leurs rapports professionnels mériteraient des investigations approfondies !). Les parturientes et leurs proches, hantés par l'obsession sécuritaire, réclament les soins les plus qualifiés, et croient les obtenir en s'adressant aux soignants les plus hautement diplômés : madame fait « suivre » sa grossesse par un gynécologue obstétricien, et veut accoucher en sa présence. L'un de ces spécialistes, le docteur Bernard Fonty, déclare travailler souvent comme « une sage-femme de luxe ».

Les sages-femmes n'ont pas manqué de protester contre de telles pratiques qui tendent à dévaloriser non seulement leur compétence et leur rôle propre, mais aussi la culture féminine dans ce qu'elle a de spécifique : le devenir-mère se fonde sur un savoir archaïque, intime, confidentiel, un savoir du corps, pétri d'humilité et de patience, mais aussi de force et d'allégresse[3]. Depuis quelques années les sages-femmes proposent la création de « maisons de naissance », où elles assureraient tous les accouchements « normaux », aux moindres frais ; en cas de complication, la parturiente serait conduite sans retard dans un service médical de haute sécurité. On ne les entend pas, et les décisions politiques récentes vont en sens inverse. Le décret du 9 octobre 1998 a classé les maternités en trois niveaux (I, II, III) en fonction de leur équipement et du personnel qualifié dont elles disposent ; bien entendu, les patientes voudraient toutes aller dans une maternité de type III. Les petites maternités dites de proximité, moins bien équipées et qui font moins de trois cents accouchements par an, sont peu à peu supprimées ; leurs clientes éventuelles devront parcourir des distances importantes pour aller accoucher.

Cette réorganisation a coïncidé avec un mini baby-boom (735 000 naissances en 1995, 778 000 en 2001). Il en résulte un surpeuplement des maternités les plus performantes, véritables « usines à bébés ». Le même décret annonce la création de Centres périnataux de proximité qui exerceront des activités pré et postnatales, mais ne seront plus autorisés à pratiquer l'obstétrique. C'est dire que l'avant et l'après de la naissance sont dissociés de la parturition. Est-ce un progrès ?

Un risque en tout cas se précise : le dépérissement du métier de sage-femme. Si l'on veut rester optimiste on parlera plutôt de mutation. Mais cette mutation, qui la pilotera ? Que deviendra un des plus vieux métiers du monde ? Réduites à elles-mêmes, il n'est pas sûr que les sages-femmes réussissent à faire entendre leur sagesse : pour atteindre leurs objectifs, elles auraient besoin du soutien massif des mères, présentes et futures. L'obtiendront-elles ?

Chacun sait que la surveillance de la grossesse contribue à la sécurité de la naissance. L'État a reconnu ses responsabilités dans ce domaine dès 1938. L'institution de la Protection maternelle et infantile (PMI) en 1945 a précisé les premières normes (trois examens obligatoires et gratuits, aux troisième, sixième, et huitième mois). Une personnalité politique trop oubliée a œuvré avec énergie pour améliorer cette surveillance et traquer les « risques » : Marie-Madeleine Dienesch, qui fut secrétaire d'État aux Affaires sociales, puis auprès du ministre de la Santé publique et de la Sécurité sociale, du 20 juin 1969 au 25 mai 1974. Elle a inscrit, au VIe puis au VIIe plans nationaux, des programmes prévoyant notamment des enquêtes et des statistiques périodiques afin de vérifier les progrès accomplis, et elle a prescrit de nouvelles interventions. Des sages-femmes sont allées à domicile visiter les patientes ; le nombre des examens a beaucoup augmenté : 25 % des femmes enceintes en subissent aujourd'hui dix ou davantage, alors que 1 % seulement n'en subissent que trois. L'échographie a connu dès 1977 un tel succès, tant parmi les professionnels que parmi les futurs parents, que, devant sa prolifération par trop coûteuse, le ministère des Affaires sociales a posé des bornes en 1983 ; actuellement, 54 % des gestantes bénéficient néanmoins de quatre échographies ou davantage. La décentralisation administrative, en 1982, a imposé une réorganisation du dispositif de PMI, confié désormais aux conseils généraux : la loi de 1989 et les décrets d'application de 1992 ont indiqué des normes exigeantes, même si les moyens de financement n'étaient pas toujours bien précisés. Chaque déclaration de grossesse met en alerte et en action diverses personnes appartenant aux services sociaux et/ou médicaux. Des statistiques sont élaborées. La loi quinquennale de santé publique tient compte des évaluations et donne des directives pour améliorer les résultats.

Toutes les conditions semblaient donc rassemblées, dès le début des années 1990, pour qu'aucune femme enceinte ne reste hors du réseau de surveillance médicale. Et pourtant, aujourd'hui encore, les médecins du SAMU, dans les grandes villes, ramènent presque chaque nuit des femmes enceintes, parfois proches du terme, sans papiers, sans domicile fixe, sans appui d'aucune sorte ; elles n'ont pas déclaré leur grossesse... Dans quel état leurs petits verront-ils le jour ? Dans quel état seront-elles après leurs couches ? De telles détresses désarment les soignants !

Le décret du 9 octobre 1998 a mis en place des « réseaux de périnatalité ». Les bilans établis dans ce cadre sont certes gratifiants : entre 1972 et 1998, la mortalité périnatale est tombée de 24 pour 1 000 à 7, la mortalité infantile de 18 pour 1 000 à 5, la mortalité maternelle de 28 pour 100 000 à 11. Mais les chiffres récents indiquent, en France, par comparaison avec les autres pays développés, un nombre trop élevé de naissances prématurées, un nombre trop élevé d'hémorragies de la délivrance, ainsi que de graves inégalités géographiques et sociales. Près de cent femmes meurent encore chaque année au moment de vivre un heureux événement. Les causes de décès ne sont pas toujours somatiques, elles révèlent souvent un immense mal-être psychique : il peut s'agir de suicide, d'overdose, de dépression psychotique. Le tabagisme, l'alcoolisme des femmes enceintes témoignent dans le même sens : que fait-on, et que peut-on faire, pour les prévenir ? Le nombre des femmes jeunes en situation sociale précaire s'accroît, or la corrélation est étroite entre la précarité et l'augmentation des pathologies périnatales.

Il arrive que ces femmes démunies refusent d'entrer dans le système de soins et de protection sociale. Les travailleurs sociaux, qui les trouvent obstinément muettes, les supposent parfois incapables de comprendre ce qu'on leur propose, incapables aussi d'accéder à l'idée même de contraception ou d'IVG. Des investigations plus fines permettent de comprendre que ces personnes préservent, à leur manière, leur liberté et leur dignité : le regard des personnels soignants et des travailleurs sociaux, elles le ressentent souvent distant, voire méprisant. Elles ne veulent pas avoir à rendre des comptes, elles ne veulent pas que l'enfant qu'elles ont dans le ventre ou dans les bras soit un moyen de chantage pour obtenir leur docilité : elles ont perdu confiance, le « lien social » est rompu. Or, en matière d'enfantement, tout confirme que l'empathie, la chaleur humaine des intervenants sont au moins aussi nécessaires que leur compétence scientifique et technique. La nécessité de nouveaux soins, de nouveaux égards se confirme. En tout cas il est chimérique de prétendre protéger l'enfant à naître si l'on n'a pas su apprivoiser celle qui le porte : c'est elle, d'abord, qu'il faut convaincre, c'est avec elle qu'il faut travailler.

Les pouvoirs publics pensent la sécurité de la naissance en termes de « dépistage » sanitaire ; leurs choix budgétaires drastiques codifient les soins du corps, mais négligent souvent l'accompagnement affectif ; il s'ensuit des « maltraitances institutionnelles », sources de souffrance et de morbidité. Autour des parturientes, des accouchées, des jeunes mères, les familles ne sont pas toujours présentes, et les soignants sont rarement assez nombreux : sages-femmes, puéricultrices, psychologues manquent souvent de temps et de disponibilité, pour repérer les personnalités fragiles et pour leur accorder le maximum d'attention. Ces professionnels citent volontiers l'exemple des Pays-Bas, où les taux de mortalité sont les plus bas du monde : bon nombre d'accouchements s'y font encore à domicile (entre 25 % et 30 %) ; non seulement la jeune mère reste au milieu des siens, mais après la naissance, pendant quelque temps, elle reçoit matin et soir la visite d'une sage-femme et/ou d'une puéricultrice ; tant qu'elle a besoin d'aide, elle n'est jamais laissée seule, son bébé non plus. Les conditions, en France, sont très différentes, mais le modèle néerlandais pourrait au moins inspirer nos réformateurs. Le docteur Nicole Mamelle fait un bilan sévère du fonctionnement actuel des « réseaux de périnatalité » : quoique soucieux de transparence et d'efficacité, ils paraissent souvent aveuglés par des protocoles inhumains.

Des médecins lucides et généreux commencent à élever la voix ; Hélène Stork[4], pédopsychiatre, observe la relation maman-bébé dans les cultures non occidentales ; elle constate, par exemple, que la mort subite du nourrisson, très rare dans les familles asiatiques, augmente parmi celles qui s'installent aux États-Unis, parallèlement à la durée de leur implantation, à mesure que les mères se conforment aux usages occidentaux. Les recherches transculturelles confirment en effet que les populations non occidentales ne séparent pas la jeune mère et son nouveau-né : le bébé est porté le jour sur le dos, couché la nuit contre sa mère ; et on ne les laisse jamais seuls, de nombreux adultes restent autour d'eux, proches et disponibles. La culture occidentale a commencé tôt à vouloir individualiser le tout-petit, en le faisant dormir seul dans un berceau. Ensuite les médecins se sont évertués à autonomiser la mère, en la séparant des femmes de sa famille. De tels choix peuvent être néfastes pour l'équilibre affectif de certaines personnalités fragiles et déjà perturbées. La psychogénèse de la maternité devient objet d'investigation. Il ne s'agit pas de psychiatriser la naissance, mais plutôt, à l'inverse, de prévenir sa psychiatrisation.

En 1984-1985, le docteur Jean-Marie Delassus[5], pédopsychiatre, a fondé une unité de maternologie (étude de la maternité psychique) dans son service de l'hôpital Charcot, au sein du CHS de Saint-Cyr-l'École. Il accueille là des jeunes femmes (on ne saurait dire des mères) encombrées d'un bébé qui leur fait peur, accablées de solitude morale et de souffrance. Aussitôt entourées d'une équipe vigilante et chaleureuse, ces personnes séjournent là quelques semaines, et finissent toujours, dit l'équipe soignante, par chasser leurs démons, et devenir d'heureuses mamans. Le docteur Françoise Molénat[6] de son côté cherche à intervenir avant la naissance, le plus tôt possible. Elle s'adresse surtout aux soignants : elle propose une formation commune à tous ceux (obstétricien, sage-femme, puéricultrice, pédiatre, psychologue, et même parfois les aides-soignantes) qui vont s'occuper ensemble des mêmes femmes enceintes et des mêmes naissances ; toutes barrières, hiérarchiques et disciplinaires, abolies, ces soignants vivent leur travail en équipe solidaire. Bien avant la naissance, ils rencontrent les parents, qu'ils traitent en égaux, pour les rassurer, et pour créer des liens de confiance ; il n'est pas rare que le témoignage d'une mère (ou d'un père), révélant une détresse insoupçonnée, produise sur l'équipe un choc salutaire, et modifie tous les comportements. De telles relations favorisent des reconstructions identitaires, chez les parents les plus fragiles, bien sûr, mais aussi chez certains professionnels : se sentir dépendant des autres peut constituer une expérience tout à fait positive. Autant que possible, les relations avec les familles sont poursuivies bien au-delà de la naissance, pour consolider les résultats. Ainsi donc, la qualité des soins qui entourent l'heureux événement requiert désormais des précautions tout à fait nouvelles.

ÉCHECS ET LIMITES

À l'issue du XXe siècle, un seuil est atteint. Les bienfaits de la médicalisation sont partout reconnus, mais son ambivalence devient soudain perceptible, on prend conscience de ses nuisances. Le défi à relever aujourd'hui c'est de conserver les bienfaits et de supprimer les nuisances, ou de les réduire à un minimum. Or il s'avère que ni les professionnels de la santé ni les politiques ne réussissent à relever ce défi en ce qui concerne la naissance. Leurs échecs tiennent sans doute à un malentendu fondamental : la naissance n'est pas une maladie. Elle ne relève pas (pas souvent) des sciences médicales, mais plutôt d'un accompagnement sensible et compétent. Elle ne concerne pas une catégorie particulière d'invalides, elle intéresse toute la population bien portante. Au lieu d'affliger la « patiente », elle est presque toujours source de joies intenses pour elle et pour ses proches. Et pour la collectivité, elle garde la signification exaltante d'un miracle fondateur. Il devient donc urgent de la refonder sur de nouvelles bases. De plus en plus nombreux sont celles et ceux qui en prennent conscience et qui unissent leurs efforts dans ce sens.

Signaux d'alarme

Des signaux d'alarme inquiétants se sont allumés au seuil des années 1990 : des études comparatistes européennes ont établi que la mortalité maternelle et périnatale restait élevée en France, classant notre pays au quatorzième rang et au douzième rang. Les chercheurs en santé publique (de l'Inserm et du CNRS) se sont penchés sur cette défaillance humiliante ; un Haut Comité de santé publique, créé en 1993, a multiplié les enquêtes ; un Réseau

Sentinelle, composé essentiellement d'obstétriciens et de pédiatres, a mis en place des indicateurs de surveillance de la santé périnatale. Les uns et les autres sont allés voir comment fonctionnaient les services à l'étranger. Ces observations ont révélé deux sortes de difficultés : les unes d'ordre administratif, les autres d'ordre financier.

L'administration de la santé est apparue défectueuse, trop centralisée, mal armée pour intervenir sur le terrain avec à-propos. L'équipement de certaines maternités ne satisfaisait plus aux exigences techniques récentes : 16 % des patientes « à risques » étaient accueillies dans des établissements mal équipés et il n'était pas toujours possible de transférer en temps utile la mère ou l'enfant dans une structure mieux adaptée. D'ailleurs certains obstétriciens, sûrs de leur compétence, attachés à leur autonomie, s'opposaient à un transfert éventuel. Le pédiatre n'était appelé qu'après la naissance, c'est-à-dire parfois trop tard. En 1995-1996, le gouvernement tente de renforcer la régionalisation. Il crée des Agences régionales d'hospitalisation (ARH), dont le directeur peut répartir librement les ressources publiques en vue d'améliorer les performances des établissements ; en pratique les ressources sont toujours déficientes, et les pouvoirs locaux déplorent de n'être jamais consultés. En 1998, les « décrets de périnatalité » annoncent enfin une véritable politique de la naissance et prétendent à la fois améliorer la sécurité et maîtriser les dépenses. Mais leur application a beaucoup déçu : elle s'est traduite par des restructurations brutales qui font disparaître les petites maternités de proximité.

Maternité et rentabilité

Il faut bien comprendre en effet que, dans une société vouée au profit, une maternité peut devenir une entreprise comme une autre, jugée sur sa rentabilité. La santé est un marché en expansion rapide car la demande ne cesse de croître. Or dans les États occidentaux, plus particulièrement en France, le coût des soins est assumé en grande partie par la solidarité nationale : ni le consommateur de soins ni le médecin qui les délivre n'ont à se soucier de la dépense. Au point de vue social, c'est assurément un bien, à conserver avec vigilance. Mais, au point de vue financier, il arrive que certains établissements se trouvent en déficit. C'est souvent le cas des petites maternités. Pour répondre à des normes de sécurité de plus en plus exigeantes, elles doivent pouvoir rétribuer en permanence non seulement des obstétriciens, des sages-femmes, du personnel paramédical et de service, mais aussi un nombre suffisant d'anesthésistes et de pédiatres ; elles doivent également disposer d'un plateau technique performant. Du coup, pour être rentables, il faut qu'elles réalisent entre 1 200 et 1 500 accouchements par an. D'où la politique de concentration qui sévit dans tout le système de santé, dans le secteur public (les hôpitaux) comme dans le secteur privé, et qui élimine les établissements jugés trop petits.

Reste à savoir évidemment si la première mission d'une maternité, c'est d'être rentable. Les défenseurs des petites maternités de proximité ne manquent pas d'arguments. De plus en plus nombreuses sont les femmes qui accouchent dans l'ambulance parce que la nouvelle clinique est trop éloignée de leur domicile. Pour prévenir ce risque, certains obstétriciens proposent de déclencher l'accouchement, et la femme inquiète n'ose pas refuser ; ce qui induit d'autres risques. La distance aura aussi l'inconvénient de la séparer de ses proches en un moment où elle souhaite si fort leur présence.

Autres problèmes : il arrive que les concentrations aient pour effet de surpeupler les grands établissements, transformés en usines à bébés ; les soins y sont alors totalement dépersonnalisés par la « rationalisation » du travail : la parturiente sera peut-être accueillie par une sage-femme, surveillée par une autre, délivrée par une troisième, selon le roulement ; de même elle peut voir défiler plusieurs anesthésistes, plusieurs pédiatres, plusieurs infirmières, plusieurs puéricultrices. La femme la plus sereine en est déstabilisée, angoissée, et son bébé arrive au monde dans un tourbillon ; encore heureux si les soins professionnels ne le séparent pas trop longtemps de sa mère. Et cette organisation n'empêche pas le surmenage des soignants, transformés en techniciens travaillant à la chaîne. Précisons qu'un accouchement « normal » réalisé dans un CHU ultramoderne coûte à la Sécurité sociale beaucoup plus cher que s'il était fait à domicile, de façon artisanale. Que devient la maîtrise des dépenses ? Et pourtant un médecin ou une sage-femme qui voudrait réaliser des accouchements à domicile ne pourrait compter sur aucune assistance, et serait passible des sanctions les plus graves en cas de complications.

Lorsque la jeune mère revient chez elle, après au maximum trois jours d'hospitalisation, elle s'y trouve souvent très seule, désemparée, menacée de baby-blues, surtout si c'est son premier bébé. Les décrets de 1998 imposent la création de « réseaux de périnatalité », coordination permanente des différents professionnels concernés avant, pendant et après une naissance. Mais ces réseaux peinent à se mettre en place, et leur efficacité n'est pas encore affirmée.

L'urgence des réformes

Sur l'ensemble du système pèsent désormais de plus en plus lourd des menaces d'ordre juridique. Les parents mécontents portent plainte au moindre accident, et les responsables (médecins et/ou administratifs) sont poursuivis. Fini le temps où les patients se résignaient aux erreurs et aux impuissances de la science médicale. Pour l'obstétrique en particulier, il n'y a plus seulement obligation de moyens, il y a aussi obligation de résultats. Deux conséquences s'ensuivent, tout à fait logiques. L'une, c'est la raréfaction des vocations dans ce secteur : le manque de spécialistes s'aggrave, la démographie professionnelle décline de manière inquiétante. L'autre, c'est la surenchère : le spécialiste « se couvre » en multipliant les examens coûteux et les soins sophistiqués. Spirale de la médicalisation ! Foin de la maîtrise des dépenses...

L'INITIATIVE DES USAGERS

Pour mettre à plat tous ces problèmes, des États généraux de la naissance ont été réunis pour la première fois en 1999. Faut-il souligner le symbole ? Les États généraux, en 1789, ont marqué le début de la Révolution française. En 1999 les débats autour de la naissance ont tracé des perspectives de changement. Peu après, la loi du 4 mars 2003, dite loi Kouchner (du nom du ministre qui l'a signée), a été promulguée. C'est une loi de grande portée en ce qu'elle introduit un concept nouveau et très stimulant : celui de « démocratie sanitaire ». Elle porte atteinte au « pouvoir médical » en ce qu'elle permet l'accès du malade à son dossier : le patient devient acteur de sa propre santé. C'est affirmer que la santé est l'affaire de chacun et de tous ; les décisions qui la concernent ne relèvent pas seulement de spécialistes mais de l'ensemble des citoyens ; elles doivent être débattues dans une parfaite transparence et faire l'objet d'un très large consensus. Sur le terrain leur application doit être contrôlée, et leurs effets analysés avec vigilance, afin de prévenir, autant que possible, des effets pervers. De telles injonctions risquent de compliquer le travail des soignants.

De nouveaux États généraux ont siégé en juin 2003. Les « usagers » ont entendu l'appel de la loi Kouchner, et ils commencent à prendre des responsabilités collectives.

Pourquoi ont-ils tant tardé à se manifester ? Pour deux raisons, semble-t-il. Première raison : le moment de la naissance est bref, fugitif, vite dépassé ; et, en notre ère de faible natalité, il ne s'inscrit en général pas plus de trois fois dans la vie d'un couple. Même si « ça ne s'est pas très bien passé », on oublie vite, on se concentre sur le bébé qui grandit, et on néglige de prévenir d'autres couples, de crainte de les inquiéter inutilement. Deuxième raison : la mère, les parents ont dû remplir après la naissance un document où ils pouvaient porter un jugement sur les soins reçus ; ils ont donc eu l'occasion de s'exprimer. Mais il leur était difficile pour ne pas dire impossible de le faire alors en pleine liberté, en toute lucidité. On est si heureux avec un nouveau-né dans les bras ! Les griefs ne reviennent en mémoire que longtemps après.

Les États généraux et la loi Kouchner ont libéré, stimulé l'expression des parents. Des associations nouvelles ont été créées en grand nombre. Associations de professionnel(le)s en souffrance, comme Naissance et citoyenneté, qui rassemble surtout des sages-femmes. Associations de parents : de dimension nationale comme Naissance et libertés, qui regroupe elle-même une dizaine d'associations, ou régionale : par exemple, en Bourgogne, Bébé en vue et Naître à Chenôve, ou, à Angers, Bébé causette. Voici ce que dit une jeune mère (membre de Bébé en vue) au cours du Forum de la naissance organisé à Dijon le 30 novembre 2002 :

> « Imaginez que vous êtes en train de vous endormir [...] ou que vous êtes sur le point de faire l'amour. Votre corps et votre cerveau se

préparent à être dans un état particulier, inhibant certaines parties, en développant d'autres. Et imaginez qu'alors on vient vous brancher quelques appareils pour surveiller si votre cœur bat à la bonne vitesse, si votre pression sanguine est bonne. On vient vous demander votre numéro de sécu, votre adresse, peut-être même un chèque de caution. Dans le prolongement de votre intimité, vous avez une porte qui menace à tout bout de champ de s'ouvrir, vous apercevez de drôles de reflets dans le carrelage, etc. *A priori* ça a quand même des chances de compromettre votre... disons endormissement. Et alors on vous dit : “Ah ! ma petite dame vos contractions ne sont pas terribles” (vous vous dites : “Purée, je suis nulle, je n'y arriverai pas”) ; et hop, un peu d'ocytocine, une dose d'antidouleur, pour faire passer les nouvelles contractions, plus costaudes. Puis on vous dit : “Ce pauvre bébé commence à être mal là-dedans” (ce que vous interprétez par : “Et en plus je lui fais du mal”), et la médicalisation de la naissance continue, parfois jusqu'à un passage au bloc. Voilà ce qui se passe en général pour les femmes qui accouchent [...]. Pas, comme le voulait ma comparaison, pour quelqu'un qui démarre son sommeil, ou qui va faire l'amour (ce qui arrive quand même assez souvent dans la vie). Non, non. C'est ce qui arrive pour quelqu'un qui va mettre au monde un enfant, son enfant, événement rare... »

L'oratrice dénonce aussi la multiplicité des intervenants (qui ne sont pas toujours d'accord), la désinvolture des soignants qui ne daignent même pas se présenter avant de faire sans explication un toucher vaginal, la déresponsabilisation de la parturiente, à qui on ne rend compte de rien. « Pour les parents, ajoute-t-elle avec force, la naissance ce n'est pas que le séjour en maternité. Ça commence bien avant et continue après... Accompagner une naissance, c'est aider une femme, un homme, un couple à devenir parents. »

Le Parlement européen, conscient de certains abus, avait adopté une Charte de la parturiente en juillet 1988. Ce texte retrouve aujourd'hui un grand intérêt : nombreux sont les militants qui souhaitent que la France le ratifie.

Quelque temps avant les États généraux de 2003, les associations, anciennes et récentes, ont entrepris de se regrouper, pour mieux se faire entendre. Déjà Naître à Chenôve, devenue Naître en Bourgogne, a publié un *Livre blanc.* En mai 2003, est né le Collectif interassociatif autour de la naissance (CIANE), qui se présente en ces termes :

> « Les enjeux actuels autour de la naissance sont de grande ampleur : enjeux économiques, sociaux, culturels, enjeux de santé publique, d'organisation médicale et hospitalière, et aussi des enjeux d'accès aux droits et de respect des droits de chaque citoyen. Cela impose des changements dans le mode de décision et dans la conduite de la politique de la naissance en France. Les seuls points de vue techniques et organisationnels, aussi performants soient-ils, ne sont plus suffisants pour gouverner les choix. La naissance ne doit pas se résumer à un acte d'accouchement. Il est essentiel de prendre aussi en compte les dimensions sociales et humaines, les aspirations et les besoins globaux des populations, les observations et les revendications des utilisateurs, protagonistes directs du système de la naissance [...].
>
> Le collectif veut instaurer un dialogue constructif avec les professionnels de la naissance et les pouvoirs publics, et se pose en force de proposition dans la perspective d'une approche citoyenne de la naissance. Pour l'heure, il entend participer à l'élaboration de la nouvelle politique périnatale. »

Une quarantaine d'associations ont aussitôt adhéré. Les propositions sont exposées dans deux documents : l'intervention présentée aux États généraux 2003 par Anne Dusart (présidente de l'association Naître en Bourgogne), et une plate-forme de 40 suggestions. Parmi les plus novatrices, pointons d'abord celle-ci. Au cours de la grossesse, la visite du 4e mois serait prolongée par un entretien permettant aux parents et aux soignants d'établir ensemble un « projet de naissance ». Car il est trop tard au moment même de la naissance pour improviser en urgence des décisions importantes : les parents sont trop émus, la parturiente est trop vulnérable, trop dépendante. Le « consentement éclairé » a besoin d'information et de réflexion. Les parents pourraient choisir entre divers lieux et divers modes d'accompagnement ; ce qui signifie que l'offre actuelle serait diversifiée. Même l'accouchement à domicile redeviendrait possible dans certaines conditions. En tout cas les droits des usagers devraient toujours et partout s'imposer en priorité : droit à des explications précises, droit au respect de l'intimité, droit au respect des rythmes spécifiques de la mère et de l'enfant. Le rôle des sages-femmes devrait être redéfini et leur nombre augmenté. Le document du CIANE insiste tout particulièrement sur la nécessité d'introduire les usagers dans toutes les instances : commission nationale et commissions régionales de la naissance, conférences de consensus, groupes de travail à tous les niveaux, réseaux, conseils d'administration des hôpitaux et des cliniques. L'intérêt des usagers se confond ici avec celui de la collectivité.

Ce mouvement ne manque ni d'élan ni de force. Triomphera-t-il des routines, des intérêts financiers, des crispations corporatistes, des contraintes organisationnelles ? L'avenir le dira. À coup sûr, il marque un tournant dans l'histoire de la naissance. Il signale aussi l'émergence d'une nouvelle sensibilité démocratique.

9

Perspectives

LES RÉFLEXIONS DE PAUL CESBRON
INTIMITÉ DE LA NAISSANCE

Dans les sociétés occidentales et au-delà, la naissance est toujours marquée par sa double et humaine dimension, à la fois intime, secrète et privée mais aussi exubérante, partagée, à ce titre publique, soutenue et cependant parfois mise au pas et calibrée. Quoi de neuf alors au-dessus de ce berceau, dans le cœur de cette femme et de son compagnon ? Beaucoup de progrès, pensent professionnels et futurs parents.

Cependant de fortes critiques s'élèvent, minoritaires certes, mais non sans écho. Pourquoi ces doutes, plus diffus mais aussi plus insistants sur l'avenir ?

Le dossier est pourtant assez clair. Nous connaissons presque parfaitement la physiologie de la grossesse, de la fécondation à l'accouchement. Si la vie fœtale a encore bien des secrets, elle est de mieux en mieux connue. Quant aux pathologies de la gestation, de la parturition et de l'adaptation néonatale tant à la vie aérienne qu'à la vie de relation, nous pouvons souvent y faire face avec efficacité. Tout cela doit nous permettre de conforter l'intimité de la naissance et de donner une place croissante aux principaux protagonistes de cette belle histoire. La lourde gangue des obligations de tous ordres auxquelles il fallait se soumettre pour vivre peut vraisemblablement s'alléger et faire place à plus de liberté. Ce qui ne s'oppose ni au partage, ni à la solidarité.

Et toujours la crainte du malheur

Il semble pourtant bien que nous n'en sommes pas là. Les futurs parents n'ont pas toujours la ferme conviction que la naissance est d'abord leur affaire et que leur rôle y est premier. Nous vivons encore dans la peur du danger, et pour eux une telle inquiétude justifie une forte délégation de leurs propres responsabilités aux professionnels. Unique, l'enfant attendu est devenu infiniment précieux, nécessitant les plus grandes précautions. L'aspiration au bien-être est devenue obsession sécuritaire. C'est bien à un appel à plus de surveillance, plus de « prise en charge », de certitude diagnostique et pronostique, de perfection fœtale que les professionnels et les institutions sont confrontés. Forts de leur savoir, ceux-ci devraient apporter confiance et sérénité aux familles et entamer ainsi ce possible et indispensable effacement. Mais ce n'est pas encore le cas.

Les réglementations et réorganisations se succèdent à folle allure, harcelant les professionnels, générant défiance et judiciarisation, brisant gravement toute démarche d'émancipation et de respect de l'intimité. C'est plus à une fuite en avant inflationniste et asservissante que nous participons, qu'à une avancée de la dignité. Nous sommes sans doute victimes de nos succès et de l'assurance un peu infantile qu'ils nous ont donnée. Fiers des réels progrès scientifiques, sociaux et médicaux, nous ne nous sommes guère attardés sur nos échecs. Quand nous ne les avons pas occultés, craignant plus que tout quelques dangereuses remises en cause.

Positivistes, notre foi dans la science nous a aveuglés sur les moteurs du développement de multiples échappées techniques considérées comme inéluctablement porteuses de progrès humains. Au prix élevé d'un affaiblissement grandissant de l'esprit critique, qui est justement l'essence même de toute démarche scientifique.

Nous vivons une étape essentielle de notre histoire. Elle confronte dans des conditions imprévisibles jusqu'alors la liberté des personnes et les objectifs des sociétés humaines. Curieuse contradiction ? Ou vieille et lancinante interrogation ? Il s'agit bien d'un défi lancé à nos responsabilités. Ces questions s'imposent. À quoi bon les éluder, rien de plus enthousiasmant que de tenter d'y répondre. D'autant qu'il nous reste encore bien des tragédies sans réponse satisfaisante.

Encore beaucoup à faire

Environ 500 000 femmes meurent chaque année dans le monde au cours de la grossesse, l'accouchement et les suites de couches, ce qui correspond à environ 6 femmes pour 1 000 naissances. Plus de 95 % de ces accidents ont lieu dans des pays d'Asie, d'Afrique et d'Amérique latine où la situation obstétricale correspond aujourd'hui à celle des pays européens à la fin du XIXe *siècle*[1].

Dans les pays de haut niveau sanitaire, un nouveau-né sur cent meurt entre quatre mois et demi de grossesse et un an de vie[2]. *Sur le reste de la planète, ce taux est plus de 10 fois supérieur*[3].

Pour l'ensemble des enfants nés dans le monde, 3 à 4 % sont porteurs d'une particularité génétique chromosomique ou anatomique considérée comme handicapante. Leurs conséquences en sont variables pour l'individu et son groupe social. Dans nos pays elles font l'objet d'un dépistage prénatal systématique et leur découverte aboutit assez fréquemment à l'interruption médicale de la grossesse.

Le degré de technicité atteint dans les pays les plus riches permet le diagnostic d'environ les deux tiers des anomalies chromosomiques ainsi que des diverses malformations. La plupart des 5 000 pathologies liées à une mutation génétique à transmission mendélienne sont aujourd'hui connues et correspondent à environ 1 % des naissances[4]*. Par contre, elles ne peuvent faire l'objet d'un diagnostic prénatal qu'après la naissance d'un premier enfant malade. Actuellement on propose le dépistage systématique dans la période néonatale de cinq pathologies génétiques : la phénylcétonurie, l'hypothyroïdie congénitale, l'hyperplasie des surrénales, la drépanocytose et la mucoviscidose.*

Tout ce dispositif « préventif » ne concerne que moins de 10 % des naissances dans le monde. Pour 90 % d'entre elles, les pays concernés ne peuvent disposer des moyens de diagnostic prénatal, extrêmement coûteux. Dans ces conditions économiques et sociales, l'hostilité culturelle au concept même de diagnostic prénatal reste forte. À l'opposé, les fondations religieuses de nos sociétés monothéistes ne font nullement obstacle à celui-ci. Plus précisément, l'opposition y est extrêmement réduite.

À la naissance, dans les pays ne pratiquant pas le diagnostic prénatal, beaucoup des enfants porteurs d'une pathologie génétique malformative ou chromosomique meurent rapidement. Celui-ci, lorsqu'il existe, ne fait donc assez souvent qu'anticiper le plus souvent cette mort. Dans nos conditions sanitaires, nous pouvons et nous devons faire vivre beaucoup de ces enfants pour peu qu'ils aient échappé à cette recherche. Depuis l'instauration du diagnostic prénatal de la trisomie 21 voilà trente ans, les enfants porteurs de ce chromosome en excès ont une espérance de vie qui a plus que doublé. Le nombre de professionnels spécialisés se consacrant à ces enfants a considérablement augmenté. Insuffisamment toutefois au regard des exigences légitimes de leurs familles. La plupart d'entre eux sont scolarisés, au moins partiellement. Beaucoup font du sport, de la musique, du théâtre. Le festival de Cannes a couronné l'un de ces artistes. Bref, et il en est de même pour la majorité des enfants porteurs d'un handicap, l'attention ou mieux le respect qui leur est porté a grandement progressé. Au point qu'il est devenu aujourd'hui un objectif national, avec pour but l'amélioration du soutien social, culturel et sanitaire à apporter à ces enfants et adultes.

Tout cela constitue un bilan éminemment contradictoire. Il permet cependant de dégager quelques pistes pour l'avenir.

UN AVENIR POSSIBLE

Bouleversante liberté

Côté libertés individuelles, les femmes ont obtenu – et on peut le penser définitivement, même si le prix à payer reste lourd – la libre disposition de leur vie socioprofessionnelle, reproductive et sexuelle. C'est considérable. Il ne s'agit nullement des conséquences de la « pilule » ou autres techniques hormonales ou mécaniques qui, quoi qu'on en pense, peuvent maintenir sous des formes nouvelles le vieux dispositif de tutelle, mais bien de ce droit surprenant de donner librement la vie. Et donc de l'interrompre si elle n'a pas sa place dans une histoire. Ou de ne jamais la donner.

On assiste aujourd'hui à une floraison de nouvelles contraceptions hormonales. Bénéficiant, depuis la loi du 4 juillet 2001 sur l'avortement et la contraception, de l'accès direct aux médias, les fabricants de ces différents produits ont très naturellement assuré leur promotion. Les progestatifs proposés sans association à un œstrogène sont pour certains, implant et stérilet hormonal, d'une efficacité presque totale. Ils ne sont pourtant pas dénués d'inconvénients, mineurs certes, mais mal tolérés en l'absence d'une information précise. D'autres utilisent des voies d'administration nouvelles en recourrant à différents œstroprogrestatifs. Qu'importe si demain il existe une contraception utilisant la voie nasale ou auriculaire, rien ne changera sans doute, si ce n'est au prix de nouvelles soumissions culturelles.

L'accès de tous à la contraception, tant par l'information que par le remboursement ou la gratuité, est un réel progrès sanitaire. Ces mesures sont indispensables mais ne sont sans doute pas les plus efficaces.

Quelles que soient les politiques de diffusion et de soutien à la contraception, le nombre des avortements volontaires ne diminuera sans doute pas si celles-ci ne s'appuient pas principalement sur l'expérience des femmes et la connaissance qu'elles ont de leur corps. Il y a 40 ans, lors de la diffusion des œstroprogestatifs et du stérilet, ces moyens, aussi étrangers qu'ils soient à la physiologie, n'en ont pas moins été considérés comme une véritable conquête des femmes, facteurs de liberté et de recul de la domination mas-

culine. Aujourd'hui la plupart des jeunes femmes des pays riches ne voient dans ces moyens que des techniques, ce qui les éloigne plutôt de la perception de leur corps. D'ailleurs il est vraisemblable, contrairement au sentiment général de progrès, qu'il existe chez les femmes un véritable recul de la connaissance de la physiologie sexuelle par rapport à la génération qui les a précédées. Curieuse situation alors qu'il est admis que c'est dans les premières années de la sexualité qu'elle devrait être connue.

Les données scientifiques concernant la reproduction humaine et la sexualité, dans leur plus grande exactitude, doivent être données à tous et dès les premières étapes de la scolarité. Leurs dimensions affective et sociale font débat : discutons-en lucidement dans le respect des croyances et des cultures de chacun. La forte remise en cause du statut et de la fonction des parents est justement liée aux difficultés qu'ils rencontrent dans la transmission, l'écoute et la parole. Ce n'est évidemment ni le mépris ni la culpabilisation qui les aideront à retrouver leur rôle dans une affaire aussi difficile. Et pourtant, si l'école joue un rôle fondamental à ce propos, sans une forte association aux parents, elle échouera.

Quant à l'apprentissage de la responsabilité des hommes, à commencer par les plus jeunes, il passe tout d'abord par l'éducation au respect de l'autre, y compris du même sexe, et la reconnaissance du rôle des femmes dans la transmission de la vie. Y a-t-il, quoi qu'on en dise, plus belle école du respect que la vie amoureuse ? Après tout, les pulsions sexuelles, aussi fortes soient-elles, ne sont-elles pas, chez les humains plus que dans toute autre espèce, une pulsion de la connaissance, un puissant tremplin de la liberté, par le jeu de la relation à l'autre, de l'émerveillement et du partage ?

Aucune femme ne recourt à l'avortement par insouciance. L'échec relatif des contraceptions modernes est plus lié aux sujétions qu'elles entraînent à propos de ce qui relève justement de l'intimité et non du contrôle, qu'à une insidieuse hostilité culturelle et sociale.

Il semble bien en effet que la « soumission » aux mystérieux artifices des contraceptions hormonales constitue un véritable obstacle mental mais aussi culturel à la connaissance de son propre corps. Plus exactement, la « pilule » ne permet pas une véritable « maîtrise » consciente et libre. Ses « mystères » relèvent d'un « savoir » profondément extérieur à l'individu, constituant une forme de dépendance nouvelle, peut-être délicieuse, mais en définitive haïssable.

Libres femmes et hommes

Hommes ou femmes peuvent ne pas vouloir d'enfant. Marguerite Yourcenar le rappelle dans les Mémoires d'Hadrien *: « ... je n'ai pas d'enfant et je ne le regrette pas... » « ce n'est pas par le sang que s'établit d'ailleurs la véritable continuité humaine »[5]... Vingt siècles plus tard, Michel Onfray invite à « souscrire à une métaphysique de la stérilité » et à « refuser que passe par soi le grand mouvement général du cosmos qui préside aux reproductions des espèces »[6]. Le féminisme de Simone de Beauvoir s'affirme par ce fier refus[7]. Pour des raisons bien différentes, la chrétienté a exalté le célibat et le renoncement à la grossesse.*

Rien que de très ancien et très humain dans tout cela. Le refus d'enfanter n'est rien d'autre qu'une des formes possibles de cette liberté de donner ou non la vie. Il est aussi cette résistance nécessaire des humains face aux contraintes naturelles mais aussi culturelles. Cette affirmation « modeste et folle » de l'unicité de chacun, de son irreproductibilité, du refus de faire procéder la vie du désir de reproduction.

Libres grossesses

C'est avec l'homme qu'elle a choisi qu'une femme va mettre en chantier une grossesse et pour tout dire, leur enfant.

Peut-on imaginer un accord absolu entre les deux procréateurs dans une harmonie amoureuse se prolongeant jusqu'à la fin de la puberté de ce futur enfant ? Il y a de fortes différences anatomiques, physiologiques et affectives entre les femmes et les hommes et par voie de conséquence dans leur rapport avec l'enfant futur et le nouveau-né. Ces distinctions resteront fortement et définitivement marquées sur le plan psychoaffectif. Chacun a son rôle et il n'est qu'assez peu interchangeable quels que soient les choix de vie de chacun. Il n'est guère probable qu'un homme puisse devenir une bonne mère et vice versa. Que deux individus du même sexe puissent s'aimer, jusqu'à l'intimité physique des corps, n'a rien d'étrange. Mais qu'il s'agisse d'un couple de femmes ou d'hommes, dans un cas comme dans l'autre chacun reste femme ou homme. Seules les femmes portent les petits humains. L'extraordinaire fécondité émotionnelle, affective et mentale du jeu relationnel lié à la triangulation des rapports dans un couple « enceint » s'oppose plutôt aux rapports de domination. C'est sans doute notre vieille et universelle culture du patriarcat qui nous a profondément inoculé cette peur. Les femmes, si elles ont ce « pouvoir » de donner la vie, et désormais librement, ont pour tâche de s'en séparer. Cette rupture est vitale et émancipatrice pour l'enfant, mais aussi pour elles pour peu qu'elles soient aidées dans cette aventure par la présence d'un compagnon et non celle d'un concurrent abusif ou d'un substitut confus. Cet impératif constitue bien une dure mais véritable école du respect. Est-ce suffisant pour protéger de la possession et des perversités de l'autorité ? Non sans doute, des millénaires de domination peuvent aboutir à la tragique inversion des rôles.

Ainsi ce bébé est librement mis sur la route de notre humanité. La connaissance que nous avons récemment acquise de sa vie en change-t-elle le statut ? On ne voit pas bien par quel mécanisme. Les ultrasons, sa soumission à nos investigations l'ont rendu transparent certes, mais ni plus ni moins humain que voilà quelques milliers d'années. Ignorant tout de sa physiologie, nos grands-mères n'en connaissaient pas moins l'existence.

Tous les enfants n'étaient pas désirés, loin de là. Certains constituaient pour la femme qui les portait d'insupportables parasites, dont l'humanité annoncée pouvait en faire de véritables sujets d'exécration. Mais mille témoignages en attestent, beaucoup étaient l'objet d'un puissant investissement affectif dont la qualité était perçue comme nécessaire à ce petit. D'ailleurs, n'étaient-ils pas protégés par la future maman des nombreux dangers qui le menaçaient ? Et pourtant cet « objet du désir » n'était et n'est pas encore « une personne ». À travers les très beaux documents filmés écrits par Bernard Martino, la vie intra-utérine est apparue d'une extrême richesse, pas seulement physiologique, en particulier à travers la maturation neurosensorielle du fœtus, mais surtout relationnelle. Il vit, il bouge, mains et pieds, mais il entend aussi et engramme mille messages qui lui parviennent. Cette unique et singulière cellule dont il est issu à la suite du mixage permis par la fécondation possède les caractères propres à l'espèce humaine. Son programme génétique va orchestrer l'édification d'un petit humain assez mûr pour être libéré après neuf mois de détention intra-maternelle. Quelle que soit la conscience qu'en a la future mère, une intense relation affective, pas nécessairement ni toujours amoureuse, va sans doute « personnaliser » ce petit. Mais ce petit ne sera « personne » que lorsqu'il aura quitté sa solitude aquatique pour accoster dans notre monde : humain parmi les humains. Ce qui le fait « personne » c'est sa participation concrète à la vie de relation qui s'instaure avec nous dès la sortie du ventre maternel. Tendresse, caresse, chaleur ne suffisent pas. Nous devenons « personne » dans la relation avec la parole des humains. Et le miracle a bien lieu à chaque naissance... ou presque. Par le jeu des regards, des rires, des larmes et des mots, ce petit va nous submerger de sa naissante et vivifiante humanité. Cette « immaturité » dont on l'affuble le rapproche paradoxalement de nous. Nos besoins sont réciproquement partagés. Il est très dépendant de nous, et nous avons besoin de lui. L'énigmatique intensité de ses grands yeux, aux frontières de la sagesse et de la perplexité, nous en impose. Elle est parfois insoutenable pour certains parents. Ce petit va bien investir notre monde, à commencer par sa mère et son père. Ils en sont effarés, intimidés, en tout cas bouleversés. Femmes et hommes, les voici devenus parents et le statut nouvellement acquis des femmes, aussi précaire soit-il, n'en a pas moins transformé celui du compagnon et du père. Sa présence auprès de sa compagne est souvent très intense. Chacun a sa place, il s'agit bien d'un vrai partage.

Parfois cet enfant peut n'avoir qu'une femme pour l'accueillir. Femme volontairement seule, pour mille raisons, ou douloureusement seule, abandonnée ou déchirée par le deuil. Seule aussi jusqu'à l'abandon de son enfant, même accompagnée par ceux qui l'ont aidée dans cette démarche. La vie, rappelle Sophie Marinopoulos[8], est une succession de séparations. Il faut tout faire pour que cette femme et son enfant qui se quittent, peut-être définitivement, puissent aussi se connaître, se comprendre, s'aimer peut-être, et pour l'enfant pouvoir un jour « pardonner ».

Plus tragique encore, la solitude absolue d'une femme peut aller jusqu'au meurtre : cet enfant ne peut pas vivre.

« Malheur au malheur ressemble... »

« Prévenu peu de temps après son arrivée, je décidai d'aller écouter cette mère. Sa chambre gardée par deux gendarmes, elle était accusée d'avoir tué son enfant dès sa naissance. Accouchement dissimulé, suivi d'une hémorragie de la délivrance, le drame avait ainsi été découvert et l'hospitalisation ordonnée. Nous étions en 199., l'infanticide n'était pas exceptionnel, d'autres situations identiques nous avaient été confiées. Pourtant j'avais ce jour-là une claire volonté de comprendre, sans doute suscitée par le débat fort passionné à l'époque concernant le "don de l'enfant" à la naissance, officiellement toujours appelé "abandon" et facilité par un dispositif juridique sérieusement contesté[9]*. Pour Catherine Bonnet, pédopsychiatre, il s'agissait là d'un mode de prévention de l'infanticide qu'il fallait préserver*[10]*.*

Cette femme m'accueille sans surprise apparente et accepte l'examen médical comme nécessaire. Même, et cela est rapidement évident, s'il n'est qu'un préambule à ce qu'elle peut craindre : l'interrogatoire. Ni juge ni policier, le médecin est là pour atténuer la souffrance, et comment le pourrait-il s'il ne l'entend pas ?

Tout est simple dans cette histoire jusqu'à son dénouement. Pour cette femme, mariée, vivant au foyer avec ses trois enfants et dont l'existence semble bien triste et ordinaire, une quatrième grossesse est inacceptable. Sa vie de couple dont la passion s'est retirée laisse peu de place à la tendresse, ou même à cette complicité quotidienne qui peut éclairer les destins les plus modestes. Et pourtant la grossesse redoutée survient. Éclair de vie dans cette pénombre, comblement dans cette vacuité, présence dans cette solitude, qui sait ? Faut-il admettre l'intolérable fatalité biologique d'une vie sexuelle réduite à sa génitalité, prolongeant un destin social misérable ? Non ! Cette impossible grossesse sera une aventure interdite, condamnée, un dialogue dont l'intensité, la qualité ne sont perceptibles que dans le silence et la dissimulation. C'est dans le secret que ces neuf mois vont s'écouler, entrecoupés de vifs mais brefs désirs d'en finir rapidement. Aucun partage d'aucune sorte avec qui que ce soit. Vie double, à chaque instant insensée, et pourtant réalisée sans faille jusque dans la perfection du détail. Vie de mère, de voisine, d'épouse bien sûr, dont le relatif embonpoint dissuade les étreintes conjugales. Il ne peut en être autrement. C'est le prix de la liberté pour cette femme qui semble vouée à l'asservissement ou au malheur.

Toute histoire a une fin et celle-ci ne peut qu'être tragique. Cette vie à deux, rien qu'à deux, n'a d'existence que dans ce rapport singulier. Elle s'interrompra par une séparation inéluctable mais prévue. Après ce long et périlleux partage, cet échange de vie sans retour, ce dialogue inaudible, seule, absolument seule au monde, elle va devoir préparer cette rencontre qui ne pourra être qu'un adieu. Encore d'infinies précautions pour préserver les siens. Les enfants sont habillés de bonne heure pour l'école, la voisine invitée à les accompagner, le mari au travail comme chaque jour. Ainsi tout est prêt, et les premières contractions apparues dans la nuit peuvent devenir plus fréquentes, plus intenses aussi. Et puis ce sont les eaux, attendues bien sûr, annonciatrices de l'ultime étape.

"Viens petit, mon enfant, mon bébé… Que fais-tu ? Pourquoi attendre ? Je te sens c'est toi mais je ne te reconnais pas, comment es-tu ? Pourquoi ne pleures-tu pas… Oh parle-moi, réponds-moi…"

Au retour des enfants, il a fallu transporter cette femme à la maternité tant les pertes de sang paraissaient abondantes et menaçantes. Le corps du bébé a été retrouvé maladroitement dissimulé.

Oui c'est ainsi que j'ai entendu le récit de cette naissance. Le plus beau, ai-je toujours pensé, sans le dire, ou si peu. Aujourd'hui il m'a semblé que je pouvais l'écrire.

La justice n'a pas condamné cette femme, victime dans son enfance d'abus sexuels, retenant l'irresponsabilité liée à un accès de démence. Elle a depuis fait un avortement spontané puis une interruption de grossesse, et récemment a de nouveau dissimulé une grossesse jusqu'au dernier trimestre. Découverte par l'entourage, cette grossesse a débouché récemment sur l'accouchement d'un enfant de 3 400 grammes dans des conditions apparemment très simples. Cette maman allaite, ce qu'elle n'avait jamais fait jusqu'alors. »

Autour de ce bébé, professionnels et institutions tournent, s'agitent, s'interrogent, sur cette angoissante énigme. D'où viens-tu bébé ? Qui t'a donné la vie ? Où vas-tu ? Sais-tu bien qui nous sommes ? Et nous, le savons-nous ?

Des médecins et des femmes

La médicalisation de la grossesse et de l'accouchement a participé avec les améliorations des conditions générales de vie des femmes et le bouleversement de leur statut culturel, à la diminution massive de la mortalité et morbidité maternelle et fœto-infantile. Elle a permis l'accumulation de données scientifiques qui autorise une bonne prédictivité des conditions de naissance. Au point de trop en faire, tant les forces mobilisées à cet effet se sentent sûres d'elles et les investissements réalisés paraissent justifier la poursuite des stratégies en cours.

Or, nous le savons désormais, beaucoup de nos gestes et techniques doivent être réservés à des indications limitées. La majorité des accouchements peut se dérouler simplement, sans aucune intervention médicale. C'est récemment que nous savons assez correctement le prévoir. Enfin, beaucoup de professionnels ont compris la nécessité de rendre aux futurs parents la plus grande autonomie possible. La maladresse ou l'extrême émotion des pères dans les salles de naissance est au moins en partie liée à la rigidité *des protocoles médicaux. Cette autonomie des couples s'acquiert d'ailleurs tout au long de la grossesse, à la fois et principalement dans une démarche volontaire d'eux-mêmes, mais aussi dans un soutien confiant et attentif des professionnels à cette attitude. Ils savent mieux aujourd'hui ce que la réappropriation active et lucide de l'événement a de bénéfique pour tous. Seule une femme, et peut-être d'autant plus si elle est soutenue par son conjoint, va trouver les positions qui lui conviennent à chaque étape de son travail. Après tout est-ce si loin des jeux amoureux ou plutôt n'a-t-on pas toujours craint cette identification dans notre sphère culturelle ? N'est-ce pas un de ces farouches interdits qui nous hantent depuis des millénaires ? Au point d'avoir contrarié, brimé les mécanismes physiologiques de la mise au monde. Rendant ainsi nécessaire l'interventionnisme médical, le justifiant scientifiquement et l'intégrant culturellement comme un facteur de progrès. Dans* La Dette de vie[11] *Monique Bydlowski nous rappelle :*

> *« L'enfantement est [...] isolé de la vie sexuelle. Les rituels et les traditions tendent à désexualiser l'événement et à en nier le caractère sexuel. De la même façon, dans le travail clinique avec les accouchées, il est habituel de noter que le passage de l'enfant par le vagin et la vulve est rapidement évacué du souvenir que la femme garde de la naissance. Il y a séparation radicale des voies de la naissance de celles de la jouissance sexuelle. La coutume se mettrait donc au service du refoulement psychique. La représentation sexuelle de l'accouchement reste et doit rester inconsciente et les rituels assurent cette fonction défensive. [...]. [...] comme si la douleur masquait une autre scène, une scène orgasmique ».*

Cette fois, et de façon très personnelle, Annie Leclerc fait part de son expérience de l'accouchement :

> *« [...] il y avait de l'indécence à vivre ça devant eux parce que c'est quelque chose qui sort de nos mœurs, les insulte, les transgresse*

d'une verte insolence [...] Pas étonnant qu'elles continuent à vivre ça dans la douleur alors que ça devrait, que ça pourrait être vécu dans le bonheur [...] J'ai eu vraiment à ce moment le sentiment qu'on me cassait le travail, qu'on m'abîmait tout, qu'on me rabaissait à moins que rien. Heureusement, très vite mon corps s'est imposé de nouveau, oubliant, rejetant dans la fange irréelle ces empêcheurs de tourner en rond[12] [...]»

Quelques aphorismes peuvent être modestement mais fermement rappelés :

— Un accompagnement attentif et discret vaut mieux que de nombreux examens intrusifs et désagréables.

— Les membranes doivent être respectées jusqu'à la sortie de l'enfant lorsque l'accouchement se déroule régulièrement.

— Il n'est pas justifié de laisser une femme à jeun de trop longues heures, de la raser, de la sonder habituellement, de la perfuser, d'enregistrer en permanence le cœur de l'enfant s'il s'agit d'un accouchement spontané en dehors de toute pathologie.

— La plupart des épisiotomies sont inutiles[13]...

En un mot, ce respect de l'eutocie n'est en rien un retour au passé ou une idolâtrie dogmatique et parfois sectaire de « notre mère nature », mais bien ce respect de l'autre, de son histoire, de son intimité. C'est aussi la reconnaissance de ses capacités à connaître son corps, à l'apaiser, à le mobiliser, des compétences du couple à mettre au monde son enfant, à l'attendre, à l'écouter, à l'accueillir. La logique du respect de l'autre est la seule féconde, la seule susceptible d'apporter réponse aux questions qui nous sont posées aujourd'hui. C'est d'un vrai dialogue que nous avons besoin. Aux futurs parents, et plus généralement aux femmes et aux familles de le susciter. Aussi simplement que cela puisse paraître, la confiance retrouvée des professionnels en eux-mêmes passe par cette écoute.

De la tutelle à la collaboration

Toute grossesse devrait faire l'objet d'un accompagnement confié principalement aux sages-femmes. Professionnelles ayant aujourd'hui un vrai bagage scientifique, elles méritent qu'on leur restitue leur histoire. Leur autonomie n'est pas seulement souhaitable, elle leur est nécessaire pour remplir pleinement leur fonction.

Ce n'est possible qu'au prix d'une transformation profonde de l'organisation de l'obstétrique et de la gynécologie. De tels changements passent par la redistribution du rôle des professionnels. Elle ne peut se faire que dans le cadre d'une collégialité nouvelle et la reconnaissance réciproque de fonctions liées mais distinctes. Michka Naiditch, médecin de santé publique[14]*, l'a rappelé aux États généraux de la naissance à Paris le 6 juin 2003 et dans différentes communications : les gynécologues obstétriciens ne sont pas à leur place dans le dispositif sanitaire propre à la naissance.*

Aux médecins revient la prise en charge des pathologies de la reproduction et de l'appareil génital. À la sage-femme, les fonctions d'animation des équipes d'obstétrique et de soutien de chaque grossesse. Gardienne de l'eutocie, elle voit ainsi sa fonction grandement réhabilitée et les conditions d'accompagnement et de surveillance de la grossesse et de l'accouchement transformées. Nombre de protocoles thérapeutiques doivent être révisés. Bernard Maria[15]*, alors président du Collège des gynécologues obstétriciens français, l'a redit lors de cette même assemblée : la démédicalisation de ce qui ne relève pas de la pathologie s'impose, ainsi que la disparition de certains gestes inutiles quand ils ne sont pas dangereux. La reconnaissance de la participation du choix des couples aux conditions de naissance de leurs enfants et le soutien apporté à l'accouchement à* *domicile et à l'ouverture des maisons de naissance dirigées par les seules sages-femmes sont souhaitables.*

Cela ne suffit pas. Afin d'atteindre les objectifs d'amélioration de la qualité des soins en matière de périnatalité, il est nécessaire de s'appuyer sur une conception générale de la santé inversant la logique sécuritaire iatrogène, actuellement dominante.

Celle-ci fragilise les professionnels aujourd'hui soumis à une réglementation étouffante, stérilisante et qui aggrave la défiance déjà très grande des patients à leur égard ainsi qu'à l'égard des hôpitaux publics. La stratégie de périnatalité actuelle est autodestructrice. Sous prétexte de contraintes économiques et du tarissement annoncé des professionnels de la naissance, la politique de concentration du personnel et des moyens techniques aboutit à un appauvrissement de tout le tissu sanitaire du pays et par voie de conséquence du tissu social et culturel.

Perçue à juste titre comme fondatrice de la vie sociale, la naissance est bien la première relation à l'autre, la première reconnaissance de la personne comme individu singulier. La maternité hospitalière, mais aussi les maisons de naissance et les foyers conjugaux, sont à ce titre des creusets irremplaçables de la vie culturelle de la cité. Toute communauté ne peut bien vivre sans ses nouveau-nés qui lui donnent du sens et la structurent par la mise en relation de ses membres.

Nous avons, aujourd'hui plus qu'hier, besoin de ces lieux d'accueil, d'écoute, d'échanges, de recueillement, d'intimité. En fermant une à une des maternités petites et grandes, on retire tout sens à l'organisation des réseaux de soins périnataux. C'est bien la logique de concentration des moyens qui doit être combattue. Elle aboutit aux impasses professionnelles actuelles.

Toute grossesse doit être suivie, accompagnée, hors ou dans l'hôpital, qu'importe, et soutenue, avec pour principal objectif de donner aux futurs parents le goût d'une naissance respectée et non dirigée. Chaque accouchement est un temps fort de l'histoire singulière d'une femme, d'un homme et de l'enfant qui vient au monde. Il se joue dans des corps, des vies, préparés et mobilisés pour la circonstance. Ce long travail a besoin d'un fort investissement de ses acteurs et d'une attention permanente mais discrète, en retrait, des professionnels. Les gestes médicaux ne seront accomplis qu'en cas de besoin lorsqu'une anomalie, le plus souvent prévisible, fait obstacle au bon déroulement spontané de l'accouchement. Le terme de cette grossesse est bien connu, ainsi que la santé de la future mère et de l'enfant. Nous connaissons précisément sa présentation, sa bonne adaptation au bassin maternel désormais presque toujours suffisamment vaste pour bien le guider vers notre monde.

Cet enfant aujourd'hui peut naître au domicile de ses parents, si toutes les conditions médicales le permettent. La sage-femme qui l'accompagne sait qu'en cas de difficultés la maternité voisine les accueillera dans les meilleures conditions. Un engagement réciproque l'assurera. Une telle alternative à l'accouchement hospitalier devrait désormais être médicalement et fermement soutenue. Il ne s'agit nullement d'une régression, mais bien d'un véritable progrès. Une réhabilitation de la naissance comme étape singulière d'une histoire personnelle.

Parents et sage-femme peuvent aussi choisir une maison de naissance. Elles n'existent pas en France, à l'exception de celle du centre hospitalier universitaire de Haute-Pierre, intégrée au département de gynégologie-obstétrique et inaugurée en avril 2004 à Strasbourg[16]*. Il faudra donc en créer. Le plus rapidement sera le mieux.*

Dirigées par les sages-femmes, elles pourraient être cogérées et animées par des associations de parents. De tels lieux de naissance, véritable richesse culturelle et sociale, devraient être financés par les caisses d'assurance maladie et soutenus par les collectivités territoriales. Lieux d'élaboration de nouvelles pratiques obstétricales, elles enrichiraient ainsi la recherche dans le cadre de travaux épidémiologiques assurés par les sages-femmes. En 1998, le Plan de périnatalité du ministère de la Santé avait défendu cette innovation.

Pourtant, un projet élaboré depuis cinq ans par une association de parents et de sages-femmes à Montpellier vient d'être retiré. En l'absence d'autorisation, constamment repoussée en dépit de nombreux engagements des autorités locales et nationales. Malgré des locaux en conformité et des professionnelles expérimentées, cette maison de naissance n'a pu ouvrir ses portes[17].

À Clamart, l'hôpital Antoine-Béclère doit être doté d'une telle maison « adossée » à la maternité voisine. Les plans sont restés dans les cartons depuis 1998.

Et cependant on considérait à l'époque ces initiatives comme une réponse souhaitable à des demandes de femmes hostiles à « l'hypermédicalisation » hospitalière et poussées à des pratiques « marginales et dangereuses ». Ce recul explique aussi sans doute l'opposition persistante et parfois insidieusement calomniatrice aux projets présentés depuis cette date.

La garantie toujours essentielle du bon fonctionnement de ces maisons, qui existent et ont fait la preuve de leur qualité depuis plus de dix ans en Suisse, Grande-Bretagne, Allemagne, Scandinavie… reste bien sûr la collaboration réelle et conventionnée avec une maternité hospitalière voisine.

L'avenir de la naissance et les maternités de niveau I

Pour accueillir les naissances non pathologiques, et les professionnels savent aujourd'hui précisément les reconnaître, les maternités hospitalières publiques ou privées dites de niveau I devraient, et sans doute pour une longue période, accueillir le plus grand nombre de naissances. Cela, selon les engagements pris en 1998, s'il est mis fin aux mesures administratives qui visent aujourd'hui à les faire disparaître.

Contrairement à une idée qui tend à les disqualifier, il ne s'agit nullement de « petites maternités ». À la suite d'un rapport du Haut Comité de santé publique, publié en janvier 1993[18]*, ces unités ont été considérées par certains comme vétustes et dangereuses. Pire, aux mains de professionnels inexpérimentés et condamnés à le rester. L'histoire des naissances a été et reste ponctuée par de nombreux procès en sorcellerie, disons de suspicion en nostalgie naturaliste ou en illumination sectaire. Si de tels travers peuvent menacer, ils ne doivent en rien être utilisés pour s'opposer à la défense de l'eutocie et à la proximité des lieux de naissance et de vie.*

Dans l'esprit comme dans la forme, les décrets de périnatalité de 1998 respectent ces objectifs. Il est apparu au concepteur de ces textes qu'en l'absence de pathologie il fallait préserver la naissance d'un envahissement technologique non seulement coûteux mais déshumanisant et néfaste lorsqu'il est inutile.

Duplicité du politique ? Après avoir vanté les mérites des réseaux, de nombreuses maternités ont pourtant été fermées, ne laissant subsister que de gros établissements « faisant » de 3 000 à 5 000 accouchements par an et fusionnant physiologie et pathologie. L'aménagement de la réduction du temps de travail (ARTT) du personnel hospitalier et des médecins est alors utilisé comme un excellent prétexte pour justifier de telles mesures. Nous assistons à une accélération des fermetures de grandes et moyennes maternités (hôpital Saint-Vincent-de-Paul de Paris, hôpital des Bluets, bientôt Les Lilas, Grenoble après Lille...), ainsi qu'à celles de très nombreuses maternités de proximité, souvent de niveau I. Culturellement, pour de nombreux professionnels et couples, ce premier niveau signifierait « bas niveau », quand ça n'est pas misère et obscurantisme sanitaire. Une telle perception découle des campagnes dont ces établissements ont été injustement les victimes, mais également de leur abandon par les agences régionales d'hospitalisation. Alors même qu'en 1997 89 % des Français étaient favorables aux hôpitaux de proximité[19]. Fernand Daffos, chef du service de médecine fœtale de l'Institut de puériculture de Paris, rappelle d'ailleurs, la même année, que la Finlande, détentrice des meilleurs résultats mondiaux en périnatalité, juge indispensables et bénéfiques les maternités de niveau I (de proximité, petites ou non)[20].

Si la soumission idéologique aux « progrès technologiques » est forte, comme d'ailleurs l'irrépressible besoin consumériste, cela ne justifie pas l'orchestration intéressée du discrédit des petites unités hospitalières, pas seulement obstétricales. Ce doit même être un fort stimulant pour les requalifier. Trop coûteuses entend-on. C'est non seulement faux, mais absurde. Toutes les restructurations sont des gouffres économiques sans fond.

Mais ces mystifications n'auront peut-être plus cours très longtemps. En effet, de nombreuses associations, certes encore modestes mais chaque jour plus représentatives, naissent et demandent à être entendues. Elles exigent le respect des femmes, des pères, des enfants, de l'intimité, des corps, des consciences et de l'eutocie quand la pathologie est absente. Professionnels, nous avons tout à gagner à les écouter, mais plus encore à les associer à nos pratiques, pas seulement pour avoir la paix, mais plus encore pour mieux comprendre notre fonction et ainsi mieux la remplir.

C'est également à la responsabilité des sages-femmes que devraient être confiés ces établissements. Le respect de l'eutocie doit y être considéré comme prioritaire.

Ouvertes sur la cité, ces maternités doivent y apporter le témoignage des jeunes parents et donner à la naissance toute la place qu'elle doit conquérir dans l'histoire et la culture des communes.

Les grossesses pathologiques

Dans une société bien portante, la grande majorité des jeunes femmes devraient bien se porter. Pourtant, ce n'est pas vraiment le cas de nos sociétés d'abondance, d'abord parce que subsistent des zones de grandes difficultés sociales et de misère. Ensuite parce que ces sociétés ont des tendances consuméristes qui aboutissent à une forte dépendance thérapeutique et à un affaiblissement de l'autonomie des individus. Enfin, nos sociétés sont le lieu d'une forte migration porteuse de ses propres souffrances. Même si elle peut devenir la source d'un véritable enrichissement culturel et par là d'une aide aux bouleversements institutionnels de l'organisation des soins obstétricaux. Mais cela ne va pas de soi.

Il y a donc de 10 à 30 % de grossesses pathologiques justifiant des soins médicaux les plus divers et parfois les plus spécialisés. Cette fois, les compétences du médecin gynécologue obstétricien sont indispensables. Les structures hospitalières ayant la responsabilité de ces grossesses, accouchements et soins périnataux sont des maternités et des services de néonatologie dits de niveaux II et III. Faut-il maintenir ces deux niveaux, ou plutôt s'orienter vers une spécialisation diversifiée des soins ? C'est un débat principalement technique, important certes, mais assez secondaire si l'on en précise les enjeux. Par contre, ces services doivent-ils et peuvent-ils cumuler la double fonction du soin à la pathologie et de l'accompagnement de la physiologie ? C'est là une question importante.

Répondons tout d'abord à l'argument qui justifie cette association par les liens étroits et permanents entre physiologie et pathologie. Tout sujet bien portant peut faire une mauvaise chute dans une course en montagne, il ne viendrait à personne l'idée d'assurer un accompagnement sanitaire à toute randonnée. Les accidents y sont pourtant plus fréquents que lors d'un accouchement physiologique. En obstétrique, la prédictivité de nos moyens est excellente, le problème est donc celui posé par l'isolement hospitalier de la pathologie obstétricale. Pourtant, des services se consacrent déjà exclusivement à celle-ci. Centres de diagnostic prénatal, d'ailleurs en partie spécialisés dans certaines maladies ou malformations fœtales, ils assurent également mais exclusivement la surveillance de ces grossesses, des accouchements et soins aux nouveau-nés. C'est le cas des services de médecine fœtale de l'Institut de puériculture et de l'hôpital Necker-Enfants malades de Paris.

Hors de ces lieux, les maternités de niveau III, souvent universitaires, sont des services polyvalents accueillant toute grossesse pathologique ou non. On aboutit ainsi aux aberrations inégalitaires en raison des discriminations d'accès à ces établissements, mais surtout à l'extension de protocoles thérapeutiques, véritables cultures de service, du pathologique au physiologique. Tendances toujours confortées par le jeu institutionnel de la rentabilité de l'appareil et de la productivité qui en découle. Tout est en place désormais pour dépersonnaliser la naissance : réglementation contraignante du temps de travail médical et généralisation de l'emprise des impératifs « biotechnologiques ». Il ne s'agit pas seulement d'industrialisation, mais bien d'une fuite en avant iatrogène et ruineuse.

Familles et professionnels ont tout à gagner dans l'éclatement des grosses structures et la multiplication de petites unités de proximité, diversifiées et non rigidifiées, dans le cadre de fécondes et dynamiques coordinations non hiérarchisées.

Quant aux unités destinées au suivi des grossesses pathologiques, elles doivent s'y consacrer presque exclusivement et développer de bonnes et étroites collaborations avec les autres maternités dans le respect de leur indépendance.

Un tel dispositif peut stimuler une vraie diversité professionnelle, le goût de la recherche non plus réservée aux seuls médecins et de la pratique multidisciplinaire. Désormais, l'université et les organismes de recherche doivent être ouverts aux sages-femmes jusque et y compris dans les fonctions et responsabilités les plus élevées.

Dans les situations pathologiques maternelles et néonatales, la sage-femme reste également la professionnelle de référence dans le suivi de la grossesse, l'accouchement et les suites de couches. Souffrance et angoisse nécessitent un accompagnement non seulement chaleureux, mais savant. À ce niveau, l'empathie n'est possible qu'à la condition d'une connaissance précise de la pathologie, de son évolution et de son traitement. D'autant qu'il peut s'agir de l'accompagnement de la mort annoncée et organisée médicalement de ce futur enfant.

S'il doit vivre, ce petit aura sans doute à connaître la séparation alors qu'il a besoin plus que tout autre de ses parents. Les services de réanimation néonatale, d'accueil des prématurés, de chirurgie pédiatrique se sont enfin ouverts aux familles. Ce progrès considérable doit être poursuivi, aidé des « professionnels de l'affectivité ». Ce tout-petit, malade, opéré, réanimé, a aussi besoin de paroles, de caresses, de chants, de silence. Il nous faut veiller à ce qu'il ne lui manque jamais la main d'une auxiliaire de puériculture, le chant d'une infirmière, l'attention permanente et le soutien chaleureux et respectueux à ses parents.

À Bogota en 1979, l'Instituto materno infantil adopte les propositions des pédiatres Edgar Rey et Hector Martinez. De grands prématurés peuvent être maintenus en permanence « peau à peau » sur leur mère et téter à la demande. Le père peut être mis à contribution. Une telle expérience porte le nom de « mère kangourou[21] » ; par extension, des « unités Kangourous » ont été ouvertes dans de nombreuses maternités et services de pédiatrie occidentaux. Elles autorisent l'accompagnement du prématuré par ses parents à tout instant dans des chambres aménagées à cet effet dans des conditions restant néanmoins très encadrées. Mais cette redécouverte de l'inestimable et vitale chaleur des liens sensoriels du petit humain et des siens fait difficilement école tant est profonde notre défiance à l'égard de nous-mêmes et grande notre soumission aux technologies qui l'alimentent paradoxalement.

Médecins, notre place ici s'impose. Mère, père, futur enfant peut-être, souffrent dans les corps bien sûr, mais aussi et surtout dans leur cœur. Intimité et histoire menacées, angoisse de l'avenir, solitude, crainte du pire, de la dégradation, de l'exclusion. Si notre savoir est grand au sujet de ces pathologies, il n'en est pas moins limité. Il nous faut écouter, nous taire. Ce n'est pas de raisonnement, ni même de conseil qu'a besoin ce couple, c'est de cette attention, le plus souvent muette, à leur détresse. À ce prix seulement nos traitements apporteront peut-être quelque soulagement, plus même parfois. Médecins, nous ne pouvons l'être que si nous sommes des collaborateurs de cette sage-femme et non ses supérieurs. Elle a sa place, plus que respectable, vitale pour cette femme dont elle approche l'intimité et les secrets. Il nous faut revoir le dispositif de direction et d'animation de nos services de pathologie obstétricale, le rendre collégial, multidisciplinaire, ouvert sur la vie de la cité et particulièrement aux associations de parents.

« Handicapé », comme nous le dirons encore très longtemps dans nos sociétés élitistes, « il nous confronte à la peur de la mort psychique ou physique », comme nous l'affirme Julia Kristeva, présidente du Conseil national du « Handicap ». Et pour la suivre dans sa belle et courageuse démarche, « bâtissons en France une solidarité efficace avec les plus vulnérables, avec l'intraitable en eux, en nous[22] ».

Tout cela doit être largement débattu, mais il est assez clair que les services de pathologies obstétricales ont d'abord à se consacrer à cette fonction difficile encore peu et mal connue et dont l'importance éthique n'échappe à personne. Contrairement à une idée largement répandue, les associations de parents demandent ardemment cette participation à la réflexion et à l'élaboration de vrais projets, pas seulement alternatifs. Faute d'une place donnée à ces associations, de plus en plus nombreuses et représentatives, nous encouragerions leurs dérives consuméristes possibles et leur évolution destructrice vers l'affrontement. Pire, vers le sectarisme que nous prétendons combattre.

QUELQUES MOTS SUR NOS PRATIQUES

L'anesthésie loco-régionale

Habituellement nommée « péridurale », son histoire et ses techniques ont été précédemment rappelées. Elle constitue un véritable progrès pour deux raisons. Elle évite la presque totalité des anesthésies générales lorsqu'un geste médical est nécessaire lors d'un accouchement ; moins dangereuse, elle permet le maintien d'une conscience claire chez une femme dont la présence à l'instant est indispensable à l'accueil de son enfant.

Deuxième bénéfice : la quasi-disparition de l'angoisse de la douleur. Cette inquiétude existe, elle n'a pu être chassée malgré les informations et la préparation patiemment données. Dans ces conditions, toute femme doit pouvoir accoucher dans une structure s'engageant à lui porter secours dès qu'elle le souhaitera. Un tel dispositif institutionnel participera ainsi au recul de cette angoisse immémoriale.

Mais est-ce bien ainsi que l'anesthésie péridurale est comprise et utilisée ? Femmes et professionnels butent sur une double contrainte liée à l'application de cette technique.

D'une part, elle est apparue comme une rupture culturelle avec notre passé de résignation à la douleur. Quand ça n'était pas à son culte, freinant toute réflexion anthropologique à ce sujet. Cette réduction de l'humain au physiologique tourne d'ailleurs très vite au dogmatisme qu'il prétend combattre. L'accouchement est une expérience unique, singulière, strictement personnelle et qui ne relève pas du « prêt-à-porter ». Résurgence volcanique de notre histoire, la mise au monde est avant tout chez l'humain une extraordinaire confrontation à la vie. Qu'elle puisse être douloureuse, quoi d'étonnant ? Mais comprise comme telle, elle peut être vécue lucidement et volontairement dans un corps qui n'est pas seulement constitué par l'ensemble de nos fonctions physiologiques, mais qui est aussi l'acteur et le témoin de cette histoire. Ce « nous-même » qu'est ce corps pense et communique. Ne doit-il pas dans cette unique circonstance être entendu, perçu dans toutes ses expressions possibles ? Étrange fusion de jouissance et d'extrême perception.

Il n'en reste pas moins vrai que des siècles de terreur d'enfantement et de brimade des corps ont laissé des cicatrices qui semblent indélébiles à beaucoup de femmes et de profes-

sionnels, justifiant impérativement les secours. Oubliant seulement qu'une anesthésie péridurale transforme un phénomène physiologique en une situation justifiant une médicalisation permanente. A fortiori si l'accouchement est déclenché pour en assurer la mise en œuvre.

D'autre part, l'institution hospitalière, plus largement sanitaire, conforte « naturellement » le dogmatisme. Ainsi, la nécessaire disponibilité d'un moyen devient pour l'hôpital un dispositif technique dont il faut assurer la « rentabilité ». L'accroissement de la productivité des moyens humains et techniques s'impose alors à tous. L'extension d'une thérapeutique devient alors inéluctable.

Face à cette logique déshumanisante, l'éclatement librement choisi et lucidement soutenu de nos structures de soins constitue bien une solution d'avenir.

L'allaitement maternel

Sujet de polémique, l'allaitement maternel, quasi abandonné dans les sociétés occidentales en raison dit-on de l'émancipation culturelle et sociale des femmes, serait en voie de réhabilitation. Au point de voir des pédopsychiatres[23], inquiets de ce retour à connotation intégriste, s'élever contre les défenseurs de l'allaitement maternel, eux-mêmes soucieux de l'équilibre affectif de l'enfant, de la qualité des liens qui se tissent dans ce dialogue singulier, mais également de la bonne santé des nourrissons, futurs adultes menacés par les conséquences néfastes des laits artificiels.

Voici le beau témoignage d'une mère :

« Je pourrais donner de multiples raisons pour défendre la cause de l'allaitement maternel mais l'idée même d'avoir à le faire me

répugne. J'ai l'impression que ça en réduirait la valeur. En bref, le lait maternel c'est comme la vie, l'amour, le sourire, ça ne se défend pas, ça se donne tout simplement.

Quand au sevrage, il serait source de souffrance. On lui ferait mal. Il faudrait le préparer. Voilà une nouvelle soumission comme certains n'ont de cesse d'en inventer quand l'humanité crée du bonheur et de la liberté ! Pourquoi ferait-il souffrir ? Nous sommes fiers lorsque nous voyons nos enfants partir un jour sur leur petit vélo "sans roulettes" : comme ils sont grands, forts, libres, heureux ! Nous ressentons ce même plaisir à les voir prendre leur envol en délaissant notre sein. Il n'y a aucune souffrance. Je n'ai pas besoin de la souffrance pour jouir un temps de la succion de mon petit. C'est une joie de le voir prendre du plaisir au-delà de moi. Je vais devoir le voir et l'entendre de nouvelles façons pour continuer à me gorger de sa vitalité. Ça m'enchante qu'il m'aide ainsi à créer du neuf. Tout est toujours nouveau avec lui, alors pourquoi craindre que nos séparations successives puissent venir de l'un de nous deux. La souffrance survenue à l'occasion de certains sevrages (et non créée par ceux-ci) n'est-elle pas le fruit d'un discours culpabilisateur qui peut prendre des formes tout à fait opposées : "comment peux-tu te permettre de quitter ton enfant si tôt ?" ou au contraire : "n'as-tu pas bientôt fini de t'accrocher ainsi à ton petit ?" » (Florence C..., avril 2004).

L'affaire est complexe tant s'entremêlent des arguments de toute sorte et qui méritent pour le moins de bons débats contradictoires et attentifs.

Peut-on prétendre, comme l'ont dit la majorité des médecins durant quelques décennies, que les laits artificiels ont atteint une parfaite similitude avec le lait maternel quand ils ne le dépassent pas qualitativement ? Nos laits artificiels restent principalement des productions animales, riches bien sûr, mais différentes pour des raisons génétiquement évidentes du lait maternel. Ils s'en approchent beaucoup, ils peuvent parfois constituer de bons *aliments de substitution pour des bébés qui ne peuvent bénéficier du lait de leur mère.*

On a aussi longtemps prétendu que les mères multicarencées ne pouvaient produire un lait de qualité. Or même dans un état de grande malnutrition, ce lait reste longtemps le meilleur. Il peut cependant, et c'est le cas lors des famines, devenir très insuffisant.

Enfin, le sevrage constituerait une période critique nécessairement douloureuse pour l'enfant et sa mère. Mammifère, le petit humain se détache bien lui aussi de la mamelle. Il cherche à partir de quelques mois à différencier son alimentation et il collabore activement à son sevrage. Peu de femmes s'y opposent et la plupart le souhaitent. Certes, il s'agit bien d'une nouvelle séparation. Douloureuse parfois, elle n'en est pas moins comprise.

Nous sortons d'une longue, très longue période de nourrissage mercenaire, de longues, précoces et fréquentes séparations mère-enfant, de domination masculine, de réclusion des femmes au foyer, de réduction de la féminité à la maternité, de répression, d'exploitation de la sexualité des femmes, en un mot d'extrême brouillage culturel qui semble rendre inaudibles les débats actuels. Sexisme et lutte d'émancipation des femmes livrent encore de rudes batailles qui ne facilitent pas toujours la compréhension des arguments en présence. Revenons si possible à la simplicité. Est-ce seulement par un conditionnement nouveau, bien argumenté et insidieusement culpabilisant que de nombreuses femmes souhaitent désormais allaiter ? Assez bien informées par des associations, et maintenant des professionnels débarrassés d'un fatras de préjugés et de pratiques incohérentes, parfois dangereuses, beaucoup de femmes et de bébés semblent y trouver bonheur et plaisir aussi. D'autres pas. Eh bien s'il est une découverte récente et qui semble faire son chemin, c'est bien que les médecins doivent se mêler le moins possible de l'allaitement. C'est d'abord une affaire de femmes et de nouveau-nés et ce jeu des corps et des cœurs n'est qu'assez rarement un problème médical. N'est-ce pas bien ainsi ?

Les suites de couches

Faut-il ou non maintenir, y compris autoritairement (et les médecins ne manquent jamais d'arguments), les accouchées dans nos maternités ? Non, la réponse s'impose simplement. Une jeune mère, si elle a besoin de repos, qu'elle trouvera souvent mieux chez elle, aidée éventuellement de ses proches, a surtout besoin d'intimité et de bien-être. Avec son petit, son conjoint, sa famille, ses amis, loin des indiscrètes et parfois humiliantes promiscuités hospitalières. A-t-elle besoin de soins, d'aide, de conseils même, face à des tâches nouvelles auxquelles elle était peu préparée, malgré parfois une bonne information ? Oui bien sûr, qui ne le sait ? Son conjoint, quelle que soit sa volonté de participation, peut évidemment connaître aussi des difficultés confinant à la panique. Nos sociétés auraient-elles éloigné les individus au point de faire de l'entraide une idée sans avenir ? Non, pas encore, et nous devons justement y veiller en luttant contre les asservissements modernes et isolants.

L'organisation de l'aide donnée aux jeunes mamans est possible et souhaitable humainement mais aussi médicalement. La concentration hospitalière est iatrogène et souvent affectivement débilitante. Elle n'est pas que cela. L'hôpital peut et doit aussi être un lieu d'accueil ouvert, largement ouvert à toutes les souffrances. Une jeune maman qui a besoin de soins médicaux, y compris de soutien psychologique ou social, doit pouvoir rester le temps qui lui est nécessaire dans nos services. Remettons nos préoccupations administratives, institutionnelles et économiques à leur place. Si la durée moyenne de séjour dans nos établissements doit diminuer, ce n'est pas à des fins de rentabilité mais bien parce que les femmes et leur famille l'ont choisi et qu'elles ne seront pas abandonnées à leur domicile.

Modestes changements ou grands chambardements

Conférences de consensus, états généraux, déclarations, avis, communiqués et menaces se succèdent au sujet des conditions de surveillance de la grossesse et de l'accouchement depuis quelques années en France. Pour la grande majorité des professionnels et des « usagers », ce n'est pas d'excès de médicalisation que souffre la naissance, mais bien plutôt d'insuffisance de moyens humains et techniques. Malgré une récente enquête, réalisée par l'Institut des mamans, à la demande de l'association Naissance et Citoyenneté, concluant sur une assez large satisfaction des jeunes parents, tous sont également d'accord sur le constat de crise que connaît à ce propos notre système de soins.

Cependant, une minorité assez active dénonce les responsabilités du dispositif sanitaire dans l'évolution déshumanisante, dite « industrielle », des conditions de naissance infligées aux femmes et à leur nouveau-né.

Qu'importe, une crise, et c'est bien le cas, est toujours une occasion de réflexion sur ses origines. Sa gravité peut d'ailleurs protéger des tentatives de préservation institutionnelle, quelles que soient les proclamations de volonté de réforme. Les solutions provisoires, de détails et rafistolages divers, ne suffiront sans doute pas. Aux professionnels, mais au-delà, aux femmes, aux hommes et ainsi à terme à la législation, à l'État de jeter les bases conceptuelles et éthiques des nouvelles responsabilités administratives, sociales et médicales posées par la reproduction humaine.

LES RÉFLEXIONS D'YVONNE KNIBIEHLER

LA NAISSANCE EN DÉMOCRATIE

Les naissances s'affirment à présent comme un révélateur impitoyable des grandes misères individuelles et des graves dysfonctionnements sociaux.

Les frontières entre privé et public se transforment. Même si la naissance reste l'événement le plus important de la vie privée, les naissances comptent à présent de plus en plus dans la vie publique et dans les délibérations politiques.

La philosophie des droits de l'homme avait inventé une première forme de démocratie qui séparait la vie publique, réservée aux hommes, de la vie privée, confiée aux femmes (sous contrôle masculin) ; la naissance appartenait au second domaine ; elle concernait le père en tant que chef de famille ; mais le citoyen, en tant que tel, n'avait pas à s'en préoccuper. La médicalisation a changé cette donne en impliquant les pouvoirs publics. Parallèlement, les femmes ont reçu les droits qui leur ouvrent l'accès à la sphère publique : elles y apportent leurs propres soucis. La conscience maternelle inspire leur comportement civique, et du coup elle réveille la conscience paternelle des hommes ; ceux-ci arrivent enfin à comprendre que l'accouchement, l'enfantement, la naissance relèvent de la citoyenneté. La répartition des responsabilités s'en trouve profondément modifiée.

L'État, pleinement responsable de la sécurité des naissances, devrait afficher une parfaite transparence de ses projets et de leur financement, à brève et moyenne échéance. Non seulement en matière de santé mais aussi à propos de la démographie : il devrait faire connaître aux citoyens les conséquences possibles ou probables des variations du taux de natalité, et organiser des débats publics à ce sujet. Puisque « gouverner c'est prévoir », l'État devrait avoir le souci permanent de *prévenir* les détériorations et les dérives éventuelles. La prévention, vue par les médecins, se réduit souvent au dépistage, alors qu'il faut la situer en amont, dans l'éducation, si l'on veut que chacun prenne en charge sa propre santé.

L'école et tout le système scolaire sont donc, eux aussi, pleinement responsables de la sécurité des naissances. Tant que la procréation et la sexualité restaient enfouies dans la vie privée, l'école a pu les ignorer. Ce n'est plus le cas. Dès que les enfants prennent conscience de la différence des sexes, c'est-à-dire entre deux et trois ans, dès l'école maternelle, il convient de leur en expliquer la raison d'être : la procréation. Ils doivent comprendre très tôt certes que nul n'est tenu de procréer et qu'il existe des moyens de s'en abstenir. Mais ils doivent aussi s'habituer à l'idée qu'ils éprouveront peut-être un jour le désir d'avoir un ou des enfants, et que donner la vie est une responsabilité essentielle. En France, le système scolaire peine à mettre en place une « éducation à la sexualité » digne de ce nom. Cela tient peut-être à deux insuffisances : d'une part les enseignements commencent trop tard ; d'autre part, concentrés sur la rencontre des corps et des cœurs, ils négligent les dimensions sociale et culturelle de cette rencontre. La sexualité est pourtant le moteur essentiel de toute civilisation en ce qu'elle en assure le renouvellement.

Les femmes, de leur côté, tardent à prendre conscience des nouvelles conditions de la maternité. Elles ont été trop longtemps maintenues dans une passivité qui laissait à d'autres, mari et médecins, toutes les décisions importantes. Le militantisme féministe leur a procuré, au moins en principe, la maîtrise de leur fécondité : ce fut l'étape initiale et tout à fait capitale de leur émancipation. Trente ans après, il est temps d'aborder l'étape suivante, qui consiste à maîtriser aussi l'accouchement et la naissance. Le féminisme a donné aux femmes les moyens de ne pas être mère, c'était indispensable, mais cela ne saurait suffire. En effet, une écrasante majorité de femmes souhaitent donner la vie : il faut donc qu'elles obtiennent les moyens de devenir mères dans les conditions qui leur conviennent le mieux. À elles de réclamer et de conquérir ces moyens. Il y a sûrement là un nouvel objectif pour le féminisme. Dira-t-on (argument antiféministe) que c'est préférer l'intérêt de la mère à celui de l'enfant ? Il serait facile de démontrer au contraire que les deux sont presque toujours indissociables. Dira-t-on (argument féministe) que c'est pousser les femmes vers des enfantements qui les maintiendront dans l'esclavage ancestral du deuxième sexe ? Mais c'est à elles, aux féministes, d'inventer des solutions pour que l'enfantement ne soit plus un esclavage. Le féminisme n'est pas un épisode révolu dans l'histoire des femmes, ce n'est pas un mouvement éphémère : c'est une vigilance et une invention de chaque jour. Et beaucoup d'hommes s'y associent spontanément.

Dernière perspective, celle de la science. La naissance n'est plus seulement l'affaire de la médecine, c'est un objet transversal qui interroge de nombreuses disciplines. Au point de rencontre de la médecine, de la biologie, de la génétique, de la psychologie, du droit, de l'histoire, nous atteignons le seuil d'une nouvelle anthropologie. D'aucuns pensent que la maîtrise du vivant a remplacé Dieu. Peut-être. Mais Dieu était omniscient, tout-puissant : les croyants s'en remettaient à sa volonté, toujours impénétrable, et à son amour pour les pauvres humains. Alors qu'il ne nous est plus permis d'abandonner aux décisions de quelques « savants » l'avenir de notre espèce. Cette responsabilité est bien la plus lourde de toutes. Impossible d'y échapper.

Notes

Pourquoi la naissance ?

1. Habermas J., *L'Avenir de la nature humaine, vers un eugénisme libéral* ? Gallimard, 2002.

2. Olivennes F., « Doit-on diaboliser la fécondation *in vitro* ? », *Les Cahiers du CCNE*, 2003, n° 37.

PREMIÈRE PARTIE

LES HÉRITAGES : LE TEMPS DU SACRÉ

Introduction

1. Jouanna J., *Hippocrate*, Fayard, 1992.

2. *Ibid.*

3. Hottois G., Missa J.N., *Nouvelle encyclopédie de bio-éthique,* Deboeck Université, 2001.

4. Jouanna J., « La naissance de l'art médical occidental », *Histoire de la pensée médicale en Occident*, tome I.

5. Végetti M., « Entre le savoir et la pratique : la médecine hellénistique », *Histoire de la pensée médicale en Occident.*

I. L'héritage antique

1. Boswell J., *Au bon cœur des inconnus. Les enfants abandonnés de l'Antiquité à la Renaissance*, Gallimard, 1993.

2. Knibiehler Y., *Histoire des mères et de la maternité en Occident*, PUF, Que sais-je, n° 3439, 2002.

3. Pline l'Ancien, au Ier siècle après J.-C., rassemble dans son *Historia naturalis* toute une liste de recettes populaires pour aider les femmes en couches (ingestion de lait de truie, d'urine de belette, de sperme de jars, fumigations, onction d'huile d'olive ou à la graisse de hyène...). Une de ces recettes a été conservée jusqu'à l'âge classique : la peau de serpent nouée autour du ventre ou d'une cuisse.

4. « Evidence based midwifery », NHS, mai 2001.

5. Gourevitch D., Raebsaet-Charlier M.T., *La Femme dans la Rome antique*, Hachette Littérature, 2001.

6. Consacré à la déesse Sequana, le complexe religieux des Sources de la Seine en Gaule romaine a livré quantité d'ex-voto représentant des bassins de femmes ou des bébés emmaillotés, sculptés en bois, en pierre ou en bronze. Cf. Véronique Dasen, « Naissance et petite enfance dans le monde romain », in *Regards croisés, op. cit.*

7. Coppens Y., *Le Genou de Lucy*, Odile Jacob, 1999.

8. Jouanna J., *Hippocrate, op. cit.*

9. Soranos d'Éphèse, *Maladies des femmes*, livre II, Les Belles Lettres, 2003.

2. L'héritage chrétien

1. Bitton M., « Lilith ou la première Ève. Un mythe juif tardif », *Archives de sciences sociales des religions*, 1990, n° 71. Cet auteur rappelle et commente la résurrection du mythe de Lilith au temps du féminisme.

2. Hiridoglou P., *Les Rites de la naissance dans le judaïsme*, Les Belles Lettres, 1997.

3. Romero E., *El libro del buen retajar. Textos judeo españole de circuncision*, Consejo superior de investigaciones cientificas, Madrid, 1998.

4. Flandrin J.-L., *Un temps pour embrasser. Aux origines de la morale sexuelle occidentale.* Le Seuil, 1983 ; *Familles, parenté, maisons, sexualité*, Le Seuil, 1984.

5. Il ne s'est pas imposé facilement : saint Bernard, saint Thomas d'Aquin l'ont refusé. C'est seulement en 1854 que le pape Pie IX l'a reconnu.

6. Fine A., *Parrains, marraines. La parenté spirituelle en Europe*, Fayard, 1994.

7. Gélis J., *L'Arbre et le Fruit. La naissance dans l'Occident moderne, XVIe-XIXe siècles,* Fayard, 1984 ; Gélis J., Laget M., Morel M.F., *Entrer dans la vie. Naissance et enfance dans la France traditionnelle*, Coll. Archives Gallimard-Julliard, 1978.

8. Gélis J., *L'Arbre et le Fruit, op. cit.*

9. Boswell J., *Au bon cœur des inconnus, op. cit.* ; « Enfance abandonnée et société en Europe, XIVe-XXe siècles », Actes du colloque international de Rome, 30-31 janvier 1987, École française de Rome, Palais Farnèse, 1991 ; « Mères et

nourrissons », *Annales de démographie historique*, École des hautes études en sciences sociales, 1983 ; Morel M.F., « Les enfants abandonnés dans la France ancienne (XVIe-XIXe siècle) », in *Le Bébé face à l'abandon, le bébé face à l'adoption,* Myriam Szejer dir., Albin Michel, 2000.

10. Gélis J., *La Sage-Femme ou le Médecin. Une nouvelle conception de la vie,* Fayard, 1984.

11. Difficulté dans le bon déroulement de l'accouchement ; s'oppose à l'eutocie qui désigne le mécanisme physiologique du travail, son déroulement normal.

12. Stofft H., « Louise Bourgeois (1563-1637) », in *Les Dossiers de l'obstétrique,* n° 219, juillet 1994.

13. Laget M., *Naissances, l'accouchement avant l'âge de la clinique,* Le Seuil, 1992.

14. Gélis J., *La Sage-Femme ou le Médecin, op. cit.*

15. Ariès P., préface *in* Laget M., *Naissance, op. cit.*

16. La principale école de chirurgie, la Confrérie de saint Cosme, a été créée à Paris en 1268. L'Université de Montpellier, créée en 1220, laïque, innovatrice, avait dispensé, dès ses débuts, un enseignement aussi bien médical que chirurgical et anatomique.

17. Hecquet Ph., *De l'indécence pour les hommes d'accoucher les femmes*, rééd. Côté Femmes, 1990.

18. Sur l'ensemble de la controverse, voir Hoffmann P., *La Femme dans la pensée des Lumières*, Éditions Ophrys, 1977 ; Laget M., « La césarienne ou la tentation de l'impossible, XVIIe-XVIIIe siècles », « La médicalisation en France du XVIIe au début du XXe siècle », *Annales de Bretagne et des pays de l'Ouest*, t. 86, année 1979, n° 3.

19. Soranos d'Éphèse, *op. cit.*, livre IV.

20. Gélis J., *La Sage-Femme ou le Médecin, op. cit.*

21. Merger R., Lévy J., Melchior J., *Précis d'obstétrique*, Masson, 1967, p. 800. Citation disparue dans la 6e édition parue en 2001 ; dans les manuels d'obstétrique actuellement édités, il n'est jamais fait état de cette référence historique.

22. Dumont M., « Le cent cinquantenaire de la naissance d'Adolphe Pinard », *Journal de gynécologie obstétrique et de la biologie de la reproduction*, 1994.

3. L'héritage moderne

1. Les historiens n'ont pas la même définition : pour eux, les Temps modernes se déroulent de la Renaissance à la Révolution française.

2. Beauvalet-Boutouyrie S. *Naître à l'hopital au XIXe siècle*, Belin, 1999.

3. Ozouf M., *La Fête révolutionnaire, 1789-1799*, Gallimard, 1976.

4. Beauvalet-Boutouyrie S., *op. cit.*

5. Knibiehler Y., *Les pères aussi ont une histoire*, Hachette, 1987 ; *Histoire des pères et de la paternité*, dir. Delumeau J. et Roche D., Larousse, 2000.

6. L'inventeur de ce stéréotype est le docteur Pierre Roussel, auteur d'un *Système physique et moral de la femme* publié en 1775 et qui connut un très grand succès. Voir Knibiehler Y., *op. cit.*

7. Bonald L. de, *Du divorce*, 1801.

8. Tillier A., *Des criminelles au village. Femmes infanticides en Bretagne (1825-1865)*, préface d'A. Corbin, Presses universitaires de Rennes, 2001.

9. Entre autres textes, un pastiche, signé « Fœtus » s'intitulait *Requête en plainte présentée à Nosseigneurs des États du Languedoc pour les enfants à naître contre les prétendues sages femmes* (1782). Il est attribué à Jean François Icart, médecin chirurgien du Sud-Ouest.

10. M. Laget, *Naissances, op. cit.,* p. 217.

11. Beauvalet-Boutouyrie S., *op. cit.*

12. L'École de Santé de Paris, devenue Faculté de médecine en 1808, crée en 1830, à l'Hôpital des Cliniques, une clinique d'accouchement destinée à la formation des étudiants en médecine (le jour) et des sages-femmes (la nuit).

13. Thébaud F., *Quand nos grand-mères donnaient la vie. La maternité en France entre deux guerres*, Presses universitaires de Lyon, 1986.

14. Destouches L.-F., *La Vie et l'Œuvre de Philippe-Ignace Semmelweis (1818-1865),* Gallimard, 1977.

15. Zweig S., *Lettre d'une inconnue,* Le Livre de Poche, 1991.

16. Tenon J.R., « Mémoire sur les hôpitaux, 1988, cité par Fouks André, « La fièvre puerpérale. Une mise en perspective historique », *Les Dossiers de l'obstétrique,* n° 255, novembre 1997.

17. Beauvalet-Boutouyrie S., *op. cit.*

18. *Ibid.*, p. 44.

19. *Ibid.*, p. 6.

20. *Ibid.*, p. 295.

21. *Ibid.*, p. 300.

22. Lefaucheur N., *De l'art des accouchements à la protection maternelle et infantile,* IRESCO-CNRS, mars 1989.

23. Beauvalet-Boutouyrie S., *op. cit.,* p. 282.

24. *Ibid.*, p. 303.

25. Leroy F., *Histoire de naître, de l'enfantement primitif à l'accouchement médicalisé*, Deboeck, 2002.

26. Gélis J., *La Sage-Femme ou le Médecin, op. cit.*

27. Leroy F., *op. cit.*

28. *Ibid.*

29. Beauvalet-Boutouyrie S., *op. cit.*, p. 290.

30. Ibid., p. 307.

31. Grmek M., *Histoire de la pensée médicale en Occident,* op. cit., tome III ; Chast F., *Les médicaments,* p. 229.

32. Beauvalet-Boutouyrie S., *op. cit.*

33. Sureau C., *Fallait-il tuer l'enfant Foucault ?* Stock, 2002.
34. Beauvalet-Boutouyrie S., *op. cit.* ; p. 132.
35. Thébaud F., *op. cit.*
36. *Ibid.*

DEUXIÈME PARTIE

LA MÉDICALISATION : LE TEMPS DE LA SCIENCE

Introduction

1. Thébaud F., *op. cit.*
2. Leclerc A., *Paroles de femmes*, Grasset, 1974.
3. Gélis J., *La Sage-Femme ou le Médecin*, *op. cit.*
4. Laget M., *Naissances, op. cit.*
5. Knibiehler Y. et Fouquet C., *La Femme et les Médecins,* Hachette, 1983.

4. La sécurité des naissances

1. Parmi les plus importants, Levasseur É., *La Population de la France*, 1889 ; Dumont A., *Dépopulation et civilisation*, 1890 ; Zola É., *Fécondité*, 1899.

2. Antomarchi V., *Politique et famille sous la Troisième République*, L'Harmattan, 2000.

3. Cova A., *Maternité et droits des femmes en France (XIXe-XXe siècles)*, Anthropos Economica, 1997.

4. Yves Guyot, député radical de la Seine de 1885 à 1893, ministre des Travaux publics de 1889 à 1892.

5. Congrès international de la condition et des droits des femmes, 5-7 septembre 1900.

6. La Croix-Rouge américaine a beaucoup aidé à la création d'écoles de puériculture et à la formation d'infirmières visiteuses. Cf. Knibiehler Y. (dir.), *Cornettes et blouses blanches*, Hachette, 1984.

7. Rollet-Echalier C., *La Politique à l'égard de la petite enfance sous la IIIe République*, Institut d'études démographiques / PUF, 1990.

8. En 1966, il sera étendu à quatorze semaines. Cf. Knibiehler Y., *La Révolution maternelle*, Perrin, 1997.

9. Lefaucheur N., « Deux entreprises scientifico-sociales de promotion de l'eugénisme comme fondement des normes en matière de production et de socialisation des enfants : Adolphe Pinard (1844-1934) et Georges Heuyer (1884-1977) », *Vie sociale et Cahiers de la recherche sur le travail social*, « Le social aux prises avec l'Histoire », vol. 7, « Enfance XIXe siècle », n° 17, 1989.

10. Thébaud F., *op. cit.*

11. Intervention chirurgicale consistant à sectionner la symphyse pubienne et à permettre ainsi l'élargissement du bassin par écartement des deux os constitutifs du pubis.

12. Observation du déroulement spontané du travail après rupture spontanée ou artificielle des membranes. L'obstétricien doit, dans un temps qu'il aura préalablement défini, s'assurer de l'engagement de la présentation. Au-delà du temps prévu, l'échec de cette épreuve est sanctionné par la pratique de la césarienne.

13. Carol A., *Histoire de l'eugénisme en France*, Seuil, 1995.

14. *Ibid.*

15. Thébaud F., *op. cit.*

16. Pinard s'était fait l'apôtre de l'allaitement maternel. À Baudelocque, on conserve cette tradition.

17. Delaisi de Parseval G. et Lallemand S., *L'Art d'accommoder les bébés*, Seuil, 1980.

18. Knibiehler Y., *La Révolution maternelle, op. cit.*

19. Papiernik E., Rapport du groupe de travail sur la sécurité et la naissance auprès du Haut Comité de santé publique, janvier 1993.

20. Callaghan W. et col., C.D.C. Atlanta, *Obs and Gyn.*, vol. 102.

21. Vian B., *L'Arrache-Cœur*, Le Livre de Poche, 1962, p. 243.

22. Harrisson R.F. et col., « Is routine episiotomy necessary ? », *British Med Journal, n° 288, 1984.*

23. Goldberg J. et col., « Has the use of routine episiotomy decreased ? », *Obs and Gyn.*, n° 99, 2002.

24. Knibiehler Y., *La Révolution maternelle, op. cit.*

25. Zola E., *Pot-Bouille.*

26. Zola E., *La Joie de vivre.*

27. Gélis J., *La Sage-Femme ou le Médecin*, *op. cit.*

28. Morel M.F., « Histoire de la douleur dans l'accouchement », *Réalité en gynécologie*, n° 71, mai 2002.

29. Sibony O., « L'accouchement à la reine », *Réalité en gynécologie*, n° 23, septembre 1997.

30. Tort P., *Dictionnaire du darwinisme et de l'évolution*, PUF, 1996.

31. Morel M.F., « La préhistoire de l'accouchement sans douleur », Cinquantième anniversaire de l'accouchement sans douleur, Actes du colloque de la Société d'histoire de la naissance, 28 et 29 septembre 2002.

32. Gutmann C., *Le Testament du docteur Lamaze, médecin accoucheur*, J.-C. Lattès, 1999.

33. Revault d'Allonnes C., *Le Mal joli, accouchement et douleur*, Plon, 1976.

34. Jaubert M. J., *Les Bateleurs du mal joli. Le mythe de l'accouchement sans douleur*, Balland, 1979 ; *Ces hommes qui nous accouchent*, Stock, 1982.

35. Colloque de la Société d'histoire de la naissance, Cinquantième anniversaire de l'accouchement sans douleur, 28 et 29 septembre 2002.

36. Leboyer F., *Pour une naissance sans violence*, Seuil, 1974.

37. Odent M., « Position, environnement de la naissance », Collège national des gynécologues et obstétriciens français, 1985.
38. Minkoff H. et Chervenak F., « Elective primary cesarean delivery », *New England Journal of Medicine*, vol. 348, n° 10, 6 mars 2003.
39. Benzadon G., « L'inflation de césariennes : par conviction, par nécessité ou par raison », *Le Quotidien du médecin*, 23 janvier 2003.
40. Héritier F., « Privilège de la féminité et domination masculine », *Esprit*, mars-avril 2001, p. 77-95.
41. Péju P., *Naissances*, Gallimard, 1998.
42. Ce que confirme le film *Naissance* tourné sous la direction de F. Leboyer. Commentaires dans *Le Monde* du 4 août 1976.
43. Voir les ouvrages de Bernard This, *Naître*, Aubier-Montaigne, 1972 ; *Naître et sourire*, Aubier-Montaigne, 1975 ; ceux de Michel Odent, dont *Bien naître*, 1976.
44. Voir par exemple *Choisir de donner la vie*, Gallimard, 1979.
45. Leclerc A., *op. cit.*
46. Weiss Rouannet J., « Alliée, ennemie, la douleur », catalogue de l'exposition « L'Heureux Événement », musée de l'Assistance publique, Hôpitaux de Paris, avril 1995.
47. Dagnaud M., Mehl D., *Merlin l'enfanteur*, Ramsay, 1987.

5. Le contrôle de naissances

1. Devaldès M., *La Famille néo-malthusienne*, brochure, 1914.
2. Cova A., « Féminisme et maternité entre les deux guerres », *Les Temps modernes*, avril-mai 1997.
3. Thébaud F., in *L'Histoire*, n° 63, janvier 1984.
4. Gonzales J., *Histoire naturelle et artificielle de la procréation*, Bordas, 1996.
5. Netter A., Rozenbaum H., *Histoire illustrée de la contraception*, Roger Da Costa, 1985.
6. Héritier F., *Masculin, féminin, II*, Odile Jacob, 2002.
7. Morin F.E., *La Rouge Différence ou les rythmes de la femme*, Seuil, 1982.
8. Baulieu É.É., *Génération pilule*, Odile Jacob, 1990.
9. Baird D., Glasier A., « Hormonal contraception », *New England Journal of Medicine*, n° 21, 1993.
10. Netter A., Rozenbaum H., *Histoire illustrée de la contraception*, *op. cit.*
11. *Ibid.*
12. Quereux C., « La durée de vie des stérilets », *Revue du praticien gynécologie et obstétrique*, n° 67, 15 novembre 2002.
13. Novaes S., « La stérilisation envisagée comme mode de contraception définitive. Rapport. Avis n° 50 du Comité consultatif national d'éthique », *Les Cahiers du Comité consultatif national d'éthique pour les sciences de la vie et de la santé*, n° 9, octobre 1996.
14. Dupras A., « La stérilisation de la personne handicapée mentale comme processus de sacralisation », *Gynécologie Obstétrique Fertilité*, n° 29, 2001.

15. Méneteau G., « La stérilisation des malades mentaux », *Synapse*, n° 51, février 1989.

16. Carol A., *op. cit.*

17. Bajos N. et Ferrand M., *De la contraception à l'avortement. Sociologie des grossesses non prévues*, Giné Inserm, 2002 ; Le Naour S.Y. et Valenti C., *Histoire de l'avortement XIXe-XXe siècles,* Seuil, 2003.

18. Héritier F., *Masculin, féminin*, II, *op. cit.*

19. Blayo C., « Le point sur l'avortement en France », *Population et société*, n° 325, 1997.

20. Barbaut J., Maison du Centenaire Pompéi, *Histoire de la naissance à travers le monde*, Calmann-Lévy, 1990.

21. Duchêne R., *Ninon de Lenclos ou la manière jolie de faire l'amour*, Fayard, 2000.

22. Bajos N., « Les difficultés de la pratique contraceptive », *Gynécologie internationale*, avril 2000.

23. Kafe H., Brouard N., « Comment ont évolué les grossesses chez les adolescents depuis vingt ans », *Population et société*, n° 361, octobre 2000.

24. Léridon H., « Une révolution démographique encore mal comprise », colloque « Contraception : contrainte ou liberté », 9-10 octobre 1998.

25. Chatel M.M., *Malaise dans la procréation*, Albin Michel, 1993.

26. Huxley A., *Le Meilleur des mondes*, Plon, 1977.

27. Freud S., *Malaise dans la civilisation*, PUF, 1995.

6. Naissances artificielles

1. Bateman-Novaes S., « Procréation assistée », *Dictionnaire de la pensée médicale*, PUF, 2004.

2. Cyrulnik B., *Le Sentiment incestueux. De l'inceste*, Odile Jacob, 1994.

3. Mendelsohn D., Marchand I., *De mère inconnue. Pascale Odièvre ou le combat des enfants nés sous X*, Albin Michel 2004 ; Delaisi de Parseval G., Verdier P., *Enfant de personne*, Odile Jacob, 1994.

4. Déchamp-Le Roux C., « Les conséquences de la technicisation de la grossesse », *Recherches et Prévisions*, n° 72, juin 2003.

5. Delaisi de Parseval G. et Janaud A., *L'Enfant à tout prix : essai sur la médicalisation du lien de filiation*, Seuil, 1989 ; Testart J. (dir.), *Le Magasin des enfants*, François Bourin, 1990.

6. Iacub M., « Reproduction et division juridique des sexes », *Les Temps modernes*, juin-juillet-août 2000.

7. Salomone J., *Je l'ai tant voulu. Maman à 62 ans*, Lattès-Iacub, Autrement, 2002.

8. Cadoret A., *Des parents comme les autres*, Odile Jacob, 2000.

9. Crozet N., « Fécondation *in vivo* et *in vitro* », in *La Reproduction chez les mammifères et l'homme*, de Charles Thibault et Marie-Claire Levasseur, Marketing, 1991.

10. Mamelle N., Maria B. et col., « Agir pour améliorer la santé périnatale à la lumière du réseau Sentinelle de l'association des utilisateurs des dossiers informatisés en pédiatrie obstétrique et gynécologie (Audipog) », *J. Gyn. Obs. Biol. Repr.*, 2003.

11. Davidoff Franck Editorials, « Sponsorship, authorship and accountability », *New England Journal of Medicine*, 13 septembre 2001.

12. « Avis n° 75 du Comité consultatif national d'éthique : question éthique soulevée par le développement de l'ICSI, rapporteur Gérard Bréart », *Les Cahiers du Comité consultatif national d'éthique*, n° 35, avril 2003.

13. Actes du colloque « Génétique, procréation et droit » (1985), Actes Sud, 1986.

14. Pinell P., « Diagnostic prénatal », *Dictionnaire de la pensée médicale*, PUF, 2004.

15. Ariès P., *Histoire des populations françaises*, Seuil, 1971.

16. Cyrulnik B., *Sous le signe du lien. Une histoire naturelle de l'attachement*, Hachette, 1989.

17. Bonnet C., *op. cit.*

18. Bydlowski M., *La Dette de vie. Itinéraire psychanalytique de la maternité*, PUF, 1997.

19. Bartoli L., *Venir au monde*, Plon, 1998.

20. Évangile selon saint Luc, chapitre 1, verset 41.

21. Gélis J., *L'Arbre et le Fruit, op. cit.*

22. Leroy F., *op. cit.*

23. Sureau C. et col., « Intérêt actuel de l'électrocardiographie fœtale », *Gyn. Obstet.*, 67, 2.

24. Hammacher K. et col., « Fetal heart frequency and perinatal condition of the fetus and newborn », *Gynec.*, 166.

25. Caldeyro Barcia et col., « Uterine contractility in obstetrics », *Gynec. Obstet.*, Montréal, 1958.

26. Hon E.M., « Instrumentation of fetal heart and fetal electrocardiography », *Am J Obst Gynecol*, 1963.

27. Manning FA et col., « Antepartum fœtal evaluation », *Am J Obst Gynecol*, 1980.

28. La trophicité désigne le développement du corps du fœtus apprécié par les mesures échographiques de ces principales composantes : la tête, le tronc, les cuisses. Un fœtus est eutrophique si ses différentes dimensions correspondent à son âge. Par exemple à six mois, un fœtus pèse environ 1 000 grammes, le diamètre transversal de son crâne est de 75 millimètres, comme celui de son ventre, et son fémur mesure 55 millimètres. Si ces différents paramètres « biométriques » s'éloignent notablement de leur valeur moyenne, on dit alors que ce futur bébé est hypotrophique s'il est trop petit – retard de croissance intra-utérin (RCIU) –, ou macrosomique s'il est trop gros.

29. Daffos et col., « Fetal blood sampling via the umbilical cord using a needle guided by ultrasound a report of 66 cases », *Prenat. Diagn.*, 1983.

30. Carbonne B., « Multicenter study on the clinical use of fetal pulse oximetry », *Am J Obst Gynecol*, 1997.

31. Rotten D., « Attentes de la société et indications de la césarienne », *Gyn Intern*, janvier 1997.

32. Greeg M.N., « Congenital cataract following german measles in the mother », *Trans Ophtalm Soc.,* 1941.

33. Liley A.W., « Intra uterin tranfusion of fetus in heamolytic desease », *Brit Med J*, 1963.

34. Poissonnier M.H. et col., « Two hundred intra uterin exchange transfusions in severe blood incompatibilities », *Am J Obst Gynecol*, 1989.

35. Finn R. et col., « Experimental study on the prevention of rh haemolytic disease », *Brit Med J*, 1961.

36. Bateson W. (1861-1926), *Mendel's Principles of Heredity. A Defense*, Cambridge, 1922.

37. Rostand J., Tetry A., Larousse, 1962.

38. Le 25 avril 1953 paraît dans la revue *Nature* la communication de Francis Crick et James Watson, exposant leurs recherches à l'université de Cambridge et leurs conclusions en forme de suggestion sur l'agencement moléculaire de l'acide désoxyribonucléique (ADN), porteur des caractères héréditaires. Neuf ans plus tard, le prix Nobel de médecine et de physiologie leur est attribué conjointement à Maurice Wilkins. On oublia et, dit-on, volontairement de citer la référence aux travaux pourtant essentiels de Rosalynd Franklin décédée en 1958, collaboratrice au King's College de Londres de Maurice Wilkins et qui avait fourni les précieuses images de diffraction des rayons X données par l'ADN. D'ailleurs ses travaux à ce sujet ont été publiés dans la même revue et à la même date que ceux des deux célèbres « découvreurs ». François Jacob, André Lwoff et Jacques Monod recevront également en 1965 ce même prix couronnant leurs travaux sur l'autorégulation de la fonction génétique. Puis en 1968, c'est au tour de Marshall Nirenberg de recevoir cet hommage de la communauté scientifique à propos de ses recherches sur le décryptage du code génétique.

39. De Grouchy J., Turleau C., *Atlas des maladies chromosomiques*, Expansion scientifique française, 1982.

40. Gonzales, *Histoire naturelle et artificielle de la procréation*, Bordas, 1996.

41. Bevis D.C.A., « Blood pigments in haemolytic diseases of the newborn », *J Obst Gynecol Brit Emp*, 1956.

42. Smidt-Jensen S. et col., « Transabdominal chorionic villi sampling for first trimester fetal diagnosis », *Prenat Diagn*, 1986.

43. Dumez Y. Dommergues M., « Chorionic villi sampling using rigid forceps under ultrasound control », *Contrib Gynecol Obst*, 1986.

44. Rodeck C.H., Campbell S., « Sampling pure fetal blood by fetoscopy in second trimester of pregnancy », *Br Med J*, 1978.

45. Daffos F. et col., *op. cit.*

46. André C., Adamsbaum C., « Étude du fœtus. Autres techniques d'imagerie », *Traité d'Obstétrique*, Cabrol D. et col., Flammarion, 2003.

47. Philip N., Levy A., Heurtwin P.C., Piquet C., « Le diagnostic prénatal de la microdélétion 22Q11 », Séminaire de génétique clinique, Unité de recherche

de génétique médicale, Inserm U12, Département de pédiatrie, Hôpital des Enfants malades, Paris.

48. Milliez J., *L'Euthanasie du fœtus,* Odile Jacob, 1999.

49. Conditions requises par l'examen du caryotype fœtal :

— âge maternel supérieur ou égal à 38 ans au moment de la conception ;

— antécédent personnel d'un enfant porteur d'une anomalie chromosomique ;

— anomalie morphologique du fœtus découverte à l'échographie ;

— retard de croissance majeur et précoce lorsqu'un parent est lui-même porteur d'une anomalie chromosomique équilibrée ou non ;

— clarté nucale égale ou supérieure à 3 millimètres entre la onzième et la treizième semaine d'aménorrhée (un nouveau calcul de risque est proposé, associant épaisseur de la nuque et marqueurs sériques du premier trimestre) ;

— marqueurs sériques (dans le sang maternel) de la trisomie 21 indiquant un risque supérieur ou égal à 2/150.

50. Handyside A. et col., « Birth of a normal girl after in vitro fertilization and pre-implantation diagnostic testing for cystic fibrosis », *N Engl J Med*, 1992.

51. Testart J., *L'Œuf transparent*, Flammarion, 1986.

52. Lo Y.M.D. et col., « Prenatal diagnosis of fœtal Rh D fetus by molecular analysis of maternal plasma », *N Engl J*, 1998.

53. Costa J.M. et col., « First trimester fetal sex determination in maternal serum using e real-time PCR », *Prenat Diagn*, 2001.

54. Siffroi J.P., « Repérage des cellules fœtales dans le sang maternel : intérêt diagnostique », *Bulletin de la Société de médecine de la reproduction*, 2002.

55. Vekemans M., Costa J.M., « Diagnostic génétique fœtal par prélèvement de sang maternel », *Diagnostic prénatal, pratiques et enjeux*, Inserm, 2003.

56. Sicard D., Président du Comité consultatif national d'éthique, Journée de bioéthique franco-germano-japonaise, 12 juin 2003, *Les Cahiers du Comité consultatif national d'éthique pour les sciences de la vie et de la santé*, n° 36, juillet-août 2003.

TROISIÈME PARTIE

PERSPECTIVES. LE TEMPS DES QUESTIONS

7. La naissance : affaire privée

1. Citée par Roegiers L., *La Grossesse incertaine*, PUF, 2003.

2. Mehl D., *La Bonne Parole. Quand les psy plaident dans les médias*, La Martinière, 2003.

3. Voir chapitre VI : les CECOS.

4. Bonnet C., *Geste d'amour*, Odile Jacob, 2001 ; Delaisi C., Verdier P., *Enfant de personne*, Odile Jacob, 1994 ; Amsellem C., *L'Accouchement sous X*, PUF, 2004 ; Mendelsohn D., Marchand I., *op. cit.*

5. Stern D. N. et Bruschweiler Stein N., *La Naissance d'une mère*, Odile Jacob, 1998.

6. Akrich M., *Comment la naissance vient aux femmes : les techniques de l'accouchement en France et aux Pays-Bas*, Les Empêcheurs de penser en rond, 1996.

7. Knibiehler Y., *La Révolution maternelle, op. cit.*

8. Teboul R., *Neuf mois pour être père*, Calmann-Lévy, 1994.

9. Fonty B., *Les pères n'ont rien à faire dans la maternité*, First Editions, 2003.

8. Les naissances : affaire publique

1. Kerschen N., « Tous individus », *Familles en scène*, Marcela Iacub et Patrice Maniglier dir., éd. Autrement ; Théry I., *Couple, filiation et parenté aujourd'hui*, Odile Jacob, 1998.

2. Chevalier G., *La Césarienne. Une autre naissance*, Horay, 2004.

3. Birman C., *Au monde. Ce qu'accoucher veut dire : une sage-femme raconte*, La Martinière, 2003 ; « Sagesse des femmes », in *Dans l'heureux événement, op. cit.*

4. Stork H., *Enfances indiennes*, Bayard, 1986.

5. Delassus J. M., *Accouchement et naissance*, AFM-EDIT, 2003 ; Delassus J. M. dir., « Accouchement, naissance et regard », Cahiers de maternologie, n° 20, janvier-juillet 2003.

6. Molinat F., *Naissances : pour une éthique de la prévention*, Erès, 2001.

9. Perspectives

1. Déclaration commune OMS-FNUAP-Unicef-Banque mondiale, *Réduire la mortalité maternelle*, Organisation mondiale de la Santé, 1999 ; Rapport du Comité national d'experts sur la mortalité maternelle, 1995-2001 ; Pison G., « Comment mesurer la mortalité maternelle dans les pays en développement ? », *Population et Sociétés*, 372, octobre 2001.

2. « Décès périnatals », *Revue Prescrire*, juillet-août 2003.

3. Pison G., « Tous les pays du monde », *Population et Sociétés*, n° 392, juillet-août 2003.

4. Aymé S., « Prévalence des pathologies pouvant justifier un diagnostic prénatal », *Diagnostic prénatal. Pratiques et enjeux*, *op. cit.*

5. Yourcenar M., *Mémoires d'Hadrien*, Gallimard, 1974.

6. Onfray M., *Féeries anatomiques*, Grasset, 2003.

7. Beauvoir S. de, *Le Deuxième Sexe,* Gallimard, 1950.

8. Marinopoulos S., *De l'une à l'autre*, Hommes et Perspectives, 1997.

9. Mendelsohn D., Marchand I., *op. cit.*

10. Bonnet C., *Geste d'amour*, *op. cit.*

11. Bydlowski M., *op. cit.*

12. Leclerc A., *op. cit.*

13. C'est à François Moriceau (1637-1709), figure de proue de l'obstétrique continentale au XVIIe siècle, que l'on doit la position allongée désormais imposée pour tout accouchement « afin de permettre un meilleur accès au périnée ». Jacques Mesnard, accoucheur rouennais, met au point en 1743 un « lit de camp pour accoucher les femmes », Leroy F., *Histoire de naître*, *op. cit.*

14. Naiditch M., « Place des différents professionnels de la naissance : vers d'inévitables évolutions », États généraux de la naissance, 6 juin 2003, ministère de la Santé, Collège national des gynécologues et obstétriciens français.

15. Maria D. et col., « Accoucher et naître en France : propositions pour changer les naissances », *J Gynécol Obstét Biol Reprod*, Masson, 2003.

16. Strasbourg : une maison de naissance à l'hôpital Haute-Pierre, Agence de presse médicale, 21 avril 2004.

17. Projet de maison de naissance, mai 2001, association Maison de naissance de Montpellier.

18. « La sécurité de la naissance : rapport du groupe de travail auprès du Haut Comité de santé publique », *Les Dossiers de l'Obstétrique*, n° 205, avril 1993 ; Odent M., « Rapport sur la sécurité de la naissance au Haut Comité de la Leache League », *Allaiter aujourd'hui*, 1993.

19. Sondage DVA, *Quotidien du médecin*, 8 octobre 1997.

20. Daffos F., « Défense des petites maternités : il ne faut pas, aux motifs de sécurité, n'ériger que des usines à gosses », *Libération*, 18 septembre 1997.

21. Charpak L. et col., *La Méthode kangourou*, E. S. F., 1996.

22. Kristeva J., *Le Quotidien du Médecin*, 28 avril 2003.

23. Pilliot M., Président de la Coordination française pour l'allaitement maternel, Réponse à Marcel Rufo, 24 novembre 2003, *Les Dossiers de l'allaitement*, n° 59, avril-mai-juin 2004.

Table

POURQUOI LA NAISSANCE ? 9

- La réponse de l'historienne 10
- La réponse du médecin 12

PREMIÈRE PARTIE

LES HÉRITAGES

Le temps du sacré

I. L'HÉRITAGE ANTIQUE 25

- La puissance paternelle 25
- L'affaire des femmes 28
  - L'accouchement 29
  - L'allaitement 32
  - Le « désir de naissance » 34
  - Le refus de naissance 35
- La part des médecins 37
  - Médecins et philosophes 38
  - L'art de soigner 40

2. L'HÉRITAGE CHRÉTIEN 47

- Le premier monothéisme 48
- La paternité divine 51
  - La naissance de l'enfant Jésus 53
  - Noël 55
  - Le baptême 57
- La maternité humaine 59
  - Le lien mère-enfant 59
  - La rupture du lien 64
  - Les naissances hors normes : bâtardise et abandon .. 66
- Soins du corps, soins de l'âme 69
  - Les sages-femmes 69
  - Les chirurgiens 73
  - Les débuts de la science médicale 79

3. L'HÉRITAGE MODERNE 83

- Les enfants de la patrie 84
- Les pères citoyens 87
  - Le malthusianisme 87
  - Les « enfants naturels » 89
- Les mères glorifiées 92
  - La nature féminine 93
  - Les « femmes comme il faut » 94
  - Les « criminelles » 97
- L'avènement de l'obstétrique 100
  - L'enseignement et la clinique 101
  - La recherche scientifique 103
  - Les maternités hospitalières 105
  - L'ordre hospitalier ou le temps de la gloire 112
  - Une lente et insidieuse mise au pas 115

DEUXIÈME PARTIE

LA MÉDICALISATION

Le temps de la science

4. LA SÉCURITÉ DES NAISSANCES 125

- Les circonstances favorables : l'intervention de l'État 126
  - Le péril démographique 126
  - Protection sanitaire et politique familiale 129
- Le triomphe des médecins 132
  - Des spécialistes ambitieux 132
  - Le grand déménagement 137
- De véritables progrès médicaux 144
  - Les médicaments miracles 144
  - Accoucher sans douleur ! 145
  - Énigmatique paternité 151
- Réactions et conséquences 153

5. LE CONTRÔLE DES NAISSANCES 161

- L'éveil des consciences, l'évolution des pratiques 161
  - Les interventions politiques 163
- Des armes nouvelles 166
  - Les œstro-progestatifs : affaire des femmes ou choix des firmes ? 168
  - Féminins et secrets : les stérilets 172
  - Un choix pour toujours : la stérilisation 173
  - Le cas des personnes handicapées 175
- L'*habeas corpus* des femmes 177
  - La dépénalisation de la contraception 178
  - De la contraception à l'IVG 180
  - Le « libre choix » 184
- Puissance et impuissance des femmes, puissance et impuissance des lois 186
  - Trop d'avortements ? 189

Elles ne savent pas ce qu'elles veulent... 192
À la croisée des chemins 193

6. NAISSANCES ARTIFICIELLES 197

• L'assistance médicale à la procréation 198
Les quatre transgressions 198
L'émergence des problèmes « éthiques » 202
Les réactions des femmes 211
• Un nouvel eugénisme : fondements socio-historiques du diagnostic prénatal 214
• Le diagnostic prénatal : fondements médicaux 217
Un cœur qui bat, une oreille qui l'entend 219
Le conflit materno-fœtal 221
Naître dans le meilleur des mondes 224
De l'ultrastructure cellulaire 224
De la connaissance des chromosomes des gènes à son application clinique 229
L'amniocentèse : « *primum non nocere* » 230
Le prélèvement de villosités choriales 231
La ponction de sang fœtal 233
Recherche virologique et bactériologique 235
Miracle de la vision ultrasonique 235
• Le diagnostic pré-implantatoire 239
L'analyse des cellules fœtales dans le sang maternel 241
L'arrêt Perruche menace-t-il l'échographie obstétricale ? 242
Diagnostic prénatal et interruption de grossesse .. 245

TROISIÈME PARTIE

PERSPECTIVES

Le temps des questions

7. LA NAISSANCE : AFFAIRE PRIVÉE 255

L'enfant « désiré » 255
La mère « libérée » 261

Le « nouveau » père 271
Des rites à inventer 276

8. LES NAISSANCES : AFFAIRE PUBLIQUE 281

• La protection sociale 282
• La qualité des soins 286
• Échecs et limites 295
Signaux d'alarme 295
Maternité et rentabilité 296
L'urgence des réformes 298
• L'initiative des usagers 299

9. PERSPECTIVES 305

• Les réflexions de Paul Cesbron : intimité de la naissance 305
Et toujours la crainte du malheur 306
Encore beaucoup à faire 307
• Un avenir possible 309
Bouleversante liberté 309
Libres femmes et hommes 312
Libres grossesses 313
« Malheur au malheur ressemble... » 316
Des médecins et des femmes 318
De la tutelle à la collaboration 321
L'avenir de la naissance et les maternités de niveau I 324
Les grossesses pathologiques 327
• Quelques mots sur nos pratiques 331
L'anesthésie loco-régionale 331
L'allaitement maternel 333
Les suites de couches 336
Modestes changements ou grands chambardements .. 337
• Les réflexions d'Yvonne Knibiehler : la naissance en démocratie 338

NOTES 343

Ouvrages d'Yvonne Knibiehler

Histoire des mères et de la maternité du Moyen Âge à nos jours, PUF, 2000.

La Sexualité et l'histoire, Odile Jacob, 2002.

Repenser la maternité (sous la direction de), Éditions Corlet, Panoramiques, 1999.

Germaine Poinso-Chapuis, femme d'État (1901-1981), Édisud, 1998.

La Révolution maternelle depuis 1945 : femmes, maternité, citoyenneté, Perrin, 1997.

Des Français au Maroc : la présence et la mémoire : 1912-1956, Denoël, coll. Destins croisés, 1992.

Les pères aussi ont une histoire, Hachette Littérature, 1987.

Cornettes et blouses blanches : histoire des infirmières en France, 1880-1890 (avec Odile Dupont, Véronique Eroux-Hugon et Yolande Tastayre), Hachette Littérature, 1984.

La Femme au temps des colonies, Hachette Littérature, 1983.

La Femme et les médecins : analyse historique (avec Catherine Fouquet), Hachette Littérature, 1983.

La beauté pour quoi faire ? (avec Catherine Fouquet), Scandétitions-Temps actuels, 1982.

Nous, les assistantes sociales : naissance d'une profession, Aubier-Montaigne, 1981.

Naissance des sciences humaines : Mignet et l'histoire philosophique au XIXe siècle, Flammarion, 1973.

« La Cause des bébés »

Fondée en octobre 1995 par des professionnels d'horizons divers (psychanalystes, gynécologues, sages-femmes, pédiatres, chercheurs, pédopsychiatres, haptothérapeutes, etc.) qui, tous, se sentent concernés par l'accueil fait au nourrisson, l'association « La Cause des bébés » a pour objectif de développer une connaissance toujours plus approfondie de la sensorialité et de la sensibilité du fœtus jusqu'à la naissance, puis du bébé dès sa venue au monde. Par la diffusion de ces connaissances, elle entend œuvrer pour que soit faite à l'enfant la place d'être humain à part entière qui lui revient, autrement dit pour qu'il soit traité, non comme un objet virtuel, quantifiable et mesurable, mais avec le respect dû à sa dignité de sujet.

Dans la même collection

Où commence la violence ? Pour une prévention chez le tout-petit
Danielle Dalloz

La Magie du nouveau-né
Dr Marshall Klaus et Phyllis Klaus

Carnets d'une obstétricienne
Dr Evelyne Petroff

Des bébés et des hommes. Tradition et modernité des soins aux tout-petits
Catherine Rollet et Marie-France Morel

Les femmes et les bébés d'abord. Pour une médicalisation raisonnée de la maternité
Myriam Szejer et Francine Dauphin

Le bébé face à l'abandon, le bébé face à l'adoption
sous la direction de Myriam Szejer

Le bébé et les ruptures
sous la direction de Caroline Eliacheff et Myriam Szejer

Naître... et naître encore
un texte de Louise L. Lambrichs
sur des photos de Sarah Ney

Bébé rentre à la maison
Alice Neumann, avec Isabelle Thomas

et pour les enfants

Moi, je connais bien les bébés
Myriam Szejer et Monique Czernicki

Composition Nord Compo à Villeneuve-d'Ascq
Impression Firmin-Didot, août 2004
Éditions Albin Michel
22, rue Huyghens, 75014 Paris
www.albin-michel.fr
ISBN 2-226-15152-4
N° d'édition : 22607 – N° d'impression : 69668
Dépôt légal : septembre 2004
Imprimé en France